全民健身时代高校篮球运动的教学与训练研究

张　淼　著

中国水利水电出版社
www.waterpub.com.cn
·北京·

内容提要

本书以篮球运动教学与训练为研究对象，对全民健身时代高校篮球运动教学与训练的基本知识进行了阐述。主要内容涉及全民健身概论、高校篮球教学与训练、高校篮球技术的教学与训练、高校篮球战术的教学与训练、高校篮球运动教学与游戏、高校篮球教学课程的组织与开展、高校篮球课程教学环境的优化研究、高校篮球课程教学要素的优化策略、新时期高校篮球信息化教学的新思考、高校篮球教学的医务卫生知识、高校篮球运动的体能训练方法、篮球运动心理训练的科学探索等。

本书结构严谨，内容丰富新颖，可供体育管理者及相关教师阅读参考。

图书在版编目（CIP）数据

全民健身时代高校篮球运动的教学与训练研究/张森著. --北京：中国水利水电出版社，2023.4

ISBN 978-7-5226-1474-8

Ⅰ. ①全… Ⅱ. ①张… Ⅲ. ①篮球运动－体育教学－教学研究－高等学校 Ⅳ. ①G841.2

中国国家版本馆 CIP 数据核字（2023）第 059429 号

责任编辑：陈艳蕊（704913575@qq. com）

书　名	全民健身时代高校篮球运动的教学与训练研究 QUANMIN JIANSHEN SHIDAI GAOXIAO LANQIU YUNDONG DE JIAOXUE YU XUNLIAN YANJIU
作　者	张　森　著
出版发行	中国水利水电出版社 （北京市海淀区玉渊潭南路 1 号 D 座 100038） 网址：www. waterpub. com. cn E-mail：mchannel@263. net（万水） sales@waterpub. com. cn 电话：（010）68367658（营销中心）、82562819（万水）
经　售	全国各地新华书店和相关出版物销售网点
排　版	北京万水电子信息有限公司
印　刷	三河市华晨印务有限公司
规　格	185mm×260mm　16 开本　13.5 印张　339 千字
版　次	2023 年 4 月第 1 版　2023 年 4 月第 1 次印刷
定　价	68.00 元

前　言

篮球运动在我国是一项具有广泛群众基础的体育运动项目，在体育强国的时代背景下，全民健身的理念日益深入人心，不管是普通群众，还是专业运动员，都产生了越来越多元化和高标准的需求，这也对我国篮球运动的发展提出了更高的要求。随着现代教育的发展以及素质教育的贯彻落实，学校体育受到了越来越多的关注，篮球运动成为体育教学中的固定项目，更是高等院校体育教学中的重要内容。在高校中，大学生开展的重要运动项目之一就是篮球，高校学生的篮球体育社团也在发展壮大。篮球运动对学生有着非常重要的积极影响，篮球课程教学不仅可以让学生增进健康、锻炼身体、丰富课余生活、体验篮球运动带来的乐趣，也可以培养学生的集体主义、顽强拼搏、团结协作等优良品质，从而对学生产生潜移默化的影响。篮球课程教学的相关知识已经成为专家学者研究的重要课题。

此外，篮球人才在一个国家篮球运动发展中占有重要地位，是篮球运动得以长久发展的关键所在。篮球人才的培养是一个国家未来篮球发展水平的重要标志，这就要求我国在发展篮球运动的过程中，不仅要以广泛的群众参与为基础，更重要的是探索适合时代发展的篮球人才培养途径，保证篮球事业的可持续发展。篮球教学与训练在篮球人才培养方面发挥着不可忽视的作用，因此，国家对篮球教学与训练给予了高度的重视。近年来，我国篮球教学、训练暴露出较多问题，导致篮球教学与训练的成绩受到影响，也制约了篮球人才的培养质量，教育部门与体育部门共同要求对篮球教学、训练进行深入改革与全面创新，优化篮球教学，开展全方位系统的训练，以改善教学训练现状，提高篮球教学质量与训练成绩，提高我国篮球运动发展水平。对此，作者在查阅大量相关文献的基础上撰写了本书。

本书共十二章：第一章是全民健身概论，主要内容有全民健身的概念、全民健身的特征及活动分类与内容、全民健身的作用与实施措施；第二章是高校篮球教学与训练概述，主要内容有篮球教学概述、篮球教学的理论依据和原则、篮球教学模式；第三章是高校篮球技术的教学与训练，主要内容有高校篮球技术基本理论、高校篮球进攻技术教学、高校篮球防守技术教学；第四章是高校篮球战术的教学与训练，主要内容有高校篮球战术基本理论、高校篮球进攻战术教学、高校篮球防守战术教学；第五章是高校篮球运动教学与游戏，主要内容有篮球游戏的基本理论、传接球类游戏、运球类游戏、投篮类游戏、脚步动作类游戏；第六章是高校篮球教学课程的组织与开展，主要内容有高校篮球教学课的课前准备工作、高校篮球教学课的课中管理工作、高校篮球教学课的课后评价工作；第七章是高校篮球课程教学环境的优化研究，主要内容有体育教学环境概述、高校篮球课程教学环境对学生学习的影响、高校篮球课程教学环境的优化建设研究；第八章是高校篮球课程教学要素的优化策略，主要内容有高校篮球课程教学内容的优化、高校篮球课程教学方法的优化、高校篮球课程教学模式的优化、高校篮球课程教学评价的优化；第九章是新时期高校篮球信息化教学的新思考，主要内容有现代信息技术与信息化教学概述、信息化教学设计研究、现代信息技术在篮球教学中的应用；第十章是高校篮球教学的医务卫生知识，主要内容有篮球运动性疲劳的缓解、高校篮球运动性损伤的预防与处理、运动性疾病的预防与处理；第十一章是高校篮球运动的体能训练方法，主要内容有高校篮球运动的体能要求、高校篮球一般体能训练方法、高校篮球专项体能训练方法；第十二章是篮球运动心理训练的科学探索，主要内容有篮球运动员心理素质分析、篮球运动员球感的培养、篮球运动员动机的培养与激发、篮球运动员的注意力与情绪控制、篮球运动员意志品质的培养、篮球运动员心理训练的应用分析。希望本书的内容能够对今后高校篮球教师创新教学及训练方法、合理安排教学内容、加强基础动作技术训练、注重培养战术素养、促进学生综合素质的全面发展有所助益，以促进我国高校篮球训练水平的进一步提高。

本书在撰写过程中，参考和借鉴了一些专家、学者的观点和文献，在此对他们表示诚挚的谢意。由于时间和能力有限，书中难免存在疏漏与不妥之处，恳请广大读者批评指正。

作　者

2022 年 5 月

目　录

第一章　全民健身概论

第一节　全民健身的概念

《中华人民共和国体育法》于1995年获得通过，同年，国务院颁布《全民健身计划纲要》。在这两大国家体育纲领性文件颁布之后，一系列的体育法规和规章细则相继出台。据统计，我国的体育人口占可统计的7～70岁总人口的33.9%，在城市中有60.7%的居民到各类体育俱乐部参加健身活动。旨在全面提高国民体质和健康水平的“全民健身计划”的重点任务是提升儿童和青少年的身心健康水平，促使其建立健全人格品行。

总体来说，全民健身所面向的受众为全体国民，全体国民意味着这个群体包括男、女、老、少以及各个阶层，他们都能从中受益，如增强力量和柔韧性，增加耐力，提高协调、控制身体各部分的能力等。《全民健身计划（2021—2025年）》已于2021年7月18日由国务院印发实施，这是在我国全面建成小康社会，实现第一个百年奋斗目标，向实现第二个百年奋斗目标继续前进的重大节点有关全民健身事业发展的重要顶层设计；是“十四五”时期开展全民健身工作的指南；也是今后一个时期促进全民健身更高水平、更高质量发展，更好满足人民群众的健身和健康需求的重要部署。

国务院于2008年作出决定，决定于2009年起，将每年8月8日定为“全民健身日”。此后，在每年的“全民健身日”都有各种规模的体育活动举办，如“体育节”“健身走跑竞赛”“登山活动”等。2008年，举世瞩目的北京奥运会圆满成功，极大地激发了亿万人民群众的体育热情，增强了全社会的体育意识，营造了浓厚的社会体育氛围，进一步夯实了中国体育的社会基础。“全民健身日”的设立顺应民意、关注民生，是一项重要的利国利民举措，有利于进一步发挥体育的综合功能和社会效应，丰富社会体育文化、促进人的全面发展，促进中国从体育大国向体育强国发展。“全民健身日”也是对北京奥运会成功举办这一中华民族百年梦圆的庄严时刻的最好纪念。

第二节　全民健身的特征及活动分类与内容

一、全民健身的特征

全民健身的主要目的并非完全是竞技和争胜，它更多的是突出了健身运动项目的健身性、娱乐性、自主性和简单实用性特征。

（一）健身性

人们参与全民健身活动不仅可以使心肺功能得到改善，还能提升新陈代谢水平，全面增强体质，有效抵御各种常见疾病。在心理保健方面，还能消除焦虑、镇恐压惊、缓和紧张情绪，使人精神旺盛、心情舒畅。

（二）娱乐性

全民健身本身就包含大量的娱乐和游戏色彩，这也是全民健身能够吸引人们热情参与的重要原因之一。因此，人们在闲暇之中就乐于参与体育活动，以谋求身心的双重良好体验，而并非更多地追求比赛带给他们的紧张感和压迫感，至少对于大多数参与全民健身的人来说是这样。

（三）自主性

全民健身是在人们工作、学习乃至家务之余获得余暇时间才得以参加的体育活动，它对于参与运动的人群来说，不是必需的，更不是强制的，没有固定的时间、地点和周期。人们是否选择参加全民健身活动全凭自主意愿，在选择参加的内容时也完全凭借自身的兴趣、能力。由此可见，全民健身具有显著的参与者自主性的特点。

（四）简单实用性

全民健身作为大众性体育活动，对其的开展就必须要求组织简单、场地易寻、器材便宜，且不易受外界多种因素的影响。这就是全民健身的简单实用性，也可以被理解为是可操作性。目前，在全民健身活动当中，如健美操、有氧跑、气功、武术等都具有简单实用的特点。

二、全民健身的分类

全民健身的形式多样，内容繁多，为了更好地管理全民健身运动以及方便大众的选择，对全民健身活动进行分类就显得很有必要。对全民健身内容的分类可以从不同的出发点进行，以适应不同人群的多种需求。目前，最常见的分类出发点主要有以下十个。

（一）按照内容分类

根据运动内容进行分类是最为基本的分类方式。常见的有球类运动、田径运动、操类运动、武术运动、游泳及水上运动以及体育游戏等。这种分类方式的优点在于可以直接了解运动项目的运动特征。

（二）按照性别分类

按照性别分类，顾名思义就是根据参与运动的大众的性别进行的分类。这种分类方式有利于对某项运动的参与性别人群进行指向，如健美操、普拉提、大秧歌等更适合于女性，而大球类、搏击类项目更适合于男性。不过这只是一种运动的性别指向而已，并不是说明某项运动只能由男性或女性开展，即便上述提到的健美操、普拉提等更适合女性，男性也是可以参与的，并且同样能获得良好的健身效果。

（三）按照目标优先级分类

大众健身者参与运动想要达到的目标大多不止一个，众多的目标自然就存在“轻重缓急”的分别。为此，按照运动目标优先级进行分类也是一种分类方法。

（四）按照组织规模分类

不同运动项目有不同的规模和组织方式。一些集体性项目的组织工作就较为复杂，涉及的环节更多，如足球、篮球、排球等运动。目前比较流行的全民健身很多都是以家庭为单位开展的，如亲子运动等。这些项目一般为体育游戏类，需要两三个人互动来完成。这种分类方式可以让人们更明显地了解自身更适合哪种方式的体育运动。

（五）按照消费分类

全民健身活动尽管是大众化的体育运动，但一些对场地和设备要求较高的运动项目仍旧需要健身者支付一定的费用才能享受到服务。例如，当前流行的跆拳道、搏击操等就是在商业健身房有偿服务的项目。而练习大秧歌、长走等就属于低消费健身类项目。但是，鉴于体育健身价值的趋同性，不论健身者花钱与否都能获得理想的健身效果，区别仅仅就是健身体验的舒适性高低的问题，如在健身俱乐部中健身完毕后有更衣室和浴室使用，但跳广场舞的群众就没有这种待遇。通过这种分类方法，可以便于人们看清楚健身活动的商业开发价值。

（六）按照运动强度分类

每种运动项目的运动强度各有不同，而参与全民健身的人们恰好需要不同的运动强度，根据这个条件进行分类有利于人们正确选择适合自身运动强度的运动。例如，足球、篮球、短跑等运动的强度就较大，这些运动更适合身体素质较好的中青年、青少年群体参加。而如太极拳、健身走等强度较弱的项目更适合女性群体和中老年人参加。选择了不恰当的运动强度一方面可能无法获得满意的运动效果，另一方面还可能带来运动伤病，得不偿失。

（七）按照是否使用体育器材分类

许多全民健身运动的开展都需要使用一定的体育器材，以此可以作为对全民健身运动进行分类的标准之一。就我国的国情来说，体育资源相对匮乏，人们对于在日常生活之中参与运动以获得健康身心的理念尽管有了较大的提升，但是不一定愿意依靠一定的体育器材。因此，可以看到我国的锻炼者大多选择那些不使用体育器材的锻炼形式，如健身走跑、太极拳、健身气功等。随着国民经济的发展，我国全民健身事业的发展，使用体育器械的锻炼活动逐渐多起来。例如，羽毛球、太极柔力球、全民健身路径的锻炼等。从这个角度进行分类就可以了解哪些运动项目更加符合自身的经济实力。

（八）按照地域分类

我国幅员辽阔，身居不同地区的人们拥有不同的生活方式和锻炼习惯。根据地域对全民健身进行的分类其主要的本质是对自然环境和人文环境的一种分类。例如，内蒙古地区蒙古族的摔跤、延边朝鲜族自治州朝鲜族的荡秋千以及舞龙、舞狮等。从这个角度分类有利于看清楚不同地区开展体育活动的传统优势，也有利于观察与学习其他地区的健身活动特点。

（九）按照健身活动的含义广度来分类

狭义的健身活动是指其包含的诸多健身运动项目，而广义的健身活动则包括一切健身活动以及体质检测、运动竞赛等所有与健身保健相关的活动，这是促进全民体育健康发展的重要因素。从这个角度分类，有利于从系统的角度出发观察健身活动、组织健身活动、管理健身活动，提高体育锻炼的效益，实现最本真的健身目标。

（十）按照参与锻炼人群的年龄特征分类

按照参与锻炼人群的年龄特征分类与前面提到的按性别分类有着些许类似，都属于一种意识导向类的分类。对于全民健身来说，其参与的人群非常广泛，几乎涉及社会所有群体。就年龄段来说，不同年龄段由于身心发育阶段不同，因此就必然存在与年龄相适应的运动项目，人在不同的年龄段，喜爱的体育锻炼项目可能是不一样的，很少有人终身只喜爱一个项目、从事一个项目。例如，青少年和中青年更青睐对抗激烈、节奏较快的大球类运动项目，而中老年更喜爱运动强度可控、玩法有趣的乒乓球、门球、太极拳以及太极柔力球等运动。

三、全民健身的内容

（一）我国大众健身人群的健身活动内容

为全面及时了解我国全民健身活动状况，客观评估《全民健身计划（2016—2020年）》的实施效果，2020 年 9—11 月，国家国民体质监测中心对我国城乡居民的体育健身活动状况进行了调查。根据国家国民体质监测中心发布的《2020 年全民健身活动状况调查公报》显示，幼儿参加的体育活动项目主要是跑和跳、骑儿童自行车、体育游戏、骑滑板车和跳绳等；7～18 岁儿童青少年参加的运动项目主要是跑步、跳绳、羽毛球、健步走和乒乓球等；成年人的运动项目中，健步走和跑步的参与比例排在前两位，其他依次为羽毛球、骑自行车和篮球等；老年人参加的运动项目主要是健步走，其他依次为跑步、广场舞、骑自行车和羽毛球等。

随着全民健身运动的深入发展，各种各样的项目都成为全民健身路径。不仅如此，更多有趣又具备十足健身功能的项目不断被引入和创新出来，如现在非常热门的太极柔力球运动，它是结合了羽毛球与太极拳的技术和思想设计出的一套合理的健身方法，这项运动目前在我国的中老年群体中非常受欢迎。再如，上海市某社区针对老年男子缺少锻炼项目的特点，设计出一套老年拐棍操，其动作合理，诙谐有趣，既有一定的艺术性，又没有丧失掉健身功能，可谓非常成功。

（二）我国商业健身人群的健身活动内容

商业健身服务业是通过向客户提供优质的体育健身产品和优良的服务从而满足客户健身需求的服务行业。目前，这一行业在我国的发展势头迅猛，随着人们消费意识、健身意识和健身体验要求的提升，商业健身人群的数量也在逐渐增多。

商业健身服务业是体育产业的重要组成部分，也是全民健身的重要组成部分。有些人认为商业健身人群活动是一种更倾向于服务富人阶层的运动形式，并不能代表全民健身。这种说法具有一定的局限性。第一，商业健身机构的目的是提供优质的体育服务，而参与其中的健身者，他们的目的是希望通过获得这种优质的体育服务来达到健身的目的；第二，由于其目的决定，商业健身是大众健身的组成部分之一；第三，尽管参与商业健身的群体多是那些有一定经济实力的人群，但如果他们能保证足够的运动时间，他们也是优质的体育人口；第四，接受商业健身服务的人群可以得到更为专业的健身指导，如果再额外支付一定的费用，还可以有私人教练制订个人健身计划；第五，商业健身活动可以提供更为优越的健身环境（健身场地、器材以及其他舒适性服务）；第六，商业健身组织机构是营利组织，他们以提供健身服务作为盈利的核心内容；第七，参与商业健身的人需要支付更多的经济成本。

通过上面的论述可以发掘到商业健身服务的几点优势：第一，商业健身机构可以满足特定社会阶层健身的需要和心理的需要，这也是“市场细分”的结果，当然现今商业健身的门槛已经降低，会费逐渐降低，一般民众通常也可以支付得起；第二，由于健身俱乐部的健身器材与服务条件较好，因此对健身者的健身目标的达成可以提供更加积极的帮助；第三，商业健身是体育产业发展的重要部分；第四，商业健身机构的运作增加了对人力资源的需求，提供了更多的就业岗位；第五，可弥补公益性大众健身的不足。

商业健身活动中包含的运动项目主要有以下几类：健身操类，包括健美操、普拉提、肚皮舞以及瑜伽课程等。此外还有常见的动感单车、跆拳道以及太空漫步机等。在一些高档健身会所中还有壁球、网球、沙狐球、高尔夫球等项目。当然项目中还包括最为基本的跑步机以及各部位肌肉的练习器械。从发展人的健康体能角度来看，这些器械中，有的更有利于发展人的力量，有的更有利于发展人的柔韧性，有的更有利于发展人的有氧耐力。如果在合理的计划下，健身者在商业健身中心里可以获得非常全面的锻炼。

（三）我国全民健身活动中的竞赛内容

体育活动最为普遍的形式就是竞赛手段，因此其自然也就成为全民健身活动中的重要组织手段。

随着近些年全民健身的发展，已经有一些具有一定规模的赛事举办起来，成为全民健身运动的标杆，如“全国体育大会”“民族传统体育运动会”等。除这种综合性的全民运动赛事外，全国单项群众体育竞赛活动更多，如全民健身路径的比赛、全国门球大赛、全国舞龙舞狮锦标赛等。尽管将竞赛作为主要的组织手段，然而需要注意的是，全民健身中的竞赛不能够简单地用竞技体育竞赛的方法来处理，它的竞赛理念应该是更健康和更具有文化性。在我国多数的大众体育竞赛中，盲目地将竞技体育的竞赛办法套用在大众体育的竞赛中还是比较多的，这就需要从意识和手段上再加以改正和完善，力求更加突出全民健身的本质。

第三节　全民健身的作用与实施措施

目前，我国正处于现代化建设的关键时期，其中社会主义精神文明建设也在如火如荼地进行之中。全民健身作为体育事业的重点建设项目，在今天已经是尽人皆知的事情。为此，主管国家体育事业发展的国家体育总局自“全民健身计划”颁布和实施以来，一直秉承全民健身理念广泛开展全民健身活动，增强人民体质，引导大众形成健康文明的生活方式。为此，就必须明确全民健身的作用以及实施措施。

一、全民健身的作用

“全民健身计划”的提出和实施，对提高劳动者的全面素质，建立科学、文明、健康的生活方式，促进竞技体育与群众体育的协调发展，推动社会主义的物质文明和精神文明建设等都将产生积极的作用。同时，它还为我国未来的体育事业发展方向指明了道路，对指导我国群众体育实践，促进体育理论建设，全面提高中华民族乃至全人类的健康水平和整体素质都产生了巨大的作用。具体来看，全民健身的作用主要包括以下几点。

（一）有利于社会主义精神文明建设

社会主义精神文明建设是我国重要工程之一，其开展形式众多，体育活动就是其中重要的组成部分。之所以如此，在于体育活动有严格的秩序规则和文明礼貌要求，一直被作为重要的社会教育手段。因此，对于各级精神文明建设工作来说，体育活动的组织与开展都是不可缺少的指标。现代生活方式中的休闲体育活动，因其积极向上、健康活泼、修身养性的性质特征，对提高市民修养水平也有积极的作用。

（二）有利于维系社会活力

只有充满活力的社会才更容易接受新的事物从而获得更好的发展。目前，从总体上看，我国已经进入小康阶段，但系列社会问题仍旧没有消除。有些甚至还会给人们的生活带来诸多隐患，如超负荷工作、应试教育、养老与育子问题等。因此，在新形势下，对曾经流行过的“身体是革命的本钱”有必要赋予新的内涵，因为健康的身体不仅关系个人发展、家庭幸福，更是构建和谐社会的基础。全民健身活动的目的之一就包括通过运动激发人的活力，舒缓紧张心情，使人们回归更加规律和从容的生活，进而带动整个社会也充满活力，获得可持续的发展。

（三）有利于维护社会安定

若不同社会阶层的人劳有所得，并且在闲暇之余还能享受休闲活动，那么这个社会的发展一定是良性的，充实的余暇活动也是人们排解压力、释放情绪的良好渠道，否则负面情绪的积压会导致人易出现极端行为，危害社会安定。人们通过参与全民健身活动，可以使身体的各个器官得到充分供血及适宜刺激，产生舒适感，加上体育具有的轻松愉快氛围，人们的精神紧张和心理压力会得到较大程度的释放，因此健身运动被称作调节身心健康的“安全阀”。

（四）有利于改善社会人际关系

现代社会中人们的竞争和压力相较以往更大，人与人之间的关系变得冷漠，防范变得严密，以至于社会中不断出现一些由于人的冷漠造成的悲剧。全民健身活动的出现会有利于人际关系的改善，这主要是由于它的主要开展形式是家庭体育、社区体育、学校体育和俱乐部体育等，这些开展单位几乎包含了所有人们日常能够遇到的人际关系。由于健身活动的组织形式有别于正式组织的结构形式，组织氛围比较轻松，如此更容易获得融洽的情感，使得参与活动的人们彼此能够更加敞开心胸地交流，对改善亲子关系、邻里关系、同事关系、同学关系等都有重要的作用。

二、全民健身的实施措施

为了保障全民健身活动顺利发展，需要采取以下措施。

（一）充分发挥学校的体育功能，培养青少年的参与兴趣

学校是教书育人的重要场所，体育作为学校教育的重要组成部分，承担着对学生的体育卫生教育、体育方法的传授、体育场所的安排和体育活动的指导任务。学生是我国未来的栋梁，更是社会主义的建设者和接班人，因此，他们也必须成为全民健身的主体。为了实现这一目标，就需要培养学生的体育意识，改进和完善体育教学的内容和方法，充分利用体育场馆和设施资源，开展各种各样的丰富新颖的体育活动，改良体育学习评价方法，促进学生的主动学习，提高参与的兴趣，使学生真正感受到体育带给他们身心等多方面的益处。另外，对于体育教师来说也要有相应的改变，秉承终身学习的理念，不断完善自身在体育教学方面的专业素养。

（二）重视传统体育活动，全面提升市民整体素质

在21世纪的今天，纳入全民健身运动的体育运动项目越来越多，于是便存在一个传统体育运动和主流体育运动的选择问题。实际上，对待这个问题一定是二者兼顾的，既不能丢弃传统体育项目，更不能抵制主流项目。而是应该取其精华，共同为全民健身服务，力争做到每个学校、每个机关和企事业单位、每个社区都有一项以上的特色体育健身项目，从而吸引更多的市民参与健身运动。

在实际中，全民健身活动中的民族传统项目式微，越来越多的年轻人追求竞技体育，而忽略了民族传统体育的发展；很多人无法区分现代体育与传统民族体育的区别，对民族传统体育没有深刻地了解；由于我国传统民族体育缺乏教育工作的开展，缺乏专业的人员进行文化的传播，民族传统体育事业止步不前，甚至后退。为了进一步推动我国民族传统体育事业的发展，加强民族传统体育事业在全民健身中的应用，首先就要扩大我国民族传统体育事业的宣传力度，进一步重视对传统体育项目的扶持，加强财力、物力和人力的投入，并通过竞赛、奖励等手段提高开展传统体育项目的积极性，吸引更多健身者主动参与传统体育项目的锻炼。在社区体育中要进一步积极发展社区体育，发挥居民委员会和基层体育组织的作用，要在原有的基础上进一步搞好社区特色团队建设，正常开展活动。

（三）坚持群众体育与竞技体育协调发展的方针，切实加强组织领导和宣传力度

竞技体育和群众体育二者相辅相成，相得益彰。随着竞技体育水平的不断提高，可以为群众体育提供更加科学的指导，带来更高水平的训练；而群众体育的良好发展，也为竞技体育选拔优秀后备人才奠定了基础。在全民健身的发展过程中，我国体育事业以“增强人民体质，增进人民健康”为根本出发点，本着“以人为本，一切为造福人民”的宗旨，坚持群众体育与竞技体育协调发展的方针，把推行全民健身计划特别是加强青少年体育工作摆上重要议事日程，切实抓出成效。为了促进地方能够真正把全民健身活动的组织工作落到实处，体育局特将一个地区、一个单位的体育工作状况纳入年度考核标准之中，如此就从制度上保障了全民健身活动的开展。除此之外，各地区各单位还要进一步解放思想，改变长期在计划经济体制下管体育、办体育的工作模式和思维方式，树立服从和服务于大局的观念，增强市场意识，以社会化为突破口，进一步协调好有关部门和单位的关系，精心打造群体活动品牌，努力构建具有特色的全民健身服务体系，最大限度地满足大众的实际需要。

（四）以体育设施建设为基础，以健全机制为保障，努力优化开展全民健身工作的条件

我国是一个体育资源匮乏的国家。就全国的体育资源分配情况来看，主要的体育资源分布于各大城市之中，特别是一、二线城市。其余地区的体育资源的总量尚不能满足群众的使用需要，整体分布呈现出严重的不平衡性，由此给全民健身活动的开展带来了较大影响。各地各部门要从转变政府职能，构建和谐社会的战略高度，充分认识加强城乡社区体育设施建设的重要性，将体育场地设施建设纳入整体发展规划，真正落实国家关于城市公共体育设施用地定额和学校体育场地设施的规定。同时，要完善体育场馆和资源的全面布局，谋求公共体育场馆与社区体育设施的联动，最大限度地为群众提供健身场地与设施。为获得更多的资金用于购置体育资源，可以以鼓励企事业单位、社会团体、个人资助体育健身活动的形式筹措。要提倡家庭和个人为体育健身投资，引导群众进行体育消费，拓宽

体育消费领域，开发适应群众消费水平的体育竞赛表演、健身娱乐、体育咨询、体育培训等体育市场。

（五）加快体育市场所需人才的培养

我国在当今世界上的发展速度可谓有目共睹，这一切都来自有充足的人力资源充斥到各个领域之中。对于我国的体育事业也是如此，要想获得发展，就需要培养一大批体育专业人才，这不仅包括体育运动人才，还应包括体育管理、体育营销、体育用品、体育传播、社会体育以及休闲体育等方面的人才。社会对体育、健身娱乐业的需求逐渐增加，体育市场的扩大只是时间问题，做好相应的人才储备则是未雨绸缪之举，而体育专科院校则要承担起培养各种体育专业人才的重任，不断满足对各类体育人才的需求。

第二章　高校篮球教学与训练概述

第一节　篮球教学概述

一、篮球教学的任务与内容

（一）篮球教学的基本任务

在教师和学生共同参与的篮球教学过程中，学生在教师的主导下，积极主动地掌握篮球运动的理论知识和技术技能，同时开发智力，全面发展身体形态、身体机能和身体素质，培养正确的人生观和良好的道德情操。

1. 贯彻素质教育，培养正确的世界观

篮球课程教学是一个培养人才的过程，要重视对学生的政治思想教育、道德素质教育和集体主义教育，并结合篮球运动的特征培养学生顽强拼搏、勇于奉献的精神。

2. 使学生掌握与提高篮球理论知识、技术和战术

篮球教学就是使学生在掌握技术和战术的同时要掌握相关的理论知识。理论知识是掌握技术和战术的依据，技术是战术的基础，三方面的学习内容应为相互作用和统一的整体，教学中必须给予同等的重视。

3. 发展学生的身体素质，增强体质

身体素质的强弱是衡量一个人体质状况的重要标志之一。身体素质的发展，对增强人的体质和健康有重要意义。篮球运动需要运动者具备跑、跳、投等多种运动技能，篮球运动的学习可以活跃学生身心，促进身体正常发育，提高机能素质，增强体质，发展学生身体的力量、速度、耐力和灵敏等素质。

4. 培养学生正确的思想意识和坚强的意志品质

篮球运动是集体对抗性项目，促使学生形成正确的世界观与人生观，养成团结协作和热爱集体的良好思想是篮球教学的主要任务之一。

（二）篮球教学的基本内容

篮球教学要根据不同层次的教学对象和教学目标选择不同的教学内容。教学是训练的基础，在许多情况下，教学与训练的过程相互交融，成为一个统一的整体，所以教学内容与训练内容没有本质的区别，不同的是教学侧重于掌握基本的动作概念、方法和技术规

范，而训练则侧重于技术技能的熟练性与运用能力。

1. 篮球理论知识的教学

篮球运动已经形成了比较完善的理论知识体系，其中包括教学训练理论、战术实践理论、规则与裁判方法和竞赛组织理论等，这些理论构成了篮球学科的知识体系，是学习篮球课程必须掌握的内容。

2. 篮球技术动作的教学

掌握篮球运动技能必须从学习技术动作开始，技术动作的教学是初学阶段最主要的教学内容。技术动作的教学包括技术规格、技术动作要领和技术的运用等内容。为使学生提高技术水平，教学始终要强调动作的规范性，使学生掌握基本功，为实践运用创造条件。

3. 篮球战术方法的教学

战术阵势和配合是篮球运动竞赛的特征之一，战术方法是教学的重要内容。在战术教学中，要使学生了解战术配合的方法要点与运用时机，与此同时，还要培养学生的配合协作意识，使其能够在比赛实战中机动灵活运用。

二、篮球教学的基本要求

（1）篮球运动是一项集体性运动，集体作业是篮球教学的基本特点。在教学中，教师在技术、技能、知识传授的同时，要注重对学生的思想品质的培养，培养学生的团队精神，使学生通过篮球教学，陶冶情操、锻炼意志、修养品行，把对人的教育与技能传授结合起来。

（2）充分发挥教师的主导作用。在教学中，教师要善于运用各种方法，启发学生的积极思维，充分调动学生学习的主动性。把培养学生对篮球运动的兴趣转化为执着的热爱，从而提高学生学习的自觉性和积极性。

（3）在教学组织过程中，要重视课内与课外相结合，充分利用课外活动时间和各种可能的社会篮球活动机会，增加学生接触篮球的时间，在提高学生篮球水平的同时，重视他们篮球竞赛组织与裁判工作能力的培养。课外活动具有较大的灵活性和选择性，积极开展各种形式的课外篮球活动，是完成篮球教学任务的重要保证，对全面促进学生篮球素质的提高具有积极作用。

（4）正确地选择教学方法。教学方法是完成教学任务的重要手段。教师在选择教学方法时，首先要重视时代性和篮球学科的前沿知识及学校拥有的设备、条件，从中优选具体教学方法。其次应根据教学大纲和教学进度安排的内容及其主次地位和教学原则，并考虑到不同年级、不同性别的学生及其身体素质、技术基础的差异性，以及场地、器材与设备等因素来选择教学方法，因地制宜、因材施教，最大限度地调动学生的积极性。

第二节　篮球教学的理论依据和原则

一、篮球教学的理论依据

教学理论是人们在教学实践的基础上总结概括出来的，由感性上升为理性的教学科学知识。篮球运动源于游戏，经发展成为身体直接接触的集体对抗项目之一，教学过程较为复杂。社会学、生物学、心理学和运动技能学等学科理论对篮球运动教学具有重要的指导意义。篮球教学理论依据包括以下几方面。

（一）认知理论

篮球教学不仅要组织学生进行身体活动，而且需要传授大量与之相应的操作性知识。因此，篮球教学是促进学生认知能力发展、提高的过程。学生对教材的感知、体会、理解、巩固、运用和评价等认知活动有其固有的规律，篮球教学必须遵循这些规律。

（二）运动技能的形成与发展理论

篮球运动技能的形成与发展一般要经历粗略掌握、改进提高、巩固运用和创新发展等几个阶段，其生理学和运动技能学的机制是：运动技能的学习刺激在大脑皮层相应的运动神经中枢，且建立暂时性的神经联系，这个过程分为泛化、分化和自动化三个阶段，是大脑皮层相应的运动中枢兴奋与抑制由扩散趋向集中、分化抑制逐渐建立的过程。篮球运动技能形成和发展的本质是建立复杂的、连锁的和本体感受的运动条件反射。

（三）运动技能的开放性和封闭性理论

体育运动技能分若干种类，各类技能的性质存在一定的区别。篮球运动是直接对抗性运动项目，其技术的运用完全取决于实战中攻守关系的变化，没有固定的程式，因此，篮球运动技能属于开放性运动技能（又称非周期性技能）。在体育教学中，开放性运动技能与封闭性技能（又称周期性技能）在学习上有各自的认知规律。篮球教学必须遵循篮球运动技能学习与认知的规律，采用与之相适应的方法，要把培养应变能力、对抗能力、配合能力，以及意志、品质放在重要地位。

二、篮球教学的原则

教学原则是教学规律的反映和长期教学理论总结的概括，是从事教学活动的基本要求。篮球教学过程既要遵循一般的教学规律和原则，又要遵循篮球教学所特有的规律和原则。

（一）一般教学原则

1．自觉性、积极性原则

在篮球教学过程中，学生是教学活动的主体，而教师处于主导地位，学生积极主动的参与是教学成功的前提。因此，必须培养学生的学习兴趣，调动学生的主动性、自觉性和积极性。运用自觉性、积极性原则时，要注意以下几点。

（1）强化“教书育人”环节，使学生明确学习目的。

（2）在组织上采用有效措施。在教学中，要严密组织，科学地安排各种动作的学习顺序，按学生水平分组教学，要注意个别对待。

（3）要使学生理解每个技术、战术的方法、用途、运用时机和动作变化。

（4）正确运用表扬、奖励、处罚。

（5）练习形式要多样化，要适当增加游戏性和竞赛性的练习。

（6）严格执行考试考查制度。

2. 直观性原则

学生的感知觉是建立运动动作概念的最初环节，教学中要善于运用直观性原则，选择恰当的直观手段，并通过触觉与肌肉的本体感觉，使学生更快地掌握技术、战术。此外，这对培养视觉和知觉、提高观察能力有着重要意义。运用直观性原则可以从以下几方面入手。

（1）充分利用各种形式的示范。

（2）生动形象地描述。

（3）使用各种直观教具来观看比赛。

（4）利用视觉信号进行教学，如手势。

（5）利用指令性语言强化动作的时间概念。

（6）利用标志点、线、物来集中注意力。

（7）多做熟悉球性的练习，增强手对球的感应能力。

3. 从实际出发原则

教师在组织教学时，必须从学生年龄、性别、素质发展水平、专项基础等具体情况和教学场地、器材、设备、气候等条件出发，使学生更好地掌握篮球技术、战术。运用从实际出发原则可以从以下几方面入手。

（1）深入调查研究，摸清学生的思想、身体、技术、个性特点和教学条件等方面的情况。

（2）根据学生的实际水平和接受能力确定教学任务、教学内容、组织教法和运动负荷的大小。

（3）一般要求与个别对待相结合，既要从大多数人出发，又要注意个别对待，合理分组。

4. 循序渐进原则

篮球知识技能的掌握是一个由浅入深的学习过程，既要考虑学生认识事物、技能形成和生理机能变化的规律，也要在组织教学、教材教法和运动负荷的安排上有条不紊，由易到难、由简入繁、由不知到已知，逐步深化，不断提高。运用循序渐进原则须注意以下几点。

（1）教学内容安排要符合本身的逻辑顺序。

（2）教学过程和练习的安排要注意连贯性和实效性，结合篮球运动的特点及时变换教学步骤，使学生由不会到会，由掌握到运用，循序渐进，逐步提高。

（3）运动负荷要由小到大，合理安排。

（4）上课要按各类教学计划安排，有秩序地进行。

5. 巩固提高原则

为了使学生牢固地掌握篮球运动的技术动作，并在此基础上不断提高，在教学中必须贯彻和运用巩固提高原则。

（1）教师每次课都应安排复习内容，使之起到承上启下，巩固提高的作用。针对教学重点和关键技术要适当增加复习时间。

（2）教学中要有一定的体能训练，增强练习的次数、强度和对抗，以提高学生的身体素质。

（3）适当增加竞赛性练习和教学比赛，巩固提高所学技术、战术和基本技能。

（4）经常提问，定期测验。

（5）教学中，应注意更新旧的知识，改造旧的技术，学习、改进和创建新的教学方法，使教学内容、方法具有科学性和先进性。

上述教学原则是互相促进、互相联系的，只有密切结合、全面贯彻、灵活运用，才能更好地指导教学实践。

（二）专项教学原则

根据篮球运动技能的开放性和对抗性的特点，总结篮球教学的实践经验，可以得出篮球的专项教学原则有以下几方面。

1. 专门性知觉优先发展的原则

篮球运动是以球为工具的运动，场地、器械和同伴等要素构成了特有的运动环境。对环境和器具的感知是专门性知觉发展的过程，其中，手指、手腕对球的控制能力对篮球教学至关重要。教学中常常采用大量的熟悉“球性”的练习来优先发展这种能力，以确保技术动作的学习。一般多在准备活动中进行各种控球的练习。

2. 学习技术动作与实战对抗运用相结合的原则

篮球比赛中集体同场对抗的基本特征，决定了其教学过程必须把实战对抗能力放在重要位置。技术动作的学习和实战动作相结合，符合开放性运动技能学习的规律。学生在学习篮球技能时，首先要建立起对抗的概念和技术实效的概念，而不是把技术仅仅视为身体的固定操作程序。从某种意义上来说，从实战中提高是篮球技能形成和发展的普遍规律。因此，必须把技术动作的学习与实战能力的培养结合起来。

3. 技术规范化与技术个体化相结合的原则

技术动作的规范化是篮球教学普遍追求的目标。技术规范是指动作的基本结构符合人体运动学特征，达到实效的目的。由于学习者在身体形态、身体素质、智力和篮球运动经历等方面的差异，“技术规范化”的个体特征表现也存在较大的差别。教学的目的是使初学者通过学习，形成符合自身条件的动作完成方式。因此，篮球教学要遵循技术规范化和技术个体化相结合的原则，容许学生之间存在技术动作的细微差别。由于个体差异的存在，在篮球教学中，必须照顾具有不同能力的学生。

4. 战术的规定性与灵活性相结合的原则

战术的规定性是指战术配合的基本方法，包括基本的配合位置、移动路线、配合时间和运用时机等。在战术配合过程中，要根据攻守相互制约的变化灵活运用战术。在教学中，一般先强调战术的规定性，后注重战术的灵活性。

第三节　篮球教学模式

一、教学模式的结构和功能

（一）教学模式的结构

任何教学模式都有其内在的结构。教学模式的结构一般包含以下因素。

1. 理论依据（指导思想）

任何教学模式都是在一定的教学思想或理论指导下提出来的。教学思想和理论是建立各种体育模式的理论，反映了模式的内在特征，它在教学模式中是个独立的因素，又渗透在其他因素之中。如国外的信息加工教学模式是以信息加工的理论为依据，非指导教学模式是以人本主义教学思想为指导。

2. 教学目标

教学目标是指模式所能达到的教学效果，是教师对某项教学活动在学生身上将产生的效果所做出的预先估计。任何教学模式都是为了完成特定的教学目标而设计的，它使主题更加具体化，在教学模式的构成因素中居于核心地位，对其他因素有制约作用，也是教学评价的标准和尺度。如群体合作教学模式的教学目标是改善课堂教学的心理气氛，大幅度地提高教学质量。

3. 操作程序

操作程序是指教学在时间上展开的逻辑步骤及每个步骤的主要做法等，任何教学模式都具有一套独特的操作程序和步骤。由于教学过程中既有教材内容的展开顺序、教学方法交替运用的顺序，又有内在的复杂的心理活动顺序，一般是从不同侧面提出教学活动的基本阶段及其逻辑顺序。操作程序只能是基本的和相对稳定的，而不能是僵化的和一成不变的。

4．实现条件（手段策略）

实现条件是指促使体育教学模式发挥效力的各种条件（教师、学生、教学内容、手段、时间、空间等）的最佳组合和最好的方案。策略是指针对教师所运用的教学模式简要提出的原则、方法和技巧等。

5．评价

这里的评价是指评价的方法、标准等。由于各个教学模式在目标、操作程序、实现条件上不同，因而评价的方法和标准也就不同，即每种教学模式都有适合自己特点的评价方法和标准。如群体合作教学模式评价因素不同于标准化的评价，它采用计算个人和小组合计总分的评价方式。但现阶段除少数的模式已初步形成一套相应的评价标准方式外，很多模式至今尚未形成自己独特的评价标准和方式，这也是今后教学模式研究中的重点和难点。

上述诸因素相互联系、相互制约，完整地构成了一定的教学模式。其中，前面四个因素是教学模式的重要因素。至于教学模式中各要素的具体内容，则因模式的不同而有所差异。

（二）教学模式的功能

1．理论方面的功能

教学模式以简化的形式表达一种教学思想或理论，具有高度的概括性。教学模式来自实践，在实践中形成，是对某些有效的教学活动方式经过优选、概括、加工的结果，它能为某一教学思想或理论所涉及的各种因素和它们之间的相互关系提供一种相对稳定的结构。随着概括层次的提高、运用范围的扩大，教学模式还有可能由小型的、层次较低的理论性概括逐步发展成完整的、层次较高的理论。从这个意义上说，教学模式可以为教学理论不断充实发展提供各种具体素材，由个别的特殊经验上升、转化为层次更高的教学理论。

2．实践方面的功能

教学模式是某种教学理论的简化表现形式，它可以通过简要的解释或象征性符号来反映所依据的教学理论的基本特征，使人们在头脑中形成一种抽象理论的框架，便于人们理解和掌握。教学模式还为某种教学理论运用于实践提供了比较切实的、可操作的实施程序，有利于人们把握和运用，可供教师设计和组织各种具体教学活动方式作为参考。教学模式的实践功能有四个方面：一是预见性，即教学模式能够帮助教师预见体育教学活动所能达到的教学效果；二是指导性，教学模式能够为教师提供达到预期教学目标所需要的各种教学条件和实施教学的程序，指导教师开展教学活动；三是系统性，教学模式可以使整个教学过程成为一个有序的系统，并使教学过程中的各因素充分发挥其功能作用；四是完善性，科学规范的教学模式能够在实践中对传统的教学过程、教学方法和教学结果进行改进，从而使教学过程更有效地为培养现代社会全面发展的人服务。同时，教学模式自身也不断得到丰富与完善。

二、篮球教学的多种模式

（一）“传授动作技能”教学模式

“传授动作技能”教学模式是通过教师的传授辅导和学生的接受练习，以系统掌握篮球技术、技能为中心的一种教学活动体系。

1. 理论基础

“传授动作技能”教学模式强调以学习篮球的基本技术和技能为主导，遵循学生的认识规律和动作技能的形成规律，把教学过程分为感知、理解、巩固、运用等阶段，是我国篮球教学实践中长期以来普遍采用的教学模式。这种教学思想主要受苏联传统教学理论的影响。

2. 教学目标

“传授动作技能”教学模式是以促进学生掌握篮球技能有效的方式为手段，以教学大纲规定的技能评定项目为主要学习内容，以运动技能形成规律为主要依据，以学生学习技术知识、提高技能为主要目标的教学形式。这种教学模式能够有效地促进学生技术和技能的学习与掌握，通过技术和技能的传授来完成教学的各项任务。

3. 操作程序

经教师引导后，学生明确了目标，通过一些直观教学手段，使学生产生感性认识，形成视觉表象，进行模仿练习和表象练习；再经过实际练习和教师指导，建立动作表象和正确的肌肉感觉，形成动作技能；而后对学习效果进行总结评价，找出存在的问题，引起教学反馈的作用。其操作程序是：引发动机—明确目标—讲解示范—练习指导—总结评价。

4. 实现条件

“传授动作技能”教学模式强调教学中教师的主导和支配作用，整个教学活动在教师的组织指导和控制下进行。由教师规定教学目的、任务、要求等，学生依赖于教师，在教师的指导帮助下进行学习活动。该模式的运用效果主要取决于教师的教学技能水平、教学的方法手段，以及学生学习的自觉性、专项基础、身体条件五个因素。该模式主要由“系统学习”转变而来，在当前体育教学实践中被广泛运用。其优点在于能充分发挥教师的主导作用，也能较好地调动学生的学习积极性；能按体育学科的逻辑系统循序渐进地进行教学，使学生掌握较为系统的技术技能，也能保持较高的教学效率。其缺点是不易正确地发挥教师的主导作用，较难发挥学生的主动性和创造性，容易出现“注入式”教学。

（二）“指导—发现”教学模式

“指导—发现”教学模式是一种以解决问题为中心，注重学生独立活动，着眼于创造性思维能力和意志力培养的教学模式。

1. 理论基础

“指导—发现”教学模式的理论基础是布鲁纳的发现法教学原理，布鲁纳认为教学过程是学生参与生活的过程，学生的学习是对现有经验持续不断地改造。因此，教学不应该是讲和听，而是必须通过亲身活动去感受、发现和升华。

2. 教学目标

引导学生手脑并用，运用创造性思维去获得亲自实证的知识；培养学生善于发现、分析和解决问题的能力；养成学生探究的态度和习惯，逐步形成探索的技巧。

3. 操作程序

教师通过指导语的方式对所授篮球教材内容进行改造，使之成为学生可以比较容易理解的内容，同时向学生提供大量的观察和分析的直观感知材料。学生在课前根据自己对篮球的知识、经历和理解进行预习，带着遇到的问题，到课堂上寻找解答方案。在学生解决问题时，教师给予必要的指导，最后采用分析和归纳的方法共同进行总结。

4. 实现条件

（1）师生处于协作关系，教师引导学生通过主动发现来学习，把学习知识和探索知识的过程统一起来。

（2）教师要为学生创设一个问题情境，使学生产生一种想要解决问题的欲望，从而能认真思考所要研究的问题。

（3）采用这一教学模式要求学生有一定的知识、经验、技能水平储备，并利用统觉理论来解决新问题，将问题情境转变为解决问题的情境，直到问题解决。

（4）教师要根据教学需要为学生提供必需的视听材料（幻灯片、录像等）、必需材料（参考书、文献等），还要准备明确的、系统的问题来反映教学内容，以问题带教学。

“指导—发现”教学模式最大的优点在于使学生学会如何学习，如何发现问题和解决问题，在学习篮球战术、理解攻守关系和掌握技术重点或难点时运用，效果更为显著。但该教学模式也有局限性，它需要学生有一定的知识经验和技能储备。

（三）“掌握学习”教学模式

“掌握学习”教学模式的主要思想是在集体教学的前提下，明确具体的教学目标，提供足够的学习时间，改进教学内容结构和教学方法，加强教学过程中的反馈与矫正，在学生面临学习困难的时候给予帮助，从而使绝大部分学生都能够真正地掌握学校所教学科的内容。

1. 理论基础

"掌握学习"教学模式的理论基础：其一是卡罗尔"学校学习模式"的基本观点。卡罗尔把时间作为学校学习中的中心变量，提出一个包含五个要素的模式，其中三个要素均与时间有关：所需时间、所许可时间、所用时间。卡罗尔"学校学习模式"为教学时间与教学成效之间关系的研究作出了开拓性贡献。卡罗尔明确地把教学时间作为影响教学成效的独立变量，并为教学时间开辟了专门研究领域，而且就教学时间与教学成效之间关系提出了第一个理论模式。其二是布鲁姆所创立的"教育目标分类学"和教学评价理论。布鲁姆认为教育目标都有外显行为等特点，都是可以测定的。布鲁姆的教学评价理论把教学评价置于教学过程之中，对照教学目标及时做出价值判断，测定教学目标是否达到，有效地进行指导教学一连串反馈活动，对调节教学过程、提高教学水平、保证学生学习任务的完成起着十分重要的作用。

2. 教学目标

"掌握学习"教学模式的教学目标在于大面积提高教学质量。提出"绝大多数学生都能学到学校所教的一切东西"，承认所有学生具有均等学习的机会。"掌握学习"是在通常的班级集体教学的条件下进行的，力求把集体施教和因人施教统一起来。

3. 操作程序

(1) 为掌握定向。即向学生介绍掌握学习的一般程序，使学生适应这种学习方法，明确学什么、怎样学，达到什么程度。

(2) 为掌握而教。其具体步骤如下。

1) 根据确定的单元教学目标及其教学进程，教师按预定的教学计划，采取班级教学的形式对全体学生集体教学。

2) 在单元教学结束，教师对全体学生进行单元的形成性测验。

3) 分析测试结果。凡达到掌握目标的学生，进行巩固性、扩展性学习，或教其他同学；凡未达到目标的学生，则分析其错误产生的原因，进行矫正学习。矫正手段包括个别辅导、小组合作性学习，教师有重点的指导等。

4) 再进行一次形成性测验，待大部分学生都已掌握了这个单元的内容以后，再转入下一单元的学习。如此循环往复，直到全部教材学完。

(3) 为掌握分等。即在学完全部教材之后，教师对全班学生进行终结性测验。成绩评定是依据预先规定的标准。分为"已掌握 A"和"未掌握 B"两等。或将未掌握水平分为 B、C、D、E、F 等，借以表明学生的具体水平。终结性评价还应作为进一步提高的诊断性评定，使学生明确学习努力的方向。

4. 实现条件

(1) 师生双方对"掌握学习"教学模式都要抱有信心。教师对自身应有坚定的信心，对学生应有真诚的期待。学生则要有两个先决条件：一是“认知前提能力”，即学习相应的基础知识、技术、技能的能力以及学习习惯等；二是“情感前提特征”，即学习兴趣、胜任感、自信心等。

（2）确定篮球教学的内容、目标和测量手段。确定教学内容，要明确学习范围；确定掌握目标，要明确教学目标的达成度；形成性或终结性测验的内容要涵盖所有目标。

（3）为掌握制订计划，内容包括：设计教学单元，及其教学时间；制订单元具体的掌握目标；编制单元形成性测验内容；准备矫正的手段，如个别辅导、小组学习、重新教学等形式。

“掌握学习”教学模式，以反馈—矫正为核心，围绕教学目标，运用多种方式的形成性评价，根据评价结果，确定教学难点，然后安排重新教学，采用2～3人一组的相互帮助和教材指导等矫正措施进行教学。结果证明，“掌握学习”教学模式在提高“差等生”“中等生”的成绩方面有显著的效果，但该模式的许多问题还要在实践中加以研究和解决。如教学内容以单元划分的话，怎样才更科学、合理；教师上课前要做许多准备工作，要采用多种教学手段和方法，势必增加教师的负担；“因材施教”问题也要进一步研究。

（四）“程序”教学模式

“程序”教学就是将教学内容分成许多小步子，并将这些小步子系统地排列起来。每一步一个项目，内容很少，系列是由浅入深、由简到繁安排的。两个步子之间的难度相差很小，前一步的学习为后一步学习作铺垫，后一步学习在前一步学习后进行。由于两步学习之间难度相差很小，所以，就使学习者的学习很容易得到成功，并建立起自信。

1. 理论基础

“程序”教学的理论基础是新行为主义的学习理论。新行为主义者在学习理论上以联结主义的原理来阐明学习现象。他们认为，学习是通过刺激—反应—强化而形成行为的。斯金纳根据操作性条件反射的实验提出：任何复杂的行为都可以用一种逐步接近、积累的方法由简单行为联系而成，据此，他建立了程序教学模式。斯金纳认为，程序教学的关键在于要精密设计操作的过程，建立特定的强化措施，使学习者通过学习得到外部或内在的满足。

2. 教学目标

“程序”教学模式的目标在于教给学习者某种具体的技能、观念或其他内部或外部的行为方式，如掌握某些智力技能或行为技能等。

3. 操作程序

“程序”教学模式将篮球技术、战术教学内容依据认知规律和技能形成的规律，分解成为若干个相互联系的小步子，使这些小步子成为便于学习的逻辑序列，同时建立相应的评价信息反馈系统。教学开始以后，学生依据小步子进行学习，学习后及时进行评价，教师依据评价结果对学生的学习效果进行即时反馈。如达到了预定的标准，则进行下一步学习；如没有达到标准，则返回去重新学习，并配以相应的矫正措施。

4. 实现条件

采用“程序”教学模式，需把教学内容根据学习过程分解为许多小步子，并按一定的次序排列好。每一个小步子均有技能所需达到的标准。“程序”教学的四条原则如下。

（1）小步子原则。每两个学习项目内容的差距越小越好。

（2）积极反应原则。学生学习效果的外显反应，要快速地体现在技能掌握的程度上。

（3）即时确认原则。学生作出反应，要得到及时的肯定或否定。

（4）自定步调原则。学习速度可以根据自己的情况来决定。

“程序”教学的优点是可以使学习内容化难为易，易于学生掌握和巩固；及时反馈、及时强化，有利于调动学生学习的积极性；可以根据各人的情况，自定步调，确定学习进度，有利于因材施教，在篮球技术教学中的运用效果较好。不足之处是由于学生自定步调，学生练习的内容与方法不尽一致，不便于教师的教学组织。

（五）“学导式”教学模式

“学导式”教学模式是指教学活动以学生自学为主，教师的指导始终贯穿于学生自学的教学模式。

1. 理论依据

“学导式”教学模式的理论依据为以下几个方面。

（1）“教为主导，学为主体”的辩证统一的教学观。教学活动是教师的教与学生的学的有机结合。教师的主导作用主要体现在提出学习目标、要求，安排学习计划、内容，指导学生学习方法等；学生的主体地位只有通过学生主动地学习才能实现。

（2）“独立性与依赖性相统一”的心理发展观。学生是正在成长中的个体，随着年龄的增长，独立性日益增强，他们希望独立学习，自己管理自己。但是，学生的认识能力还不成熟，自我评价和自我控制能力都不强，还离不开教师的指导。因此，在教学中教师必须考虑学生的独立性，培养他们的自学能力，同时要加以正确的指导。

（3）“学会学习”的学习观。当代知识数量庞大，更新过程加快，教师不可能教给学生受用终身的知识，因此，培养学生自学能力、教会学生学习比传授知识更为重要。

2. 教学目标

以自学能力的培养为主要目标，实现以“教”为主向以“导”为主的转变。

3. 操作程序

（1）提出要求。根据教学需要，教师对自学的范围、重点和要解决的问题提出要求，让学生有目的地学习。

（2）自学。根据要求，学生自学，教师巡视。教师了解学生的自学情况，及时解决学生的个别问题。

（3）讨论、启发。学生针对共同的问题展开讨论（分小组、班级讨论），通过讨论相互启发、提高认识，捕捉疑点、难点；在讨论的基础上，由教师做启发性讲解，解惑、点拨、指迷，给学生提供解决问题的思路和方法，提高学生的认识水平。

（4）练习运用。通过完成相关的练习、实际操作等，使学生将所获得的知识在运用中得以检验、巩固。

（5）评价、小结。教师对练习结果及时评价，并根据反馈信息，采取巩固性或补充性教学。评价方式有教师评价、学生互评、自评等。小结是指学习一个阶段后，要求学生将所学知识系统化、概括化并联系原有知识，从整体上理解所学内容。小结可以由师生共同整理，也可以由教师指导学生先归纳，教师再补充总结。

4. 实现条件

（1）教师要有以“学”为主，“导”为主线的正确教学指导思想，教师是“指导者”“引导者”，要充分相信学生能自学，积极指导学生自学。

（2）教师要设计要求明确的自学提纲，提供必备的参考材料，要有一套指导学生自学的方法。“学导式”教学模式可以提高学生学习的主动性和主体意识，有利于学生自学能力和学习习惯的培养，加速创造性思维能力的发展。采用这一教学模式，教师虽然只起点拨、解疑的作用，但对教师的主导作用要求却更高了。如果教师不能做到这一点，自学就会导致自流，这种模式的优越性就难以体现。

（六）“合作学习”教学模式

“合作学习”教学模式主张用人道主义的原则和个性民主化的原则来改造教育和教学过程，处理教育和教学过程中人与人之间的关系，激发学习热情，培养个性和谐发展的人。

1. 理论依据

“合作学习”教学模式的理论依据是以阿莫纳什维利为代表的“合作教育学”。这种“合作学习”的关系表明个人目标和同伴群体之间是相互依存的，使学生感到只有在和自己有关的其他同伴达到目标的前提下，他自己才能达到个人的目标，这种结构可以产生学生群体之间相互作用的积极效果，从而改善教学的整体效益。建立“互助合作小组”是实现学生群体合作目标的基本手段。

2. 教学目标

“合作学习”模式通过异质分组，合理竞争，促进学生社会交往能力的发展，有效地促进学生学习成绩的提高，充分调动学生的积极性，大面积提高学生的学习成绩。

3. 操作程序

教学中依据自愿的原则把学生分成人数不等的若干个小组，练习时要以小组为单位结成“伙伴对子”，小组内发挥技术骨干的作用。教学过程中多运用小组练习、小组竞赛和小组评价等方法进行活动，在小组和伙伴的合作活动中学习掌握篮球教学的内容。

4．实现条件

(1) 要在教师的指导下，将全班分成几个异质学习小组，各小组的素质、技能大致相等。

(2)“合作学习”小组是一个亲密友好的群体，小组成员之间平等交往，彼此尊重、相互依赖。

(3) 小组的内部协作与小组的外部竞争同等重要。通过小组的内部协作，个人成绩与小组总成绩挂钩，促进小组成员形成和谐、友好、平等的关系；通过小组的外部竞争，可以培养学生的竞争意识，激发学生的练习积极性。

(七)“领会”教学模式

“领会教学法”是1982年英国洛夫堡大学的体育教师桑普（Bunker Thorpe）和邦克提出的一种全新的球类教学新思路，经过几十年的改进与实践，目前不断日趋完善，这种体育改革被业内体育学者推崇为球类教学的新趋势。

1．理论依据

“领会”教学模式的理论依据是：先尝试，后学习，在尝试中了解与明白学习运动技术的重要性，以提高学生学习的主动性，先完整后分解教学，在掌握各分解动作的基础上完整，再尝试，谋求教学思路整合性，审视运动素材的价值，准确处理、分解整合学习之间系；重视教学对培养学生认识能力等方面提出了一些独到意见和见解，对传统的技能教学法带来了大量的新启发，不仅有创意，而且为球类运动的发展带来了新的活力。

2．教学目标

让学生掌握篮球运动的本质规律和内在联系，即把战术意识学习置于首位，让学生明白在如何运用技巧的前提下学习技巧，然后通过反复的练习和比赛加以巩固，使学生建立篮球运动和比赛的概念，获得一些战术意识，在理解的基础上学习相应的动作技巧，提高学生的学习兴趣。

3．操作程序

“领会”教学模式以“项目介绍”和“比赛概述”作为学习篮球运动的开始，通过教师的讲解，让学生了解篮球运动的项目特点和比赛规则（如比赛场地、比赛时间的限制、得分的方法等），以及比赛所涉及的基本技巧。在此基础上，对学生进行战术意识培养。教师在介绍了战术之后，将结合实战向学生演示一些如何应付临场复杂情况的方法，对学生进行“瞬时决断能力训练”，培养和训练学生全面观察、把握时机、及时应变的能力。根据临场情况的不断变化，要求学生做出决断——“做什么”，并选择能取得最佳效果的技巧——“如何做”。在学生对比赛过程有所了解，并有了相应实践后，教师才视学生的能力及不同需要，引导教学进入“技巧演示”阶段，开始教授学生各种动作的要领和合理运用技巧的诀窍。在学生学习了技巧动作后，教师安排学生通过反复的练习和比赛来巩固，从而促使他们完成相应的、有质量的、有效果的动作，最终能够在比赛中将技巧动作运用自如。

4. 实现条件

(1) 从篮球运动整体特征入手，然后再回到具体技能的学习，最后回到整体认识和训练中。

(2) 强调从战术意识入手，把战术意识贯穿在各个教学环节中，突出整体意识和以战术为主导的特征。

(3) 突出主要运动技术，可忽略一些枝节性的运动技术。

(4) 注重比赛形式，并在比赛和实践中培养学生对篮球项目的理解。教学往往从“尝试性比赛”开始，以“总结性比赛”结束。

第三章　高校篮球技术的教学与训练

篮球技术是篮球运动员参与篮球比赛的基本手段，也是篮球战术的重要组成元素。高校学生只有掌握了篮球运动的各种技术，才能提升自身的篮球技战术水平。学生在学习各项篮球技术的同时还应该通过系统的训练使这些技术运用得更加娴熟，从而更好地在篮球比赛实践中运用与实施。本章将对篮球技术的基本理论进行阐述，同时对篮球运动的进攻技术与防守技术的教学训练分别进行指导。

第一节　高校篮球技术基本理论

一、篮球技术的概念与分类

（一）篮球技术的概念

对于篮球技术的概念，一般可以从技能方法与实践应用两个方面对其进行详细地分析，具体如下。

一方面，从技能方法的角度来看，篮球技术是篮球运动员在篮球运动中以进攻与防守为目的而选用的相应动作方法。篮球技术是动作模式的理想化形式，是规范化了的动作模式。篮球技术在动作方法上具有专门性与合理性，这种专门性与合理性主要表现在 4 个方面：①篮球技术与篮球竞赛规则的要求相符；②篮球技术对攻守对抗的需要具有适应性；③篮球技术与人体运动的科学原理相符，篮球运动员的个人特点也能够在篮球技术中充分体现出来；④在篮球比赛中，攻守对抗的具体任务能够通过篮球技术得到解决。专门性与合理性的篮球技术具体表现在篮球移动动作、篮球控制与支配动作，对篮球的争夺动作以及这些动作的组合。

另一方面，从实践应用的角度来讲，篮球技术是一种在实践比赛中对专门的攻守动作进行具体运用的能力。从这一方面来讲，篮球技术不只是运动员重复篮球动作模式，更是篮球运动行为与操作技巧的有意识的表现。具体表现在，运动员在篮球比赛中进行进攻或防守时单独运用技术动作，或者与同伴一起运用技术动作，共同协作配合，去争取时空上的主动性。运动员的篮球竞技水平与能力也能够通过篮球技术衡量出来。运动员在篮球比赛中以篮球技术为竞技的基本手段进行进攻与防守。运动员的智力水平、技术能力、身体素质以及心理素质、体育道德、经验和创造能力等都可以通过篮球技术集中反映出来。同时，运动员运用专门动作的技巧性和实效性也是运动员创造性的重要表现。

技能方法以及实战应用是篮球技术以不同角度在篮球运动对抗过程之中存在的本质和现象。篮球技术的掌握是对篮球战术进行运用的基础条件，任何战术方法的使用与战术目的的实现都离不开对准确的篮球技术动作和应变方法的掌握。由此可见，篮球技术是篮球运动的重要构成部分，它对于篮球运动的其他构成要素来说具有重要的基础性作用。

（二）篮球技术的分类

篮球技术的分类是运用科学的方法去区别篮球运动本体内容与把握认识这些内容的一种思维方法。一般来说，对篮球运动的分类应该遵循从简单到复杂、由特殊到一般的原则，从现象中找出异同，再进行分组分类（类有大小和层次之分），并使之系统化，从而进一步了解其各类的属性、结构、特点、作用以及与同类或不同类事物之间的关系等。对篮球技术进行科学的分类，主要应该把握好 3 个方面的依据，即篮球攻守对立统一的规律、人体运动科学的原理以及篮球技术动作的任务。

目前，篮球技术的主要划分类别为进攻技术与防守技术。这两大类篮球技术具体又包括若干类动作，这些动作或者具有相似的结构，或者具有相同的作用，或者具有不同的动作方法。这些既有区别又有联系的技术动作共同构成了篮球技术分类的系统化体系。具体来说，篮球进攻技术与防守技术还可以进行进一步的层次划分，如传接球、投篮、运球与突破是进攻技术的主要内容，防守技术的主要内容包括防守对手、抢球、打球与断球，进攻技术与防守技术的共同动作是移动与抢篮板球技术。

二、篮球技术的特点与运用

（一）篮球技术的特点

与其他运动项目的技术不同，篮球运动的技术有着自身的特点，主要表现在以下几个方面。

1. 随机应变

随机应变的特点是由篮球运动比赛变幻莫测的形势所决定的。不可否认，篮球技术中具有相对稳定的动作环节，这是篮球技术与其他运动技术的相同之处。但是在篮球比赛过程中，竞争激烈、节奏快，运动员必须结合场上瞬息万变的赛况，随着环境和对手的变化灵活运用篮球技术，还需具备应对变化需要及时做出应答动作的开放性技能，这就是篮球技术的随机应变性。篮球技术的随机应变性要求运动员在攻守对抗的各种不同条件下去随机应变地组合动作，创造性地完成各种攻守任务。

2. “人球合一”

“人球合一”是篮球技术最为显著的特点之一，篮球运动员用手直接控制与支配篮球是篮球技术中最为明显的特点。运动员在充分运用手的同时，还要配合全身的运动。各种篮球动作就是篮球运动员的手与全身相互配合而形成的。运动员在用手部动作控制、支配与争夺球的同时，身体动作也参与其中，“人球合一”正是篮球运动员在篮球运动中运用篮球技术的魅力所在。

3. 时间与空间的较量

现代篮球比赛是时间与空间的激烈较量。从本质上讲，篮球运动是比赛双方攻守对抗的一个动态过程，双方运动员都是在动态和对抗中完成篮球技术的操作的。篮球运动中的时空感是运动员在比赛场上的一种复合知觉，是运动员对时间和空间的判断能力，也是运动员必备的专项心理素质。

4. 规范性与差异性

篮球技术的运用应该符合其客观规律（生物学规律、运动规律以及篮球规则），也就是说，篮球运动员运用篮球技术应该符合科学原理规范性。但是，鉴于篮球运动是一个动态变化的过程，因此篮球运动员还要根据实际情况突出技术运用的个体差异，可见篮球技术具有规范性与差异性相结合的特征。

规范性与差异性相结合的特征也是其他竞技运动项目共同具有的技术特征，但在篮球运动中更加突出。在篮球训练与比赛中，不强求动作外形的模式，而更应该讲求实效。

（二）篮球技术的运用

篮球运动员运用篮球技术时应该最大限度地去适应篮球比赛中的变化。具体来讲，篮球技术运用过程中主要应该注意以下 3 个方面。

1. 具备良好的身体素质

运动员想要更好地掌握和运用篮球技术就必须具备良好的身体素质，同时保持运动以不断提高身体机能，只有这样才能够在篮球比赛中争取更多的时间与空间，从而在篮球比赛中将篮球技术运用得更加灵活多变，从而为取得理想的比赛成绩奠定良好的基础。

2. 培养良好的心理素质

篮球运动员的心理素质主要包括篮球意识、意志品质与情绪，篮球运动员良好的心理素质在很大程度上决定着篮球技术的发挥。因此，培养运动员良好的心理素质并以此来提高篮球运动员在实战中技术运用的能力是十分重要的。

良好的心理素质对于篮球技术的运用具有非常重要的意义，主要体现在：首先，意识对行动有支配作用，对技术运用有抉择、指向、支配作用；其次，意志品质坚定、有信心克服困难能够积极促进技术的运用；最后，只有情绪稳定，自控能力强，才能有效排除对内部与外部的干扰和影响，同时还有助于技术动作的正常操作甚至超常发挥。

3. 掌握规范的技术动作

掌握规范的技术动作是篮球运动员科学运用篮球技术的重要基础。一方面，掌握规范的技术动作对于篮球运动员形成正确的技术动作定型具有重要作用；另一方面，只有掌握规范的、熟练的单个技术，然后再将这些单个的技术有机地组合起来综合运用，才能够在比赛中灵活应对各种复杂多变的情况，从而使所学的组合技术更好地运用到实践中。

三、篮球技术发展的推动因素

篮球技术是一个不断发展的实践过程，它的发展是多种主客观因素共同推动的结果。具体来讲，篮球技术发展的推动因素主要包括以下几个方面。

（一）人的因素

人是篮球技术的主体与操作者，人直接推动着篮球技术的不断发展与完善。在篮球技术的产生与发展演变过程中，作为影响技术的客观因素，如速度、力量、耐力、跑、跳、投的能力及人的形态等都获得了非常大的发展。例如，现代篮球运动员的身高、体重、速度、力量等各项素质与20世纪50年代的运动员相比有了非常大的变化，这种变化为篮球技术的发展奠定了坚实的物质基础，使篮球比赛场中的攻守速度、篮球运动员的弹跳高度、对抗强度与以往相比产生了巨大的飞跃，很多高难度的篮球技术动作也应运而生，这也使得篮球运动比赛更加引人入胜。人这一主观因素的发展也为篮球技术的发展创造了非常广阔的空间，篮球运动员的知识水平、战术能力、心理品质等都在篮球技术的发展过程中获得了飞速的进步，人们对于篮球运动的认识日益深刻。

（二）篮球规则演变的因素

身材高大的篮球运动员的增多是近几十年来国际篮球运动发展的一项重要特征，这在一定程度上促进了篮球技术的发展，但是也在某些技术方面限制了篮球的发展。为了让身材高大的篮球运动员的技术向快速、灵活、全面的方向发展，篮球规则做出一系列的调整：限制区的出现与扩大提高了身材高大的篮球运动员的活动范围；篮球场地面积的增加让篮球运动员有了足够的空间来施展自己的技战术；增加三分线等其他规则都在一定程度上促进了篮球技术的发展。篮球比赛所限定的3秒、5秒、8秒、10秒、24秒等时间方面的限制提高了篮球运动的比赛进度，一定程度上带动了篮球攻守之间的迅速转换，不仅促进了篮球技术的不断发展，同时也使得篮球比赛更加激烈精彩。

（三）对身体对抗认可的因素

在篮球运动发展初期，篮球规则规定不得产生身体接触，避免发生冲撞。而随着篮球比赛激烈程度的不断提升，篮球运动员之间的对抗不断加强，运动员之间的身体接触越来越频繁。为了使篮球比赛的对抗更为激烈，具有更好的观赏性，在规则允许的范围内，运动员之间有了更多的身体接触与相互之间的对抗，这也使得篮球运动的攻守技术更加具有攻击性。因此，在篮球运动的教学以及比赛实践中，篮球教练员应该更加注重篮球组合技术动作的训练与强化，不断加强篮球运动员的技战术水平。

（四）篮球训练方法变革的因素

篮球训练方法的变革、改进与提高，能够加速篮球运动员掌握技术动作的数量与熟练程度，有效增强运动员技术动作之间的衔接，提高运动员在对抗条件下完成技术动作的能力。篮球运动非常讲求队伍的集体性，篮球运动的教学、训练以及比赛都需要在教师或者教练员的指导下科学地进行。自20世纪50年代以来，以运动生理学、运动生物力学等相关学科为基础的，以提高机体各器官系统机能的训练方法不断产生，同时以系统科学、信息论、控制论为指导的整体的、系统的观点来指导教学、训练与比赛的思想得到了非常广泛的应用，这些使得人们在训练方法与指导思想方面都取得了质的飞跃。

第二节　高校篮球进攻技术教学

一、移动技术

（一）移动技术分析

1. 起动技术

篮球运动的起动技术，是指运动者由静止状态变为运动状态的一种动作，是运动者获得位移速度的方法。进攻时，突然快速地起动，是摆脱防守的有效手段之一，可以使运动者抢占有利位置，盯住对手。在高校篮球运动中，学生的起动应从基本站姿开始，以向前起动为例，后脚向侧起动时，异侧脚的前脚掌短促有力地蹬地，同时上体迅速前倾或移动重心，手臂协调摆动，利用蹬地的反作用力，迅速向前迈出。

2. 跑的技术

（1）变向跑：变向跑是队员在跑动中利用突然改变方向完成攻守任务的一种跑动方法。从右向左变向时，最后一步用右脚前脚掌内侧用力蹬地，同时脚尖稍内扣，迅速屈膝，腰部随之左转，上体向左前倾，移重心，左脚向左前方跨出，然后加速前进。

（2）变速跑：变速跑是队员在跑动中，利用速度变化完成攻守任务的一种方法。由慢跑变快跑时，上体前倾，用前脚掌短促有力地向后蹬地，同时迅速摆臂，前两三步要小，加快跑的频率。由快变慢时，上体抬起，步幅加大，用前脚掌抵地，减缓冲力，从而降低跑速。

（3）侧身跑：侧身跑是队员在跑动中为了抢位，摆脱防守接侧向或侧后方传来的球而采用的一种跑动方法。跑动时，头部和上体转向侧面或有球的一侧，脚尖朝着跑动方向。跑动时，既要保持奔跑速度，又要保持身体平衡。

3. 跳的技术

跳是指运动员在场上争取高度及远度的一种动作方法。高校篮球比赛中很多技术需要在空中完成。运动者必须能单脚或双脚在原地、跑动中、对抗条件下向不同方向跳或连续跳，而且在跳的过程中，应该尽量做到起跳快，跳得高，滞空时间长，且能在空中完成各种攻守动作。

（1）单脚跳：起跳时，起跳腿快速屈膝，脚跟积极着地迅速过渡到前脚掌用力蹬地同时，腰胯用力上提，两臂用力上摆，另一腿屈膝上抬，加快起跳速度。当身体腾起到空中高点时，两腿自然伸直并拢，身体伸展。落地时双腿屈膝缓冲，要控制身体平衡性。单脚起跳多在助跑情况下运用。

（2）双脚跳：起跳时，两膝弯曲降低重心，两脚用力蹬地，同时提腰摆臂向上起跳；在空中时，身体自然伸展控制平衡；落地时，前脚掌先落地，屈膝缓冲，注意保持身体平衡，以便衔接其他动作。双脚起跳多在原地运用，也可以在上步、并步、跳步和助跑情况下运用。

4. 急停技术

篮球运动的急停技术是指队员在快速移动中突然制动速度的一种动作方法，在高校篮球比赛中，急停是运动员利用各种脚步动作衔接和变化的过渡动作，多与其他技术结合使用。

（1）跨步急停：先向前跨出一大步，脚跟先着地并迅速过渡到全脚抵住地面，降低重心，身体稍后仰。第二步落地时，两膝深屈并内扣，身体稍侧转，两脚尖自然转向前方，前脚掌内侧用力抵住地面制动向前的冲力，上体稍后仰，两臂屈肘自然张开，上体迅速前倾，控制身体平衡。

（2）跳步急停：跑动中用单脚或双脚起跳，使双脚稍有腾空。上体稍后仰，两脚平行或前后落地（略宽于肩）形成进攻基本站立姿势。落地时动作轻盈，身体在空中稍向任一方向自然侧转，以缓和前冲速度，落地后迅速降低重心，保持身体平衡。

5. 滑步技术

篮球运动中的滑步技术是指运动员在防守移动时的一种动作方法，滑步易于保持身体平衡，可向任何方向移动，可分为侧滑步（横滑步）、后滑步和前滑步。这里重点介绍侧滑步和后滑步。

（1）侧滑步：以向左侧滑步为例，两脚左右开立同肩宽，膝微屈，上体稍前倾，两臂侧伸，眼平视，盯住对手。向左滑步时，右脚前脚掌内侧蹬地，同时左脚向左跨出，在落地的同时，右脚迅速随同滑行，然后继续重复上述动作。滑步时，身体不要上下起伏，要随时调整重心，保持身体平衡。动作结束时，恢复原来的身体姿势，并根据攻守情况，迅速转换到下一个动作。向右滑步时，动作相同，方向相反。

（2）后滑步：一只脚向后撤步，脚着地的同时，前脚紧随着向后滑动，保持前后开立姿势。向前滑步时，前脚向前迈出一步，着地的同时，后脚紧随着向前滑动，保持前后开立姿势。

6. 转身技术

篮球运动中的转身技术是指运动员以一脚作中枢脚进行旋转，另一脚蹬地向前或向后跨出，改变原来身体方向的一种动作方法。转身可与急停、跨步、持球突破结合运用，能有效地摆脱防守，创造传球、投篮机会。

（1）前转身：移动脚向中枢脚脚尖方向跨出改变身体方向为前转身。转身时，中枢脚前掌用力碾地，移动脚蹬地并迅速跨步，同时转腰转肩，保持身体平衡。

（2）后转身：移动脚向中枢脚脚跟方向跨出改变身体方向为后转身。转身时，中枢脚碾地旋转，移动脚蹬地并向自己身后撤步，同时腰胯用力旋转，重心随之转移，保持身体平衡。

（二）移动技术训练

（1）原地运球，听或看信号做起动快速运球的练习。

（2）原地站立，听或看信号做起动的练习。

（3）听或看信号，向不同方向起跑。

（4）利用篮球场的圈、线做侧身跑和对角折线跑。

（5）两人行进间传球，练习侧身跑。

（6）助跑后，做单脚或双脚起跳。

（7）助跑后，单脚起跳做手摸篮板、篮圈练习。

（8）单、双脚起跳后做接球、传球或断球练习。

（9）慢跑两三步接着做跨步急停和跳步急停。

（10）以稍快节奏跑三五步，然后做跨步急停和跳步急停。

（11）快跑中听或看信号，做跨步急停练习。

（12）急停后做接传球或投篮练习。

（13）原地站立，分别以两脚为轴，做前、后转身90°、180°、270°的练习。

（14）慢跑中急停，做前、后转身90°、180°起动快跑练习。

（15）跳起接球后，做前、后转身传球、运球或投篮练习。

（16）2人1组，在一对一攻守中，做前、后转身护球练习。

二、传接球技术

传接球指的是在篮球比赛中进攻队员之间有目的地支配球、转移球的方法。传接球的质量好坏对于战术执行质量的高低以及进攻的成功率有着很大的影响，甚至会决定比赛最终的结果。

（一）传接球技术分析

1．传球技术分析

（1）双手胸前传球。双手手指自然分开，拇指相对呈“八”字形，用指根以上部位持球，手心空出。两肘自然弯曲于体侧，把球置于胸腹之间的部位，身体呈基本站立姿势。

传球时在后脚蹬地、身体重心前移的同时前臂迅速向传球方向伸出，拇指用力下压，手腕前屈，食指与中指用力拨球将球传出。

（2）单手肩上传球。双手持球于胸前，双脚平行而立，传球时（以右手传球为例）左脚向传球方向迈出半步，右手托球，同时将球引到右肩上方，肘部外展，上臂与地面近似平行，手腕向后仰。左肩对着传球方向，身体的重心落在右脚上，右脚蹬地，转体，右前臂迅速向前挥摆，手腕前屈，通过食指、中指拨球将球传出。右脚在球出手之后随着身体的重心前移而向前迈出半步，保持基本的站立姿势。

（3）双手头上传球。双手指尖朝上，从球侧面持球于头顶，肘部稍微弯曲，向传球方向跨步同时手腕后转，球转移到脑后，将球向前抛出，手腕下转发力，做好随球动作。

（4）单手体侧传球。以右手传球为例。双脚开立，膝关节微屈，将球双手持于胸前。传球时右手持球后引，经过体侧向前作弧线摆动，手腕前屈，用食指、中指的力量拨球，将球传出。

2．接球技术分析

（1）双手接球。接球时双眼注视来球，手指自然分开，两拇指相对呈“八”字形，两手呈半圆形。来球之前主动伸臂迎球，肩、臂、腕、指保持放松。接球时，指端先接触球，两臂同时随球后引，缓冲来球的力量，同时做好衔接下一动作的准备姿势。

（2）单手接球。以右手接球为例。右脚向来球方向迈出，接球时右臂微屈，手掌呈勺形，手指自然分开，向迎球的方向伸出，左脚同时迈出。在手指触球之后，手臂顺势向后撤，同时收肩，上体稍微向右后方转动，之后用左手帮助将球握于胸前。跳起用单手接高球时，可采用手指尖触球后顺势卷腕的手法，将球引到胸前成双手持球。

（3）跑动接球。在跑动中，脚尖朝着前进方向，上体侧转面向来球，双臂伸出主动迎接来球。

（4）摆脱接球。无球进攻队员利用脚步动作（如变向跑、转身、停步等）或者同伴的掩护摆脱防守后接同伴传来的球，同时采用相应的停步动作来衔接下一个进攻的动作。

（二）传接球技术训练

1．传接球技术的训练方法

（1）原地徒手双手持球动作的模仿练习，该练习能够让学生更好地体会不持球时正确做出双手持球的徒手模仿动作。

（2）2 人为 1 组，1 人原地传球，另 1 人向左、右、前、后移动做接球练习。两人相距 4～6 米，多次传接球练习之后相互交换。

（3）全场 3 人传接球练习。每传 1 次球都要通过中间人，在 3 人传球推进的过程中，应该保持好三角队形。

（4）迎面上步传接球练习。学生排成纵队，教师持球距纵队 5～7 米。排头队员上步接教师传来的球并回传给教师，之后跑回队尾，接着第二名队员进行练习，以此类推。

2. 传接球技术训练的注意事项

（1）学生在掌握动作规格的同时还应该养成良好的观察能力与判断能力，善于隐蔽自己传球的真实意图，并将假动作等个人战术行动与提高传接球技术进行有机结合。

（2）教师在训练时应该狠抓传球的手法，先进行传平直球用力手法的训练，再训练传折线球的用力手法，最后训练高吊球（弧线球）的用力手法，并以3种传球路线交替进行训练。对于动作的规范与要领应该严格要求，从而促进学生形成正确的传球手法，为更多篮球技术的学习与掌握奠定基础。

三、运球技术

运球是指持球队员在原地或者移动中用手连续拍按使球借助地面反弹起来的动作。运球技术是篮球运动员控制球、支配球、组织全队进攻配合以及突破防守的一种重要手段。

（一）运球技术分析

1. 低运球

低运球时，两腿迅速弯曲，降低身体的重心，上体向前倾，球的落点在体侧，用上体与腿对球进行保护。用手腕与手指短促地拍按球的后上方，将球控制在膝关节的高度，两腿用力向后蹬，快速前进。拍球的部位是在球的后上方或者后侧方。

2. 高运球

高运球时，两腿微屈，上体稍微向前倾，两眼平视，以肘关节为轴，前臂自然伸屈，用手腕、手指柔和而有力地拍按球的后上方，将球的落点控制在运球手臂的同侧脚的外侧前方，球的反弹高度在腰与胸之间。

3. 运球急停急起

在快速运球中急停时，降低身体的重心，手快速拍按球的前上方，使球停止运行；急起时，两脚应该用力向后蹬，上体急剧前倾并迅速启动，同时拍按球的后上方，人球同步快速前进。

4. 运球体前变向

（1）体前换手变向运球。体前换手变向运球技术能够成功的关键就在于能否利用好体前变向的时间差。以右手持球变向换到左手为例，在变向前首先要压低重心，朝右方做假动作，此时左手在膝盖下方等球。当身体朝右方压低重心准备启动时，膝盖要近乎贴近地面，眼睛也要目视这个方向，以此达到最大限度地迷惑对方的目的。然后当身体启动动作呼之欲出之际右脚突然向左发力，身体重心也随之快速移动到左脚，右手放球于地，球弹起后左手接球并朝左边方向加速甩开防守人。这种运球变向的方式大多在突破防守时运用。

（2）体前不换手变向运球。以右手持球变向为例，在变向前首先要压低重心，朝右方做假动作，当身体朝右方压低重心准备启动时，膝盖要近乎贴近地面，此时朝右侧启动，迈出一步并运球一次后第二次运球放球时落地点在身体左侧，右脚向左蹬地，重心落至左脚，完成变向。这种运球变向的方式大多在突破分球时运用。

5．转身运球

当对手逼近时，持球队员不能用直线运球或者体前变向运球突破时，可用转身运球技术摆脱防守。以右手运球为例，在变向时，左脚在前为轴，身体向右转，做后转身的同时，右手将球运动至身体的左侧前方，之后变换左手运球，加速前进。

6．胯下运球

以右手运球为例，变向时，左脚在前，右手拍按球的右侧上方，把球从两腿之间运到身体的左侧，换手运球，之后上右脚，加速前进。

7．背后运球

当右手运球从背后换左手时，右脚前跨，右手将球拉到右侧身后，快速转腕拍按球的右后方，使球从背后反弹到左侧的前方，左脚同时向左前方跨步，换左手运球。

（二）运球技术训练

1．运球技术的训练方法

（1）原地进行高运球、低运球训练。左右手交替进行原地体前左右手变向运球。右手运球拍按球的右上方使球弹向左侧，左手拍按球使球弹向右侧。反复进行练习。

（2）原地进行胯下左、右运球训练。运球者右手持球加力使球从胯下向左反弹，左手碰球后，再加力使球从胯下向右反弹回，依次两手交替运球。反复进行练习。

（3）原地进行体侧前后推拉运球训练。运球者两腿前后开立，运球手拍按球的后上方使球向前弹出，运球的手快速前移至球的前上方，按拍球使球弹回。反复进行练习。

（4）对抗运球训练。2人为1组，每人运1球，在保证自己的球不被对方打掉的前提下寻找机会打掉对手的球。另外还可以几个人在固定区域内同时进行训练。

2．运球技术训练的注意事项

（1）教师在进行运球训练时应该重点抓好运球基本功的训练，从而有利于学生提高控制球以及支配球的能力。在学生初步掌握运球动作之后，应该训练抬头的运球技术，用手感来对球进行控制，并养成运球时目视前方、观察场上情况以及屈膝的习惯。

（2）学生训练过程中应该牢抓运球的关键，同时结合多种熟识球性的辅助性训练，练好手上功夫并提高脚步动作的快速灵活性。教师应该特别加强对水平较弱学生的运球训练。

（3）在进行防守训练时，教师应该从消极防守到积极防守，在不断加强对抗的训练中提高学生的场上应变水平。

四、持球突破技术

持球突破是指持球队员将脚步动作、运球技术等相结合，迅速超越对手的一种进攻技术。持球突破技术主要包括蹬跨、转体探肩、推按球以及加速等环节。

（一）持球突破技术分析

1．原地持球同侧步突破

以左脚做中枢脚从防守队员左侧突破为例。两脚左右开立，两膝微屈，降低身体的重心，持球于胸腹之间。进行突破时，上体积极前倾的同时，右脚迅速向右前方跨一大步，上体同时向右转，左肩向下压。左脚内侧用力蹬地，在左脚离地前，用右手推按球于右脚外侧前方，之后左脚迅速跨步抢位，快速运球超过对手。需要注意的是，起动动作应该突然，跨步、运球应该迅速而连贯，中枢脚离地前球要离开手。

2．原地持球交叉步突破

以右脚做中枢脚从防守队员左侧突破为例。两脚左右开立，两膝微屈，降低身体的重心，持球于胸腹之间。进行突破时，左脚向左侧前方迈出一小步，将防守者引向自己左侧的同时，用左脚前掌内侧快速蹬地，向右侧前方跨出一大步，上体稍微向右转，左肩向前下压，身体的重心向右前方移动，将球推引到身体的右侧，用右手推按球于左脚右侧前方，接着右脚蹬地加速超越对手。需要注意的是，蹬跨动作要大而有力，转体探肩应该迅速。

3．转身突破

（1）后转身突破。以左脚做中枢脚为例。背向球篮站立，双脚平行或者前后开立，两膝弯曲，降低身体的重心，双手持球于腹前。突破时以左脚为轴后转身，右脚向右侧后方跨步，脚尖指向侧后方，上体后转并压右肩。右手向右脚前方推按球，左脚内侧迅速蹬地，向球篮方向跨出，换左手运球快速突破防守。需要注意的是，身体重心在突破过程中应该保持平稳，转身与突破动作的衔接要紧密。

（2）前转身突破。以左脚做中枢脚为例。突破前的准备动作与后转身突破一致。突破时将身体的重心转移到左脚，右脚脚前掌内侧蹬地，左脚为轴碾地，右脚随着前转身而向球篮跨步时，上体左转并压左肩。右手向右脚侧前方推按球，离手之后左脚蹬地，向前跨出突破对手。需要注意的是，身体的重心在突破过程中应该保持平稳，转身与突破动作之间应该紧密衔接。

4．行进间突破

在快速移动中看到同伴传来的球时，应该迅速向来球方向伸臂迎球，同时用一只脚（侧向移动时用异侧脚）蹬地，双脚稍微离地腾起，向侧方或者前方跃出接球，形成与防守队员的位置差，两脚先后或者同时落地。落地之后，屈膝以降低身体的重心，保持身体平衡的同时注意护好球。摆脱移动、伸臂迎球和跨跳的衔接应该做到协调连贯；接球急停要稳；突破起动应该迅速而突然，同时保护好球，根据防守位置运用交叉步或者同侧步突破防守。

（二）持球突破技术训练

为以后叙述方便，下面首先列出篮球运动的图例：

④进攻队员符号。

△4防守队员符号。

————→ 队员移动路线符号。

·········→ 队员传球路线符号。

～～～～→ 队员运球路线符号。

——‖——→ 队员投篮符号。

1. 持球突破技术的训练方法

（1）有防守时的持球突破训练。如图 3-1 所示，⑤向圆顶倾斜插并接④的传球进行突破，△8边退边防。④传球后，到原⑤的队尾，依次连续练习。⑤进攻后去⑦的队尾，△8防守后则去⑥的队尾，接球者要主动迎上去，传球到位，突破时应该降低身体的重心，同时保护好球。

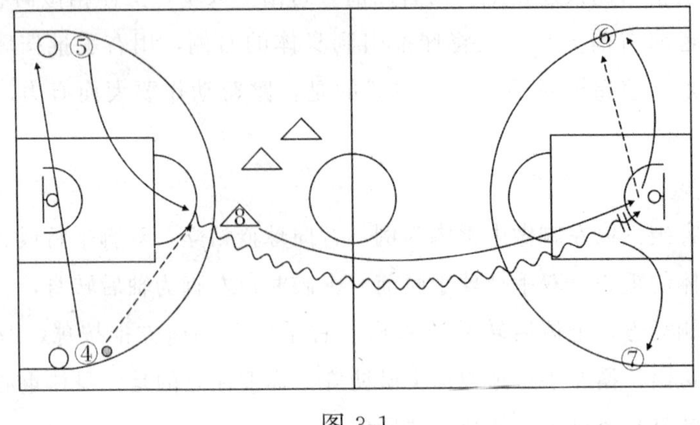

图 3-1

（2）无防守时的持球突破训练。

1）每人 1 球，进行原地持球交叉步与同侧步突破训练，通过该训练有助于练习者体会突破动作的技术要领以及身体各部位的协调配合。

2）接球急停突破练习。2 人为 1 组，无球队员向有球队员示意接球方向，之后移动接球急停，做交叉步或者同侧步突破，轮流进行。

2. 持球突破技术训练的注意事项

（1）教师在训练过程中应该积极培养学生的良好突破意识，提高学生场上的观察判断能力、掌握合理的突破时机和持球突破的能力。

（2）教师在训练过程中应该注意技术动作的正确规范，让运动员学会两脚都能做中枢脚，以及明确规则对技术动作的要求。

（3）教师在训练过程中应该培养学生顽强的场上作风和敢于在贴身紧逼中运用突破技

术。同时，还应该有针对性地培养学生灵活的突破技巧，使学生逐渐学会利用位置差、时间差、节奏变化以及假动作等方式，更好地发挥突破的作用与威力。

五、投篮技术

投篮技术是指在篮球比赛中，进攻队员将球从篮圈上方投入对方球篮所采取的各种专门动作的方法。投篮技术是篮球运动发展的核心内容。

（一）投篮技术分析

1. 原地双手胸前投篮

两脚左右或者前后站立，两腿稍微弯曲，前脚掌着地，上体稍微向前倾，眼睛注视瞄准点，双手五指保持自然张开，捏球两侧稍后部位，两拇指相对呈“八”字形，用手指接触球，掌心空出，持球于胸前，屈肘靠近身体。进行投篮时，两脚蹬地身体伸展，同时两臂向前上方伸出，两拇指向前上方用力推送，手腕稍微外翻，使球从拇指、食指、中指的指尖投出，向后旋转飞行。

2. 原地单手肩上投篮

以右手投篮为例。双脚开立，两膝稍微弯曲，将身体的重心落在两脚之间，上体稍微向前倾，右手翻腕托球于右肩前上方，手指自然张开成球状，手心不要贴球，球的重心要落在中指与食指之间，左手帮助扶在球的侧部，右肘自然下垂，腕关节放松；下肢蹬地的同时，右臂向前上方伸展，手腕向前扣动，手指拨球，将球柔和送出。手腕在出手后应该保持放松，手指自然向下。

3. 行进间投篮

（1）行进间单脚起跳单手低手投篮。以右手投篮为例。右脚跨出一大步，双手同时接球，用身体保护球，接着左脚迈出一小步制动的同时用力起跳，然后充分伸展自己的身体，右臂伸直向篮圈方向举球（手心向上），当举球手接近篮圈时，用向上挑腕和以中间三指为主的拨球动作使球通过指端投入篮筐。出手之后，双脚同时落地，两腿弯曲，从而起到缓冲的作用。

（2）行进间单脚起跳单手高手投篮。以右手为例。右脚跨出一大步的同时接球，接着左脚跨一小步并用力蹬地起跳，右脚屈膝上抬，同时举球至头上方，当身体接近最高点时右臂向前上方伸展，手腕前屈，食指、中指用力拨球，通过指端将球投出。

（3）行进间勾手投篮。以右手投篮为例。接球或者停止运球之后，左脚向便于投篮的方位跨出一步并起跳，左肩靠近防守的队员，右腿顺势自然上提，眼睛注视篮圈，左手离球，右手持球向右肩侧上方伸出，举球到头的侧上方时挥前臂，以屈腕、压指动作通过食指、中指把球拨出。

4. 原地起跳肩上投篮

以右手投篮为例。双手持球于胸腹之间，两脚左右（或前后）开立，两膝稍微弯曲，将身体的重心落于两脚之间，上体保持放松，眼睛注视篮圈。起跳时，两膝适当弯曲（两脚前后开立时也可上一步再做此动作），接着前脚掌蹬地发力，迅速向上摆臂举球并起跳，双手举球于肩上或者头上，左手扶球的左侧。当身体上升到最高点或者接近最高点时，左手离球，右臂向前上方伸展，同时突然发力屈腕，以食、中指拨球，通过指端将球投出。

5. 运球、接球急停跳投

在运球急停或者接球急停投篮时，可采用跳步或者跨步急停的动作方法。双手在停步的同时随起跳持球上举，当身体接近最高点时辅助手离球，投篮臂向前上方伸直，手腕前屈，食指、中指用力拨球将球投出。

（二）投篮技术训练

1. 投篮技术的训练方法

（1）原地进行徒手模仿投篮技术动作训练，体会动作方法。

（2）原地进行徒手多种角度的投篮练习，体会瞄准方法。

（3）原地进行跳投模仿训练。

（4）原地徒手进行正面的定点投篮训练，投篮的手法要正确。

（5）2人为1组，相距4～5米进行对投训练。

2. 投篮技术训练的注意事项

（1）进行投篮训练时，学生应该掌握正确的投篮技术动作，并在此基础上将投篮与摆脱防守、传球、接球、运球、突破、抢篮板球、脚步动作以及假动作等技术进行有机结合，从而培养篮球场上的应变能力。

（2）在战术背景下进行投篮训练，应该积极培养良好的配合意识，从而提高投篮技术的能力。

（3）学生应该重视投篮时的心理训练，从而提升其投篮的命中率。通过比赛以及一些特殊的训练手段，提高自身的抗干扰能力，从而能够在一定的心理压力下有较高的投篮命中率。

六、抢进攻篮板球技术

抢篮板球技术是指在空中拼抢投篮不中的球的技术动作。抢篮板球技术具体包括抢进攻篮板球与抢防守篮板球两种。

（一）抢进攻篮板球的技术分析

处于篮下或者内线的队员抢进攻篮板球。当同伴或者自己投篮时，靠近篮下的队员应该迅速对球反弹的方向进行判断，同时通过假动作绕胯挤到对方的身前，利用跨步或者助跑起跳跳到最高点进行补篮或者直接摘得篮板球。

处于外线位置的队员抢篮板球。在同伴进行投篮时，如果进攻队员面向球篮，首先应该观察判断球的反弹方向、速度以及落点，然后突然起动冲向球反弹方向进行补篮或者抢获篮板球。以从防守人身后左侧冲抢为例，当进攻队员面向球篮时，右脚向右侧跨步，向右侧做假动作，之后以左脚为支撑脚，右脚向左跨出一小步，将身体的重心转移到左脚，右脚立即向前跨步绕前，挤靠防守人，跳起抢篮板球或者补篮。

（二）抢进攻篮板球技术训练

1. 抢进攻篮板球技术的训练方法

（1）原地连续双脚起跳或者前、后转身跨步连续起跳，同时用单手或者双手触篮板或篮圈 10～20 次。练习过程中应该注意动作的连贯性。

（2）2 人为 1 组，1 人向篮板或者篮圈抛球，另 1 人以面向持球人的基本姿势站立，准备抢球，之后转身跨步（上步）起跳用单手或者双手抢球。

（3）2 人为 1 组，站位于篮下两侧，轮流跳起，在空中用双手将球托过篮圈，碰板传给同伴。需要注意的是，必须在跳到最高点时托球，2 人都做完 1 次为 1 组，连续托球 15～30 组。

2. 抢进攻篮板球技术训练的注意事项

（1）抢进攻篮板球技术训练应该在战术背景下进行，并将抢篮板球技术与战术结合起来进行训练。

（2）抢篮板球技术与其他技术结合起来进行训练，抢防守篮板球与一传、运球突破技术相结合，抢进攻篮板球与补篮或二次进攻相结合进行训练。

（3）教师应该注重抢篮板球技术的实战训练，加强抢篮板球的对抗训练，抢防守篮板球应该先挡人后抢球，抢进攻篮板球应该先冲抢占据有利位置之后再抢球。

第三节 高校篮球防守技术教学

一、抢球、打球、断球技术

抢球、打球、断球都是具有很强攻击性的篮球防守技术，是运用积极性防守战术的基础。随着篮球运动的不断发展，抢球、打球、断球技术在篮球运动中的应用也更加广泛。

（一）抢球、打球、断球技术分析

1. 抢球技术分析

（1）拉抢。在拉抢之前，防守队员应该准确抓住对手的持球空隙部位，突然用两手抓住球之后猛拉，进而抢夺球权。

（2）转抢。在防守队员抓住球的同时应该迅速利用手臂后拉以及两手转动的力量，将球从对方手中抢夺过来。在抢球过程中，为了加大夺球的力量，防守者可以利用转体的身体动作，让对方无法握球。如果抢球未果，应该尽可能与对手造成“争球”。在转抢时，防守队员应该做到动作的快速、准确、突然。

2. 打球技术分析

（1）打掉对方手中的球。

1）打持球队员手中的球。在进攻队员接到球的一瞬间，没有对球进行很好的保护或者由于观察场上情况而失去警惕时，防守队员应该迅速上步打球。通常来讲，当进攻队员持球部位较高时，防守队员可采取由下而上的方法打球。打球时，掌心应该向上，手指与指根击球的下部。如果对方的持球较低，应该多采取由上而下的方法打球。打球时，掌心向下，用手指和手掌外侧击球的上部。同时，防守队员应该注意上步要迅速、突然。

2）打运球队员手中的球。以右手运球为例。在对方的运球队员向前推进时，防守队员应该用侧后滑步移动，用右手臂堵住运球队员左面，防止他向自己的右侧变向运球，左手臂干扰运球。在球刚从地面上弹起，还没有接触到运球队员的手时，应该及时用手指、手腕和前臂的力量从侧面将球打出，并及时上前抢球。注意干扰对方运球，从而创造出打球的机会，并及时上前抢球。

3）打行进间投篮队员手中的球。当进攻队员运球上篮时，防守队员应该随进攻队员进行移动，当防守队员跨出第一步接球时，应该及时靠近，当进攻队员跨出第二步起跳举球时，迅速移动到他的左侧稍前方，用手从他的胸部向下将球打落。在打球时，防守队员的脚步应该伴随投篮队员进行移动，同时保持合适的距离，从而把握好打球的时机与打球的有利位置。

（2）盖帽。盖帽时，防守队员应该注意降低自己身体的重心，快速移动并选择有利的方位，对对手起跳与投篮出手时间进行准确的判断，及时起跳；起跳之后迅速伸展自己的身体，高举自己的手臂，当对方球出手时，用手腕动作将球拍出或者打掉。需要注意的是，防守者的手臂与身体应该充分伸展，用前臂、手腕、手指动作打球，动作要短促而有力。

3. 断球技术分析

（1）横断球。横断球时，运动员应该屈膝降低自己身体的重心，当球刚由传球队员手中传出的一瞬间突然起动，单脚或者双脚用力蹬地跃出，保持身体的伸展，两臂前伸将球截获。如果距离比较远，可以进行助跑起跳。在进行横断球时，运动员应该准确把握对手传球出手的时机，用力蹬地，伸展自己的双臂来断球。

（2）纵断球。当防守队员从接球队员的左侧向前断球时，左脚向左侧前方跨出半步，之后侧身跨右脚绕到接球队员的前方，右脚或者双脚用力蹬地向前跃出，保持身体的伸展，两臂前伸把球截获。在纵断球时，防守队员的微蹬地动作应该迅速而有力，伸展自己的身体并保持平衡。

（3）封断球。在进行封断球时，当持球队员暴露了自己的传球意图或者传球动作较大或较慢时，防守者可以在球出手的一瞬间突然进行起动，伸臂封盖或者将球截获。在封断过程中，防守者应该注意掌握好断球时机，动作应该迅速而突然。

（二）抢球、打球、断球技术训练

1．抢球技术训练

（1）2人为1组，相距1.5米，相对站立。1人双手持球于腹前，另1人按抢球的动作要求，突然止步将球抢夺回来。持球者由正常握球开始，不断加大握球的力量，使抢球队员体会和掌握拉抢和转抢的动作方法。在每人抢若干次后，攻守交换，继续进行训练。

（2）原地抢球训练。2人为1组，持球队员在原地做投切结合的脚步动作，防守队员学习并体会抢球动作的要领。训练一段时间之后，互换攻守。在抢球过程中，应该保持正确的防守位置，控制自己身体的平衡；抢球的动作应该果断，主要以小臂、手掌、手指的短促动作突然抢球。

（3）抢空中球训练。3人为1组，1人持球与其他2人面对站立，相距3～4米，持球队员将球抛向空中，另外两名队员迅速起动、选位、起跳、抢球。

（4）抢地滚球训练。队员在端线两侧面对面站成两列横队。教练在端线中点向场内抛球，左右对应的两个队员快速冲向球，抢到球的队员向对面篮筐进攻，没有抢到球的队员进行防守，轮流进行训练。同时，为了提高练习者的反应能力，可以将两边的队员进行编号，在教练叫到某号时，两边同号的队员应该马上起动抢球，抢到球者进攻，没有抢到球者进行防守。

2．打球技术训练

（1）接球时的打球训练。2人为1组，相距1.5米。持球人做出传球动作后，另1队员迅速上步打球，两人轮流进行练习。

（2）正面打运球队员的球的训练。在半场或者全场一攻一守的训练中，防守队员应该紧跟运球队员。当球刚从地面弹起时突然打球，两人轮流进行攻守训练。

（3）从背后抄打运球队员的球的训练。2人为1组，1人进行持球突破，1人进行防守。在进攻队员持球突破的一瞬间，防守队员利用前转身上步，从运球队员身后，用靠近运球的手由后向前抄打球，之后进行上步抢球。两人轮流进行训练。

（4）抢篮板球下落时的打球训练。2人为1组站于篮下，1人把球抛向篮板，另1人跳起抢篮板球。在获得球下落转身时，投球者立刻上前打球。两人轮流进行训练。

3．断球技术训练

如图3-2所示，④与⑤原地相互传球，在⑤未接到球之前，△4从⑤身后进行纵断球，断球之后运球上篮，上篮后抢篮板球并将球传给⑦，⑦与⑥相互传球，在⑥没有接到球前，△4蹿出横断球，断球之后运球上篮，上篮后抢篮板球再将球传给④；△4排在△6后面。如此反复练习。

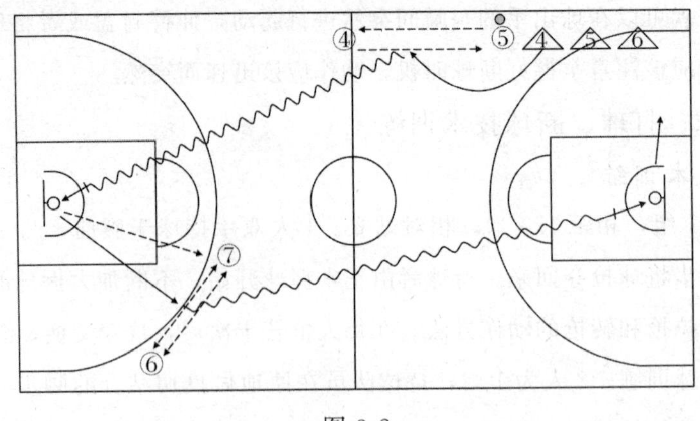

图 3-2

二、抢防守篮板球技术

在抢篮板球技术中，抢防守篮板球的技术能够由守转攻，创造出快速反击的机会，从而更利于获得比赛的胜利。

（一）抢防守篮板球技术分析

在篮下的队员进行投篮时，要根据对方球员移动的情况与位置，运用上步、撤步以及转身等动作将进攻队员挡在身后，同时抢占有利的位置。在篮下抢位挡人时，一般采取后转身挡人的方式，降低身体的重心，两肘外展，从而抢占空间的面积，并保持有利的起跳姿势。

对于处于外围的防守队员抢篮板球，在进攻队员投篮、防守队员面向对手时，应该认真观察对方球员，通过合理的技术动作利用转身阻止对手向篮下的移动，同时抢占有利的位置，这是进攻队员需要做的几个方面。在起跳抢球时，两臂上摆的同时两脚前脚掌用力蹬地，身体与手臂尽可能向球的方向进行伸展，达到最高点时用单手、双手或者单手点拨球的方法来争抢。

（二）抢防守篮板球技术训练

1. 抢篮板球技术的训练方法

（1）练习队员分别站成两列，根据口令原地双脚起跳，进行单、双手抢篮板球动作模仿训练。

（2）队员持球向篮板或者墙上抛出后进行上步起跳，用双手或者单手在空中争抢反弹回来的球。

（3）练习队员分别站成两列并保持面对面，一步间距，2 人 1 组进行训练。根据教师的信号，前排队员进行前转身、后转身挡住后排队员，多次训练之后进行交换训练。

（4）练习队员分别站成两列，每人 1 球向头上抛球之后起跳，双手或者单手进行空中抢球训练。

（5）抢占位置的训练。两人相距 1 米，对面站立，进攻队员运用假动作设法摆脱防守，占据有利的位置，防守队员通过采取转身将攻方挡住，同时起跳模仿抢篮板球的动作。多次训练之后进行攻守交换。

2. 抢篮板球技术训练的注意事项

（1）在抢篮板球技术训练过程中，学生应该注意与其他技术相结合。

（2）抢篮板球的技术训练应该在战术背景下进行，同时应该结合战术进行训练。

（3）在抢篮板球技术训练过程中，教师应该强调抢篮板球技术的实战训练，加强抢篮板球的对抗训练，抢防守篮板球注重先挡人后抢球，抢进攻篮板球强调先冲抢占据有利位置，之后再进行篮板球的争抢。

三、防守无球队员技术

（一）防守无球队员技术分析

在篮球技术中，防守无球队员的技术主要包括防接球、防切入以及防摆脱。

1. 防接球

防守无球队员的首要任务就是防接球。防接球技术主要应该注意两方面的内容：一方面，应该积极采取行动去限制或者减少对方球员接触球，尤其是在有效攻击区内的接球；另一方面，在接球队员处于被动情况时，防守队员应该进行主动跟防、追堵，尽可能破坏对手的接球。

在防接球时，防守者应该使对手与球都处于自己的视线范围之内，做到“人球兼顾”，并保持正确的防守姿势，屈膝降低身体的重心，方便随时向任何方向进行起动，特别应该注意起动与移动步法的衔接与平衡的控制，在动态过程中始终保持在对手与球之间偏向对手一侧的断球路线上，同时伸出同侧手臂形成“球－我－他”的钝角三角形的防守选位。

2. 防切入

防切入同样是一种防守无球队员的有效方法。防切入是指对进攻队员试图切入或者已经摆脱切入的防守。在防切入过程中，切记不可只看球而不顾人。防守队员应该始终遵守“人球兼顾、防人为主”的原则，让球与人始终在自己的视线当中。对方一旦有动作，应该采取凶狠顶挤、抢前等防守方法，让对方不能及时起动或者降低速度。如果对方从迎球方向切入，就应该主动堵前防守；从背对球方向则防其后，从而达到切断对手接球路线的目的。如果对手从切入后没有得到球，就会很大程度上降低对方进攻的威胁。

3. 防摆脱

防摆脱是防守无球进攻队员的一种重要方法，具体是指对无球进攻队员摆脱的限制与封堵。通常来讲，进攻队员在后场的摆脱主要是快下接球攻击，防守队员应该进行主动追防，同时注意传向对手的球，尽可能抢在近球侧的路线上堵截。在比赛当中，要完全控制进攻队员无球时的行动是非常困难的，因此抢占有利的防守位置就是防守无球队员的重点。

（二）防守无球队员技术训练

1. 防守无球队员技术的训练方法

（1）强侧、弱侧的防守训练。进攻队员在外围传球，可做摆脱接球动作，但不可穿插、掩护。防守队员应该根据球的位置进行相应的选位，积极防守摆脱接球，多次训练之后进行攻守的互换。防守队员应该根据球的情况适时调整防守的位置，从而做到人球兼顾以及正确的防守姿势。

（2）抢位与防底线突破训练。在防守队员进行抢位以及防底线突破训练过程中，当前锋队员在限制区两侧 30°以下位置接球时，防守队员应该卡堵其底线突破，抢防底线突破的位置，让对方不能够从底线进行突破。对方一接球，靠近底线的一只脚在前，并先堵死底线一侧。对方如果从底线进行突破，应快速滑步并结合堵截步将对方堵在底线外。训练过程中要求防守队员做到迅速到位。先卡堵死底线，之后及时结合滑步与堵截步抢位堵底线。训练过程中注意防突破，还应该认真防守对方的下一个变化技术动作。

2. 防守无球队员训练的注意事项

（1）防守队员应该防止对手摆脱接球，同时做到人球兼顾，准确判断并掌握持球队员以及其他进攻队员在场上的变化，从而便于及时采取相应的措施。

（2）当进攻队员积极移动接球时，防守队员应该注意抢占有利的防守位置以及对方的移动路线，防止对方接球。

（3）防止对手的摆脱接球，不能够让对手在其有效攻击区与篮下 4～5 米的区域内轻松接到球，还应该主动积极地阻截对手的移动接球。

四、防守有球队员技术

（一）防守有球队员技术分析

1. 防运球

防守队员运动的目的主要是为了降低对方的运球速度，迫使对方改变其运球的方向，不让进攻队员向篮下运球，防止他在运球过程中进行突破。

一般情况下，为了不让对手运球超越自己，防守者应该与对手保持一臂左右的距离，双臂侧下张，两腿弯曲，在移动过程中始终保持正确的防守姿势，通过认真判断随时准备抢球、打球。要想让自身的防守更加具有攻击性，也可采用贴近对手的平步防守，从而扩大防守的范围，增加对手完成动作的难度。在防守过程中，不应该用交叉步进行移动，应该用撤步与滑步，同时还应该抢在运球者的前面半步到一步距离进行阻挡，迫使对方向边线、场角或者双方队员比较拥挤的地方运球。当进攻者通过变速变向、急起急停等方法来摆脱防守时，防守者应该在其变换动作时及时抢先一步向后移动，占据有利的位置并控制好身体的平衡，快速变换自己的步法进行阻截。

2. 防传球

当持球队员离球篮较远时，其主要意图是向中锋传球或者转移球。在防守过程中，防守者应该根据对方的位置与视线判断其传球的意图，控制对方进攻性的传球。在进攻队员接球之后，防守队员应该选择正确的位置，保持适当的距离以及调整好身体的重心，眼不离球并保持精神高度集中，根据对手的位置、动作以及视线判断其传球的真实意图，挥动手臂进行干扰或者封堵。防守者应该特别防范对手向内线渗透性的传球，尽量迫使对方向外进行转移性传球。当进攻队员运球成“死球”时，应该马上上前逼近，封住对方的传球出手路线。在对手传球出手之后，应该做到人球兼顾，防止对方的摆脱切入。

3. 防突破

防突破的主要目的是防守进攻队员的持球突破，它主要包括防守背对球篮突破的持球队员与防守面向球篮的持球队员两种类型。

(1) 防守背对球篮突破的持球队员。这种防守方法主要用于近篮区背向或者侧向球篮接球的情况，防守者应该保持“你-我-篮”的有利位置，靠对手不要太近，应该保持适当的距离。对方接球之后是两脚前后站立时，如果后脚能够做中枢脚转身突破，就应该对其转身一侧多加防范，与对方同侧的脚向后撤半步，手臂侧伸，另一手臂封锁住对手一侧；当对方转身变向突破时，防守队员应该随之向后撤，前逼、侧跨步阻截；对手在接球时如果两脚平行站立，就应该根据对手接球位置离篮的远近进行防守，距离比较近时主要以防投篮为主，而距离较远时应该以防突破为主。

(2) 防守面向球篮的持球队员。位置的选择对于防守面向球篮的持球队员来说非常重要。防守者应该根据进攻队员接球的位置、与球篮的距离和角度、来球的方向以及同伴防守位置的情况，堵强放弱，放一边，保一边，让对方改变方向，变换突破的步法，降低起动的速度，从而有利于自己及时抢角度，通过撤步或者滑步让对方无法超越。

4. 防投篮

防投篮的根本目的在于防止对方投篮得分，因此防守者应该做到球到人到。一般防守者可以采取斜步防守贴近对手（一臂距离，能伸手打到球），同时举臂挥动，干扰进攻队员投篮的意图，迫使对方改变动作，同时用另一臂伸向侧方，防止对手的运突或者传球。准确判断对手是否要投篮，识别其真假动作，及时起跳伸直手臂进行干扰，封堵其出手角度，改变投篮的飞行弧线，降低其投篮命中率。对手投篮时，在球出手瞬间，防守者的手臂及时地干扰和封盖，防守者的反应应该迅速，这是防守队员防投篮的关键所在。

(二) 防有球队员技术训练

1. 防守有球队员技术的训练方法

(1) 防投篮训练。

1) 将队员分为两排，教练带领队员进行防投篮的模仿动作训练。

2) 2 人为 1 组。一攻一守，持球队员练习投突动作，防守队员练习干扰球与撤、滑步动作。

3) 半场 1 防 1 训练。在前锋位置上摆脱防守得球后 1 打 1，防守队员训练在接近比赛情况下的一对一防守能力。

（2）“2 防 3”防传球训练。5 人为一组，进攻队员成三角形站位相互传球，2 人在中间进行防守，1 人对持球队员进行防守，另 1 人 1 防 2。1 防 2 的人应该根据防持球人的防守站位与封球角度来选择 1 防 2 的防守策略。需要注意的是，防守队员应该正确选位，同时进行积极的场上移动。

2. 防守有球队员训练的注意事项

（1）防守者应该认真观察、判断持球者的真正意图，同时及时实施对应措施，让自己始终处于主动防守的局面。

（2）防守队员应该注意防守对方的直接突破。

（3）在对方传球之后，防守队员应该注意防对方的空切。当对方投篮后，应该挡对方抢篮板球，同时积极防守篮板球。

第四章　高校篮球战术的教学与训练

篮球战术是取得比赛胜利的关键因素之一，出色的战术也是一支篮球队水平的展现，且执行到位的战术还具有非常高的战术美感。对于高校的篮球教学来说，战术教学也是重要内容。为此，本章就重点对高校篮球战术的教学进行研究，帮助学生更好、更快地建立战术意识和具有顺利执行战术的能力。

第一节　高校篮球战术基本理论

篮球战术的学练及其自身不断发展完善是需要有一定的理论作为基础和指导的。学生做好篮球战术基本理论的学习，有助于为篮球战术的具体教学与训练实践奠定良好的理论基础，并提供科学指导，以促进篮球战术水平不断提高。

一、篮球战术的概念、特点及分类

（一）篮球战术的概念

篮球战术是指篮球运动员在篮球比赛中通过合理地、灵活地运用个人技术，来达到与个别队员之间以及整体队员之间的相互协调配合的组织形式和方法。在篮球比赛中，篮球战术发挥着非常重要的作用。运动员以本队队员及对手的具体情况为主要依据，对自身已获得的身体、技术、心理等方面的训练效果进行综合运用，从而使全队形成一个极具战斗力的集体，以充分发挥团队优势，争夺比赛主动权，达到预期的比赛结果。

（二）篮球战术的特点

篮球战术有着多方面的独特性，下面选取其中 4 个方面的特征进行具体分析。

1. 个体性与整体性

个体性与整体性相统一是篮球战术的基本特点之一。篮球比赛中，战术往往是通过一种集体行动展现出来的。但实际上，篮球场上每一名运动员的战术行动都包括两个方面：一方面是个体的活动，主要是对运动员个体个性的技术特长和运用能力的反应，具有非常明显的个性化特征；另一方面，每一名运动员的活动都是在同伴活动的相应条件下实施的。在比赛中运用和实现战术，除了需要每名运动员合理且创造性地实现个人活动外，还需要依靠队员之间的协调与配合，以使战术运用的效果发挥到极致。换句话说，每一种战术行动的整体协同特征都是在个体活动中体现出来的，这也直观地体现出篮球战术个体性与整体性相统一的特征。因此，在篮球战术运用中，运动员要注意处理好整体与个体之间的辩证关系，在重视发挥集体力量的同时，还要注重对个人能力和特点的培养。

2. 目的性与针对性

机体的每一动作和行为都有其目的性，篮球战术的组织和运用是以取胜为目的的，正确选择符合本队水平的攻守战术形式和方法是目的实现的基本条件。这就要求在篮球比赛中运用战术时，要依据队员的身体、技术等条件，从本队的实际出发；同时在比赛中要争取主动权，进而夺取胜利；还要求战术的运用要有针对性，即采取针锋相对的方法去制约和限制对方。此外，运用战术时还要根据比赛情况的变化及时加以调整。

综上可知，目的性和针对性的统一是篮球战术的显著特征之一。

3. 原则性与机动性

在篮球比赛中，每一个篮球战术的组织与实施过程都伴随着与对手的限制和反限制、制约与反制约。这就要求运动员要在统一的战术思想支配下，进行相互协调配合的行动，以使集体的力量和优势得到最大限度的发挥。此外，篮球比赛中情况瞬息万变，因此运动员在行动上要有统一的原则和要求，同时每名运动员都要学会灵活机动地变换战术，这样才能更好地把握战机，克敌制胜。这一特征要求可以概括为“阵而后战，兵法之举；运用之妙，存乎一心”。

4. 多样性与综合性

进攻战术手段的多元机动和防守战术方法的综合运用是篮球战术特性的重要表现。由于现代篮球比赛呈现出日趋激烈的趋势，导致篮球战术不断发展和更新，同时在内容与形式方面也不断丰富。因此，运动员在比赛中为了争取主动，使战术任务顺利完成，必须掌握多样化的战术形式与方法，这也是对付不同形式的攻守战术和适应各种临场情况的需要。战术的综合运用具体表现在两个方面：一方面反映在战术行动的统一上，即进攻与防守的统一（即在进攻行动中包含防守的成分，防守行动中又蕴含进攻的意图）、配合行动与个人行动的统一、技术与战术的统一；另一方面表现在战术运用的综合上，即用一种进攻战术对付多种防守战术、综合防守对付不同特点的进攻战术。因此，战术行动的多样性和综合性相统一，是现代篮球战术的基本特征之一。

（三）篮球战术的分类

篮球是一项在一定时间与空间内以球为争夺物进行攻守对抗的竞技活动。在竞赛过程中，对抗双方对球权的控制争夺激烈，双方在攻守之间相互交替，不攻则守，不守则攻，篮球进攻战术与防守战术便由此形成了。

篮球进攻战术和篮球防守战术是篮球运动最基本的战术形式。这两种战术形式通过不断变化形成各种各样具体的组织形式与方式方法，并在实践中不断发展、创新。通过不断总结和整理，篮球战术的各种形式与运用方法得到了较好的梳理，使得现代篮球战术体系最终得以形成。

以不同的划分标准为依据，可以对篮球战术体系进行不同的分类。下面阐述两种比较常见的分类方法。

（1）以篮球运动的对抗特征为主要依据，可以将篮球战术体系分为两类：一类是进攻系统；另一类是防守系统。需要注意的是，从20世纪90年代以后，篮球战术体系被分为三大类，即进攻系统、防守系统以及攻守转换系统。其中，篮球进攻战术主要包括基础配合、快攻战术、进攻人盯人防守战术、进攻区域联防战术等形式；篮球防守战术主要包括基础配合、防守快攻战术、人盯人防守战术、区域联防等形式。

（2）以参与战术行动的区域与人数为主要依据，可以将篮球战术体系分为三大类，即个人行动、配合行动和整体行动。

二、篮球战术的基本结构

（一）指导思想

指导思想对于篮球战术中各个方面的确立和行动的实施起着决定性的作用。战术指导思想在篮球战术的运用过程中发挥着重要的指导作用。战术指导思想是否科学，往往取决于教练员是否能够对篮球运动规律和客观实际有一个清晰的认识。战术指导思想包含如下两个层面的意义。

第一个层面是指在篮球运动训练与比赛活动全过程当中都执行的指导原则，这种指导原则被称作长期性战术指导思想，积极主动、勇敢顽强、快速灵活、全面准确等口号实际上就是在全队中注入了这种战术指导思想的重要体现。第二个层面则是针对某一场比赛或某几场比赛而专门制定的战术方法的原则，如稳扎稳打、以快制高、以外制内、内外结合等。

对于一支篮球队而言，确立自己的战术指导思想非常重要，科学的、准确的战术指导思想能够确保球队的战术体系风格鲜明，使战术在比赛中的运用效率更高。

（二）战术意识

战术意识是篮球战术活动中的一种心理呈现，它体现了人的思维是否能与战术设定相符，是运动员根据时下情况对于战术的一种反映，主要通过行动体现出来。战术意识明确反映了球员的战术思维能力，是球员在训练比赛中累积而成的宝贵经验，这些经验能够保证球员在比赛中非常自然地根据战术意图和实际情况选择更为合理的行动方案。战术意识在比赛中所发挥的定向、抉择、反馈、支配等作用，能够使运动员在战术行动中的发挥更为稳健，更加体现战术能力。

（三）基础技术

良好的技术是正确执行战术的基础条件，队员相互之间合理运用技术才能体现出一定的战术意图。队员所掌握的全面实用、准确熟练的技术能够保障战术的顺利执行。篮球技战术之间紧密相连，不可分割，在比赛中的运用往往也是综合在一起的。根据运动活动理论可知，动作和行动在比赛活动中是作为基本要素而存在的，动作相连构成了行动。因此技术是战术行动中最基本的要素，没有技术，战术就没有存在的可能。

（四）基本阵势

在篮球战术活动中，阵势是指篮球战术的形态和方式。战术行动从外在来说，就是反映特定战术内容的阵势，因此阵势在篮球战术中也是不可忽略的要素。战术的形式都用专有词汇来命名，如区域联防中“2-1-2”“2-3”“3-2”等阵势，表明针对不同的进攻有着相应的对策。

第二节　高校篮球进攻战术教学

一、进攻战术教学

（一）进攻战术基础配合教学

1. 传切配合

传切配合是指利用传球和切入技术所组成的简单配合，其内容主要包括传球和空切。传切配合是为了通过队员之间利用传球和切入来创造进攻的机会，以达到预定的进攻目的。

篮球运动员在赛场上进行传切配合时，需要遵循以下几点要求。

（1）必须有一定的配合空间，切入的路线要合理。

（2）切入队员要根据场上情况，掌握切入时机，切入篮下并接队友的传球完成投篮。

（3）传球队员要善于利用运球、突破或假动作来吸引和牵制对手，传球队员的动作要隐蔽，当切入队员处于有利位置时，应及时地、准确地将球传给他。

2. 突分配合

突分配合是持球队员运球突破对手后，遇到对方换人、补防或“关门”时，及时将球传给无防守或进攻机会更好的同伴所采用的配合方法。

在篮球比赛中，运动员进行突分配合的基本要求如下。

（1）持球队员在突破过程中，要随时注意观察场上攻守队员位置和攻守情况的变化。同时，既要做好向处于最佳进攻位置的队友传球的准备，也应做好自己投篮的准备。传球时应注意动作的隐蔽性，还应做到传球及时、准确。

（2）在持球队员进行突破时，其他队员也应尽力摆脱对手，迅速占据有利的进攻位置，以便接球或抢篮板。

3. 掩护配合

掩护配合是进攻者用身体挡住同伴的防守者的移动路线，使同伴摆脱防守，获得接球和投篮机会的配合方法。

根据身体位置和方向的不同，掩护配合可分为前掩护、侧掩护和后掩护三种。

篮球运动员采取掩护配合时需要注意以下几点要求。

（1）掩护者要有明确的目的性，合理运用动作技术，注意行动要隐蔽，同时还应注意避免犯规。

（2）在进行掩护时，被掩护者要主动贴近掩护者，并且之间不能留有空隙，以防防守队员挤过。

（3）当防守队员进行换防时，掩护者应采取护送措施，参与进攻。

（4）进攻队员在进行掩护配合时，应做到配合默契，掌握好进攻时机，及时行动，动作果断，节奏分明，并结合场上防守的具体情况，组织突破、中投或内线进攻。

4．策应配合

策应配合是内线队员背对或侧对球篮接球后，与同伴的空切或绕过相结合，借以摆脱防守，形成里应外合的进攻配合。

采用策应配合的方法进行进攻时需要遵循以下几点要求。

（1）策应队员应快速摆脱对手，并迅速占据有利的策应位置，接球时要两脚开立、两膝弯曲、两肘外展，以利于用身体保护球。

（2）根据场上队友和防守队员的位置及攻守情况的变化，做出正确的判断，并将球传给进攻位置最有利的队友，同时还应注意自己的进攻机会。另外，传球后还应注意转身跟进，随时准备抢篮板。

（3）为提高策应的成功率，在策应过程中，策应者应采取积极有效的措施，如转身、跨步、假动作等，及时调整策应的方向和位置，以协助队友尽快摆脱防守，从而减轻进攻的压力。

（4）外线的队员传球后，应采用突然、快速起动或假动作等方法迅速摆脱防守、切入，绕出接到策应队员的传球后迅速做出最佳选择，即投篮、突破或传球。

（二）进攻人盯人防守战术教学

1．进攻半场人盯人防守

阵地进攻中，要根据本队条件和防守队的特点，以及选择的战术来确定进攻的队形，进攻人盯人防守战术要充分利用传切、掩护、突分和策应等基础配合，打乱对方的防守体系，并结合个人的攻击能力，创造得分机会。常用的阵地进攻队形有“3-2”队形、“1-2-2”队形等。

进攻半场人盯人防守的方法如下。

（1）掩护突破与空切配合。如图 4-1 所示，⑥传球给⑤，④提上给⑤做掩护，⑤借助④的掩护持球突破到篮下；同时⑧提上给⑦做掩护，然后转身插向篮下，准备接⑤的分球或抢篮板球，⑦借助⑧的掩护插向底线，准备接⑤的突破分球，这样，⑤突破篮下时可以有自己上篮、分球给⑦、④或⑧投篮 4 个机会。

（2）掩护策应与传切配合。如图 4-2 所示，⑤传球给⑦，然后去给⑤做侧掩护，④做假动作后插到罚球线上要球，⑧去给⑦做侧掩护，⑦传球给④后，借⑧的掩护向篮下快下，⑤借助⑥的掩护插到圈顶准备策应跳投，④根据情况做策应跳投或传给⑦准备投篮。

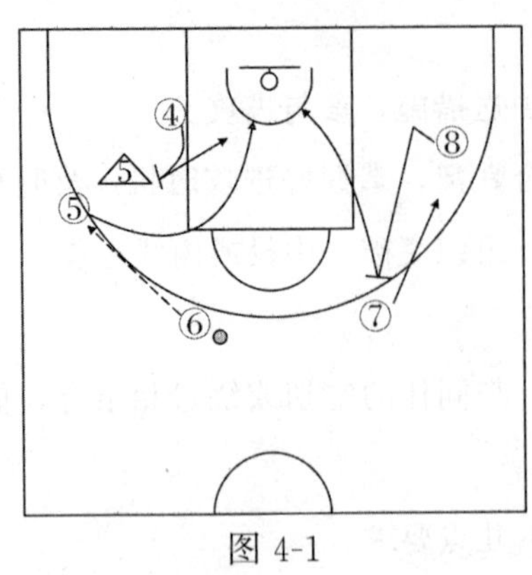

图 4-1

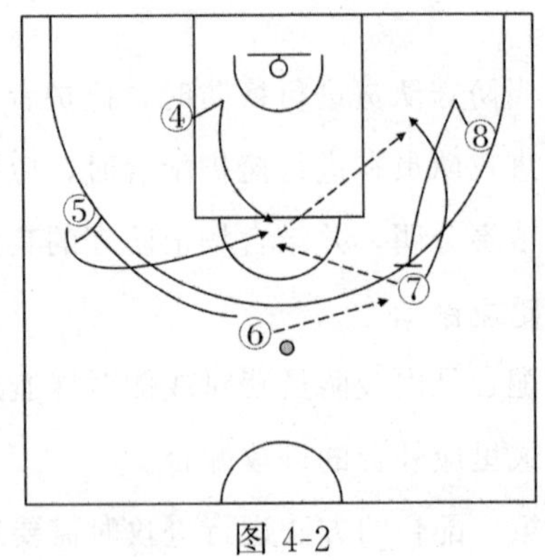

图 4-2

2. 进攻全场紧逼人盯人防守

（1）三人掩护配合。如图 4-3 所示，在对方全场紧逼掷端线界外球时，⑤、⑥、⑧迅速在罚球线附近面对④站成屏风式的掩护横队，⑦在罚球区的另一侧。采用这种落位阵式时，④必须有较强的战术意识，传、运球要准确；⑦的突破速度要快、投篮要准确；⑤和⑥是接应队员，⑧是中锋，要有跟进策应和强攻篮下的意识。配合开始时，⑦首先向端线跑动，当防守队员阻拦接应时，迅速反跑，快下，准备接长传球快攻，⑥和⑤向边线移动接应第一传。如果④将球传给⑧，中锋⑧应该迅速沿右侧边线快下，⑤则迅速摆脱防守斜插中路接应，并运球突破，争取与⑧、⑦在前场以多打少。

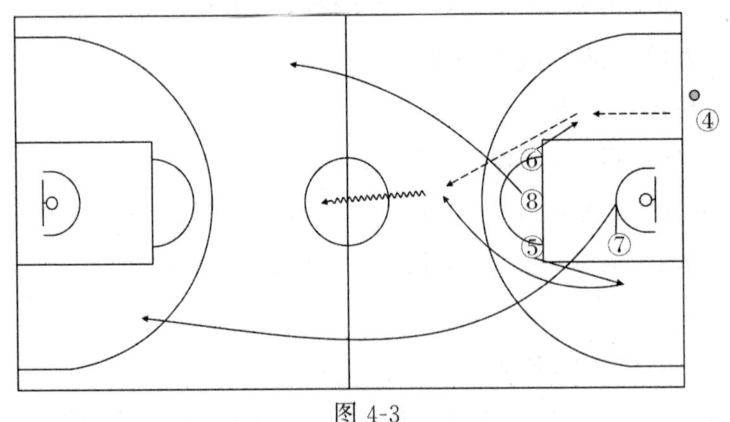

图 4-3

（2）两侧掩护配合。如图 4-4 所示，⑥、⑤在两侧接应第一传，⑧、⑦分别站在离⑥、⑤4～5 米处。掩护配合开始时，⑦和⑧分别给⑤和⑥做掩护，⑤和⑥利用掩护向两侧跑动，接长传球，破人盯人防守，同时，以防不测，⑦或⑧全力去接应第一传。

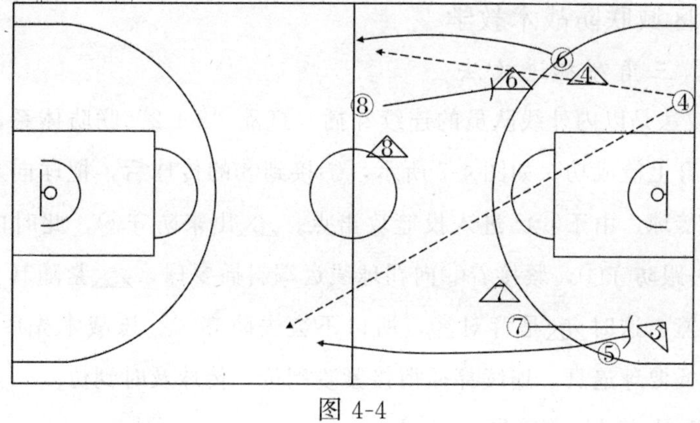

图 4-4

（3）中路运球突破。如图 4-5 所示，当⑦掩护后去接应一传，然后迅速从中路运球推进，⑤利用⑦的掩护，从边路快下，⑧和⑥交叉跑动，如果来堵截，将球传给⑥或⑧，⑥或⑧接球后运球突破前场，至篮下准备上篮。

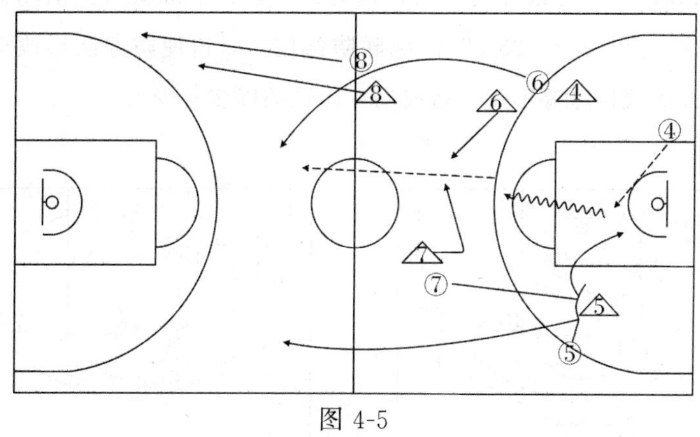

图 4-5

（4）策应配合。如图 4-6 所示，④掷端线球，⑥快速摆脱防守，接应第一传。④斜线跑动进场接回传球，⑦中场策应，⑤快速摆脱到篮下，⑧再摆脱防守策应要球，传球给⑤运球上篮，或等待同伴进入前场后准备阵地进攻。

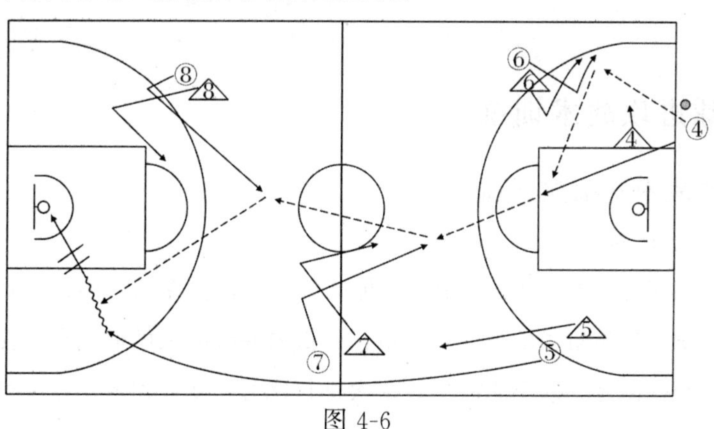

图 4-6

（三）进攻区域联防战术教学

1．“1-3-1”三角穿插进攻法

“1-3-1”进攻法是以内外线队员的连续穿插，打乱“2-1-2”联防体系，最后造成防守空当，使传切配合上篮成功。如图 4-7 所示，⑦接到⑧的传球后，把球向左移动，⑥向左前方跳步接⑦的传球，由于⑥已进入投篮攻击点，△6出来防守⑥，此时内线④斜插篮下要球，△4必然去跟防守④，紧接着⑤向罚球线远端斜插要球，△5紧随其上，⑧同时空切篮下接⑥传球上篮，这时△8是背对⑧，所以不会去防守⑧。该战术先后出现 3 次战机，成功的关键是穿插要球逼真，连续穿插衔接紧凑到位，传球及时到位。

2．“2-1-2”中锋策应底线进攻法

如图 4-8 所示，⑥接到⑦的传球，见⑧从右侧溜底到左侧，就向篮下持球突破，使△5和△6“关门”防守，⑤上提接⑥突破分回传球，再传给溜底线过来的⑧，④下移把△4挡在身后，所以⑧投篮是很好的机会，这时④、⑤、⑦准备去抢前场篮板球，⑥撤到安全区域。该队形主要是针对“3-2”区域联防站位，以迫使防守队形改变，通过中锋策应，外围穿插，溜底线投篮等形式，造成局部区域的以多打少。

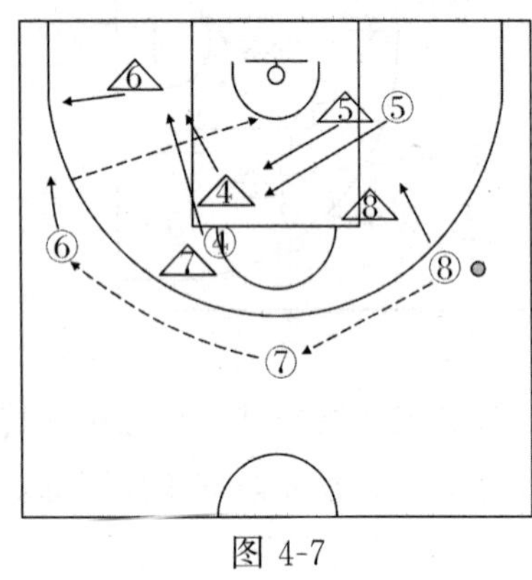
图 4-7

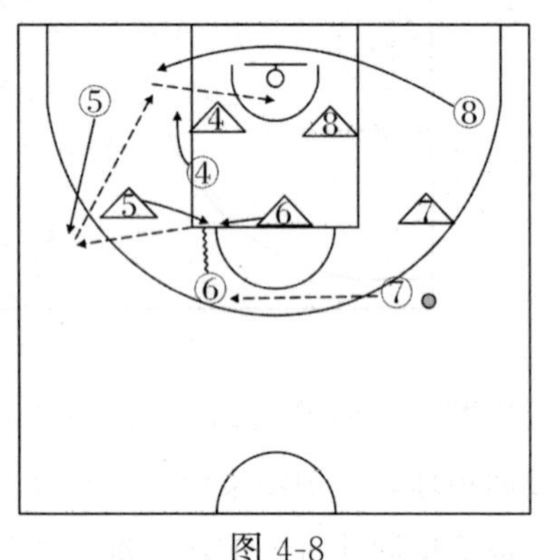
图 4-8

二、篮球进攻战术训练

（一）进攻战术基础配合训练

1．传切配合训练

（1）二人传切练习。如图 4-9 所示，④传球给⑤后做向左切入的假动作，然后变向从右侧切入，⑤接球后回传给④的下一位队员，并做向底线切入的假动作，然后变向从左侧横切。④切入后至⑤队尾，⑤至④队尾，依次进行练习。变向切入动作要快，切入过程中要侧身看球。

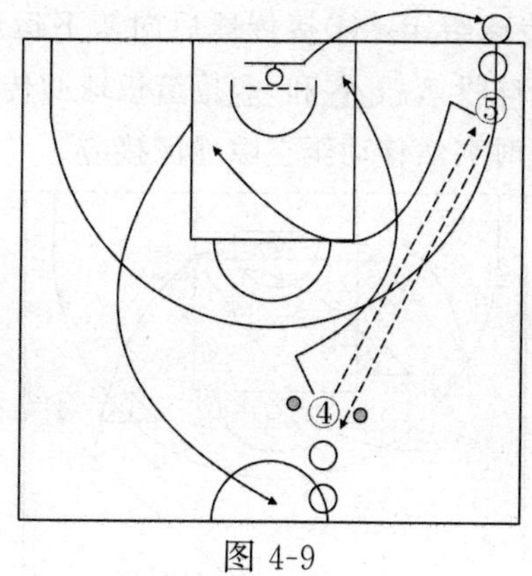

图 4-9

（2）三人传切练习。如图 4-10 所示，④与⑤各持一球，④传球给⑥后从右侧切入接⑤传球投篮。⑤传球给④后，横切接⑥传球投篮。④、⑤投篮后自抢篮板球传给本组的另一人。按逆时针方向换位，连续进行练习。

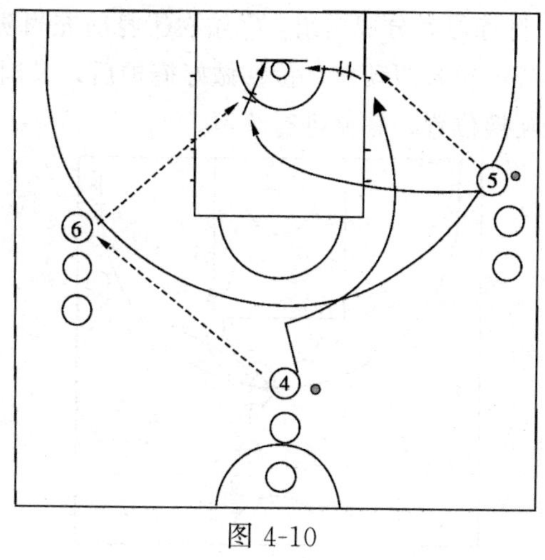

图 4-10

2．突分配合训练

（1）如图 4-11 所示，开始时④持球突破，在突破中跳起分球给向两侧移动的⑦，⑦在接球后做投篮动作，然后传球给⑤，⑤接球后从底线或内侧突破，跳起传球给接应的⑧。位置交换，④到⑦队尾，⑦到④队尾。突破要有速度，注意保护好球。接应分球的队员要移动及时。

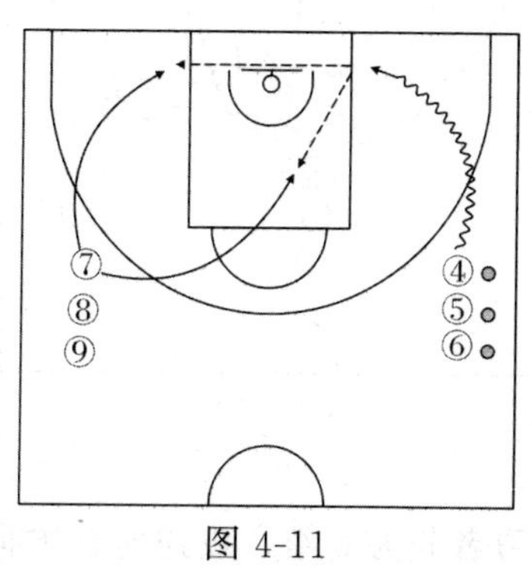

图 4-11

（2）如图 4-12 所示，⊗传球给④，④接传球后向篮下运球突破，当遇到△5补防时，将球分给移向空位的⑤，⑤接球投篮。△4和△5抢篮板球回传给④。④接球前要做摆脱动作，突破时保护好球，⑤要及时突然移动至空隙地区接应。

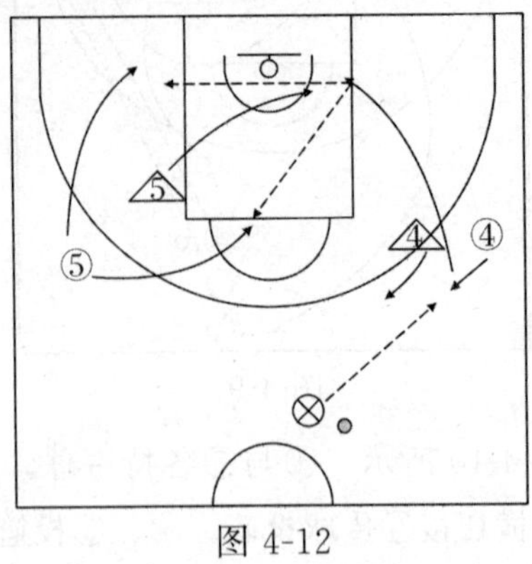

图 4-12

3．掩护配合训练

（1）如图 4-13 所示，将练习者分成两组，⊗站在④身前充当防守者，⑥跑到侧后方给④做侧掩护，④先做向左跨步切入假动作，待⑥做好掩护后，及时向另一侧切入，⑥适时地后转身跟进。然后两人互换位置，轮流进行练习。

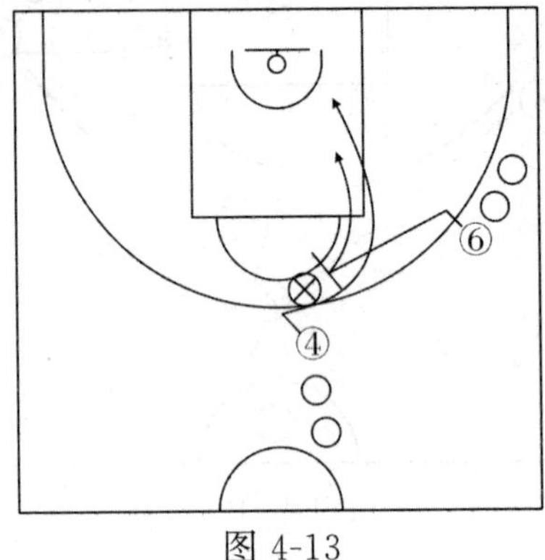

图 4-13

（2）如图 4-14 所示，⑥传球给④，然后去给④做侧掩护，④利用掩护运球切入时，△6换防△4，④可将球传给转身跟进的⑥投篮。

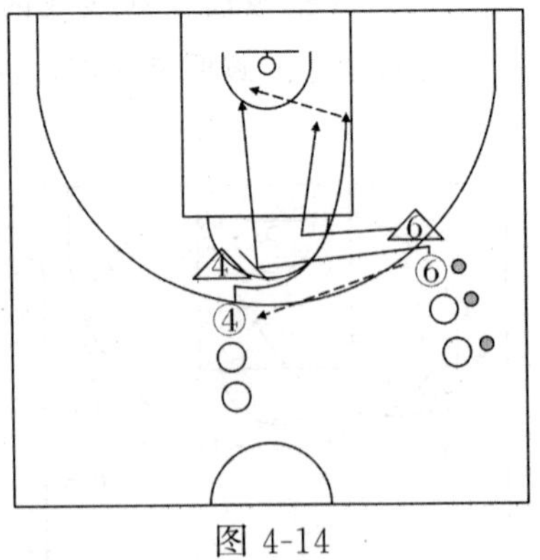

图 4-14

4．策应配合训练

（1）如图 4-15 所示，将练习者分为 3 组，按逆时针方向传球，传球后跑到下一组的队尾落位。

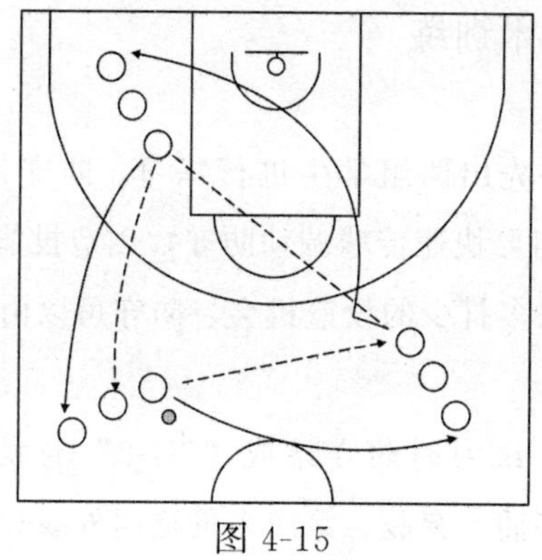

图 4-15

（2）如图 4-16 所示，⑥传球给⑤，⑤回传并上提做弧线跑动要球，⑥传球给插上策应的④，然后切入篮下接④的传球上篮。3 人轮转换位。

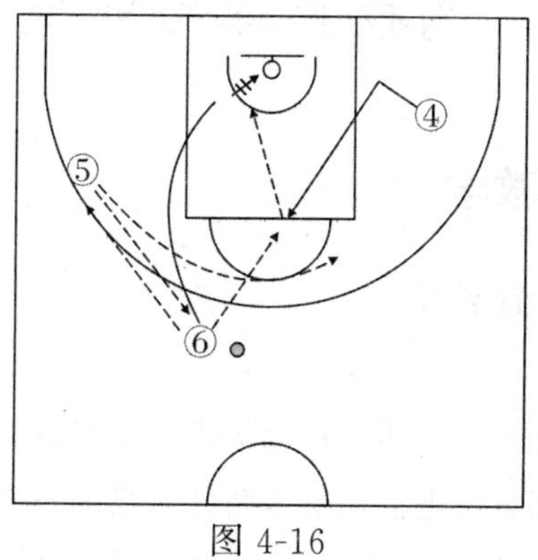

图 4-16

（二）进攻人盯人防守战术训练

（1）传切练习。将队员分成两组，由每组排头开始，依次进行。每组练习后，练习者排到另一组后面。

（2）2 对 2、3 对 3 练习局部配合，如前锋与中锋，后卫与中锋，后卫与前锋，后卫、前锋与中锋等。

（3）5 人在无防守的情况下，初步熟悉进攻战术的路线和方法，明确主攻点、关键和难点，以及战术的变化。

（4）半场 1 对 1 摆脱接球训练。将队员分成 2 人 1 组，先由一组队员进行练习，练习一定次数后，换一组进行训练。

（5）半场 5 对 5 攻守练习。将队员分成 5 人 1 组，先由两组进行练习。进攻的一组按预定的配合方法进行练习，要熟悉进攻练习，了解不同的机会。防守的一组要人盯人，开始可以消极一些，但一定要跟着对手跑动。练习一定时间后，换两组上场训练。

（6）全场 5 对 5 攻守练习。将队员分成 5 人 1 组，先由两组进行练习。全场 5 对 5 练习时，可结合快攻反击，把全场进攻与半场进攻有机地结合起来，注意进攻的衔接训练，提高进攻的组织速度。

（三）进攻区域联防战术训练

1. 半场 4 对 4 练习

将练习者分成 4 人 1 组，先出两组学生进行练习。防守站成“2-2”的联防阵势，进攻站成“1-2-1”阵势。进攻组要快速传球调动防守，创造投篮机会，或者利用穿插移动造成一侧防守负担过重，创造以多打少的投篮机会。防守可以由消极防守过渡到积极防守。

2. 半场 5 对 5 练习

将练习者分成 5 人 1 组。练习时防守站成“2-1-2”的联防阵型，进攻站成“1-3-1”的阵型。进攻组运用传球、穿插、突破、策应来创造内外线攻击投篮机会，防守组由消极防守过渡到积极防守。

第三节　高校篮球防守战术教学

一、篮球防守战术教学

（一）防守战术基础配合教学

1. 挤过配合

挤过配合是当掩护者邻近的一刹那，被掩护者的防守队员主动靠近自己的对手，并随其移动，从两个进攻者之间侧身挤进去，继续防住自己的对手的配合方法。挤过配合的特点是始终靠近对手，不让其轻易拿球，但容易犯规。采用挤过配合时要注意以下几点。

（1）在实施挤过配合时，不应过早暴露挤过配合的意图，以防止对方反方向切入。

（2）实施挤过配合时，应在两个进攻队员身体靠近之前，果断抢步贴近对手，快速侧身挤过。

（3）防守掩护者的队员，应选择能够兼顾防守两个进攻队员的位置，做好随时换防的准备，并及时提醒己方队员注意对方的掩护意图。

2. 穿过配合

当进攻队员进行掩护时，防守掩护者的队员主动后撤一步，让同伴（即被掩护的防守队员）能及时从自己和掩护队员中间穿过去，继续防守自己的对手，称“穿过配合”。穿过配合的特点是防守者始终离对手不远，又不容易犯规，但需要同伴的及时配合。

穿过配合的基本要求如下。

（1）防掩护者的队员应主动后撤一步选好位置，并及时提醒同伴，以便让队友穿过。

（2）当对方掩护时，防守掩护者的队员应撤步侧身，避开掩护者及时穿过。

3. 交换防守配合

交换防守是当对方进行掩护或策应时，防守者之间及时交换自己所防守对手的一种配合方法。

交换防守配合的基本要求如下。

（1）在利用交换配合堵截进攻队员的攻击路线时，防守掩护者的队员以及时发出信号提醒同伴。

（2）在掩护队员转身切入之前，防守被掩护者的队员应及时撤步，以抢占有利于防守的位置。

4．“关门”配合

“关门”是邻近的两个防守者协同防守持球突破的配合方法，像两扇门一样“关闭”起来，堵住持球队员突破的一种配合。

“关门”配合的基本要求如下。

（1）防守对方突破的队员应该积极地堵住进攻队员的突破路线。

（2）防守队员应根据持球队员的停球和传球，来决定围堵和回防，在进攻队员突破时，邻近突破一侧的防守队员应快速移动靠拢进行关门配合。

（3）邻近的两名防守队员在运用关门配合时，应两肩靠紧，微屈膝，含胸，两臂自然上举或侧举，在发生身体接触时，为避免受伤，应使用暗劲。

（二）人盯人防守战术教学

人盯人防守战术在篮球比赛中是运用最普遍的一种防守战术，指的是每个防守队员对对方的一名进攻队员进行严加防守，同时队友间进行协同合作的防守。从防守范围来讲，人盯人防守可分为半场人盯人和全场紧逼人盯人两种形式。

1．半场人盯人防守战术

（1）半场扩大人盯人防守。当对方外围投篮准确，突破能力及全队的整体进攻配合质量较差时，采用半场扩大人盯人防守战术可有效地遏制对方的习惯打法。这同时也是加强外线防守、切断内外联系，使中锋没有获球的机会，从而达到“制外防内”的防守策略。因此，半场扩大人盯人防守是一种防守目的明确，主动性、攻击性很强的防守方法。但这种防守方法对队员的体能消耗很大，不利协防，容易出现漏人的现象。

当比赛由进攻转为防守时，防守队员对于对方反击的速度要严加控制，马上后撤，对方进攻的持球队员进入半场后，防守队员要通过紧逼放慢其速度，使其无法突破。对于无球队员的防守，位置的选择最重要。

半场扩大人盯人防守的要求如下。

首先，由攻转守时，迅速回防，在球进入 3 分线之前，找到各自的防守对手，并迎上去，当进攻队员进入 3 分线时，紧逼防守，并防止突破。

其次，当进攻队员进入罚球线一带时，积极抢前防守，阻挠对方接球，破坏其进攻配合，控制持球队员，运用挤过防守，不让对方掩护成功。

最后，当球在两侧或场角进攻时，及时“关门”或补防，迫使底线突破者停球，阻止其通过篮下，利用边角组织夹击防守，高大队员及时绕前防守，控制篮下。

（2）半场缩小人盯人防守。半场缩小人盯人防守，基本控制的防守区域是在半场的二分之一区域内，它是以加强内线防守、保护篮下为主要目的的防守战术。这种防守战术多用于对方篮下攻击力较强、外围攻击力较弱的球队，它的防守区域较小，有利于协防，控制内线进攻、抢篮板球后组织快攻反击。

半场缩小人盯人防守的基本方法如下。

1）破掩护、交换防守或协防。如图 4-17 所示，进攻队员⑤将球传给⑦后，⑤去给④做掩护，防守队员△5和△4向后移动穿过去破坏对方的掩护；若对方掩护成功，△5和△4要及时交换防守，或△4随之移动，继续去防④，其他防守队员相应向篮下收缩，进行协防。

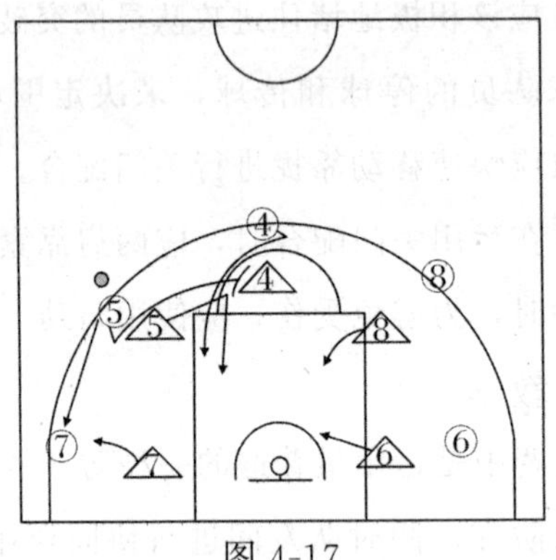

图 4-17

2）围守中锋防突破。如图 4-18 所示，当进攻中锋⑥威胁性较大，而其他外围队员⑦、⑤、④中远距离投篮不准，但又善于切入时，特别是⑥接到外围⑧的传球，除△6全力防守之外，△4、△5、△7都要相应缩小防区。

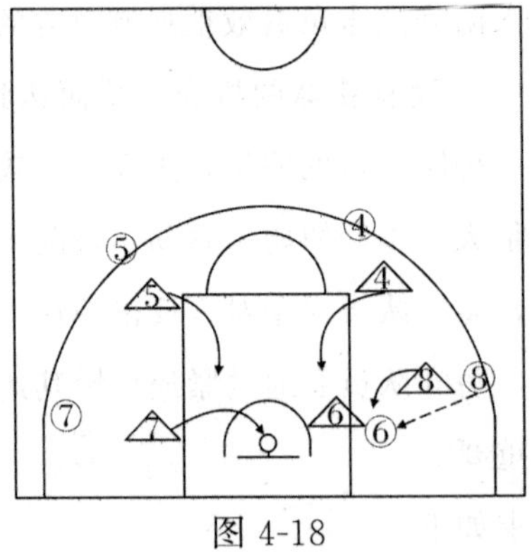

图 4-18

2. 全场紧逼人盯人防守

全场紧逼人盯人防守是在全场范围内与对手展开争夺，防守队员在不同防区的紧逼过程中，任务也有所不同，所以，通常把球场划分为前场、中场和后场三个区域来组织人盯人防守。

（1）前场紧逼防守。

1）对方在后场外掷界外球时的紧逼。1 对 1 紧逼形式如图 4-19 所示，△4积极阻挠④掷界外球，其他前场的防守队员采用错位防守，卡断传球路线，积极抢断球。后场的防守队员应提上防守，与对手保持稍远的距离，并随时准备抢断长传球。

2）夹击接应的紧逼。在上述 1 对 1 紧逼形式中，如果④是控制球能力很强的队员，是该队的主要接应者，△4可以放弃对发球人的阻挠，转而对⑤进行夹击，阻止其顺利接应篮球。

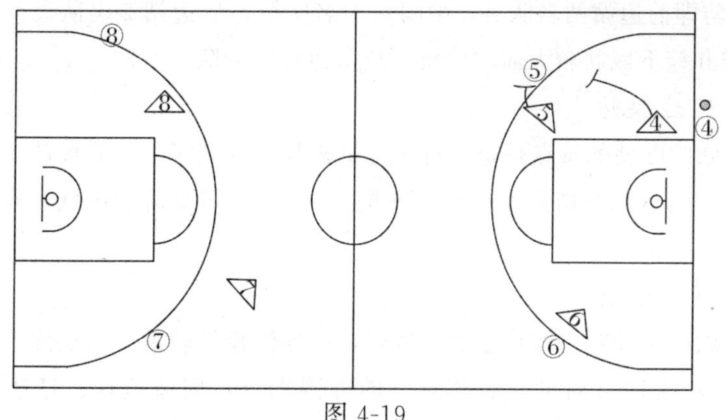

图 4-19

3）机动夹击接球者的紧逼。如图 4-20 所示，△5和△6分别站在对手的侧前方，阻止对手迎前接应。△4放弃防守发球者，退到△5和△6的后面，随时抢断传给⑤和⑥的高吊球，△7提上，准备抢断传给⑥的长传球，△8向⑦方向靠一点，准备抢断传给⑦的长传球。

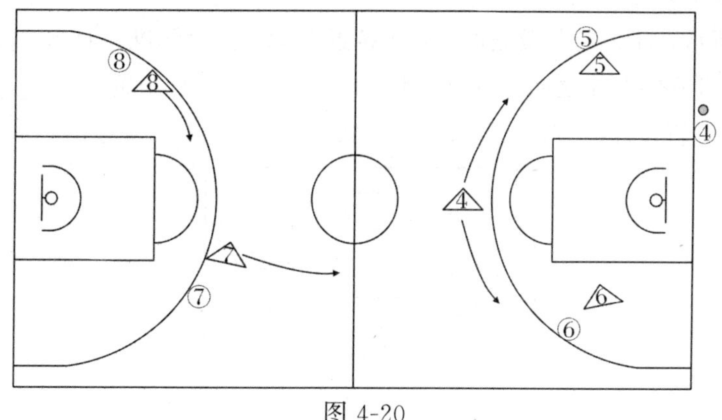

图 4-20

（2）中场紧逼防守。中场紧逼防守的方法及过程如下。

1）在对方运球向前推进时堵中放边。

2）同伴防守队员要根据场上的情况和时机，大胆上前包夹对方运球队员。

3）一旦包夹开始，后面的防守队员要向前补防，并积极抢断对手的传球。

4）对手如将球传出或突破包夹，要立即回撤，重新组织防守力量。通过急与缓的节奏打乱对手的战术节奏。

（3）后场紧逼防守。一般来说，在后场应继续扩大防守，对持球队员积极封堵，尤其在底线场角，防守队员应积极组织夹击，破坏对方的进攻，使其出现失误，继续给对方心理上施加压力。如果在前、中场防守时，由于交换盯人、轮转补防出现防守队员高矮错配、强弱不均等现象，可以寻找适当的时机进行调整，以巩固后场的防守实力。

（三）区域联防战术教学

1. “2-1-2” 联防

“2-1-2”联防即前边站两名队员，中间站 1 名队员，后边站 2 名队员。这种阵型适用于阻截正面突破和篮下威胁较大而“两腰”攻击力较弱的队。

2. “2-3” 区域联防

“2-3”区域联防阵型的特点是篮下防守力量较强，有利于争夺篮板球，有利于对付擅长篮下进攻的队。与区域联防阵型一样，两侧 45°外围一带是薄弱区域，容易造成进攻队投篮。

3. “3-2” 区域联防

“3-2”区域联防是针对内线攻击能力较弱，而外围投篮较准，组织配合能力较弱的队采取的防守形式，这种布局可以破坏对方的外围进攻，创造抢球、打球、断球的反攻机会。

二、篮球防守战术训练

（一）防守战术基础配合训练

1. 挤过配合训练

如图 4-21 所示，④去给⑤做掩护，当④接近⑤时，同时⑤准备移动，△5要及时向前跨一步靠近⑤，并在⑤与④之间侧身挤过继续防守⑤。⑤去给⑥做掩护，△6按△5同样的动作挤过。依次进行循环练习，然后攻、守互换。

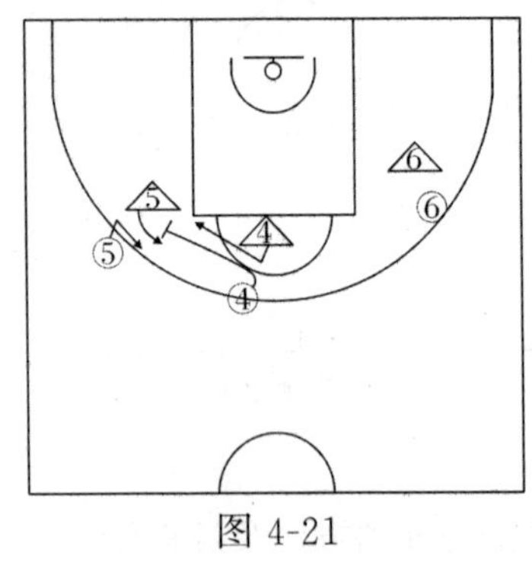

图 4-21

2. 穿过配合训练

如图 4-22 所示，在弧顶外持球，④、⑤、⑥轮流做定位掩护，△4、△5、△6防守者练习挤、穿、换防守。当弧顶传球给⑥时，④立即起动借⑤定位掩护摆脱防守切入，△4做挤过、穿过或交换防守练习。⑤做完掩护后拉出，④切入后到限制区左侧做定位掩护，

⑥将球传过弧顶后利用④掩护切入，△6做挤过、穿过或交换防守练习。如此反复进行练习，到一定次数后攻、守交换。

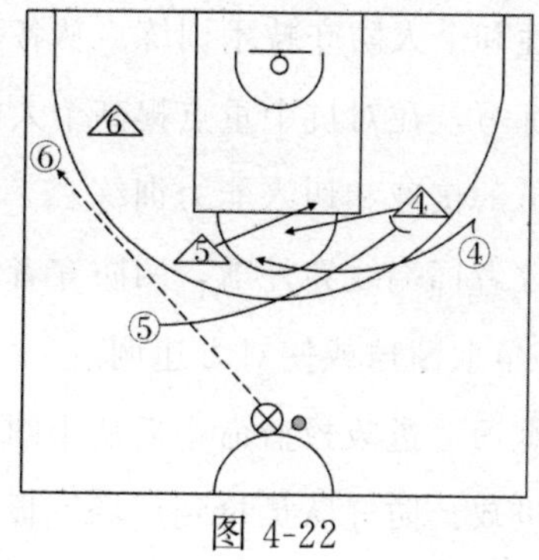

图 4-22

3．交换防守配合训练

如图 4-23 所示，⊗与④和⑥在外围传接球，当传球给④的同时，⑤给④做后掩护，④将球回传给弧顶队员，④借掩护之机切入篮下，这时△5一边跟防，一边通知△4，当④切入时，△5突然换防④，并准备断弧顶队员传给④高吊球，此时△4要抢占内侧防守位置，防止⑤接弧顶的球。

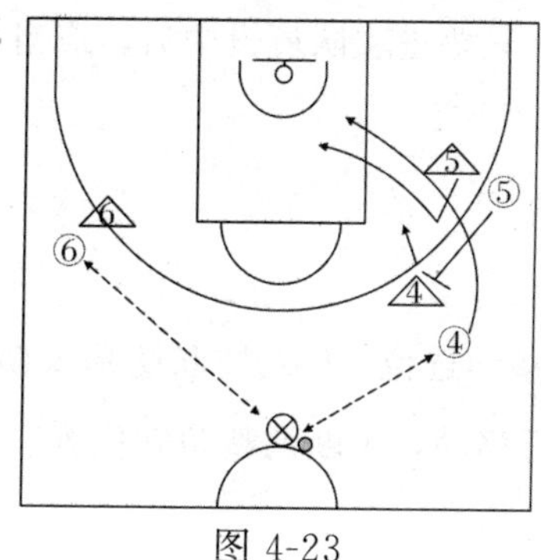

图 4-23

4．“关门”配合训练

如图 4-24 所示，④、⑤、⑥在外围相互传球，寻找机会从△4与△5或△5与△6之间突破。△4、△5、△6除了要防住自己的对手外，还要协助邻近同伴进行“关门”，不让对方突破到篮下。当进攻者突破不成把球传出时，“关门”的队员还应快速还原去防自己的对手。

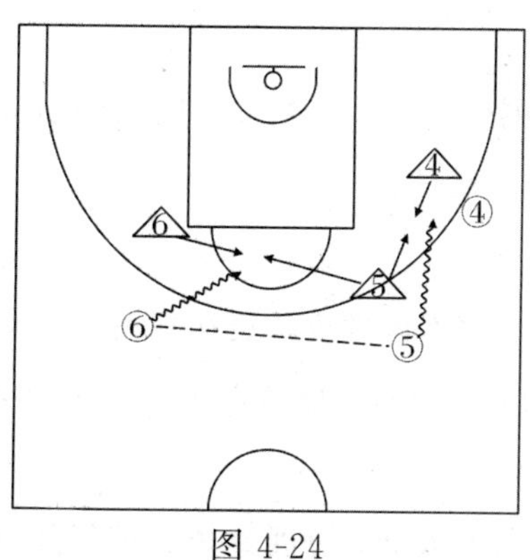

图 4-24

（二）人盯人防守战术训练

1. 半场人盯人防守战术训练

（1）提高脚步动作的灵活性和个人防守技术训练。从各种脚步动作练习开始，过渡到半场或全场的1对1攻守对抗练习，在对抗中重点提高个人的脚步移动速度和1对1紧逼抢的能力，培养抢前防无球队员的接球和切入能力训练。

（2）半场2对2练习。进攻者掷端线界外球，两防守者或各紧逼自己的对手，不让接（发）球；或两人夹击接应者，争取断球或使对方违例。

（3）半场5对5攻守对抗练习。进攻投篮命中后从中圈发球继续进攻，进攻队员抢到前场篮板球，可以补篮或二次进攻。防守队员抢到后场篮板球或抢断成功，应从中圈开始发球进攻。

2. 全场紧逼人盯人防守战术训练

（1）全场运球1防1。要求堵中放边，防强手，放弱手，始终与对手保持不远于一臂的距离。

（2）全场2防2。要求封堵掷界外球队员，紧逼接应队员，提高攻守转换的速度。

（3）全场5对5教学比赛。只要进攻队员投中后，应当立即全场紧逼，其他情况可采用半场扩大紧逼防守。

（三）区域联防战术训练

1. 随球移动选位练习

（1）随外围球的转移进行移动选位。5人按联防形式防守，外围4人传、接球进攻。防守队员根据球的不同位置进行移动，不断调整防守位置。传球时可由慢到快，当防守队员选好正确的位置后再传球。

（2）根据外围球的转移方向和内线队员的穿插进行移动选位。5人防守，5人进攻。防守队员要随球移动，同时还应根据内线队员的活动移动，并进行协同防守。开始训练时，外围队员传球，中锋在内线穿插，然后可以适当地将球传给中锋，中锋接球后再传出，训练防守队员的伸缩移动能力，体会球到篮下的防守方法。

2. 局部对抗练习

（1）1防2练习。2人外围传球，1人左右来回移动防守有球队员。2人传球不要太快，待防守者到位后再传给另一队员。

（2）2对2训练。进攻队员2人在球场右侧或左侧的3分线附近相互传球。防守队员2人站位在同侧限制区线附近。当本区进攻队员接球时，要按人盯人方法防守，另一队员后撤保护。练习时，当对方球到底角时，要重点防对方底线突破，当对方得球时，按先防突破再防投篮的原则移动。

（3）2对3练习。进攻队员3人沿3分线站位，进行外围传球。防守队前锋2人在罚球线附近根据球的转移进行防守。练习时，离球近的队员先去防对方得球的队员。另一防守队员选择 1 防 2 的位置。

（4）3 防 4 练习。外围 4 人传球，3 人防守。3 人防守应积极移动补位，1 人防对方持球队员，2 人防对方 3 名不持球队员，防守区域可机动变化，力求做到球到人到。

3．局部防守配合练习

（1）堵截护送盯人练习。进攻队 2 名队员在篮下来回溜底，两名防守队员用人盯人方法来回跟踪防守。进攻队可结合内线活动及背插，提高防守移动速度与补防能力。

（2）盯人与补位配合练习。进攻队员溜底或斜插时，处于该区的防守队员跟踪，当进攻队员向这一区域移动时，临区的防守队员及时进行补位。可以 3 对 3，在两侧反复训练。

4．攻守转换练习

可采用 2 对 2、2 对 3、4 对 4、5 对 5 半场攻守的练习方法。刚开始时，进行两队攻守练习，一队进攻，一队防守。练习一定时间后教师发出信号，进攻组队员听信号后转为快速退防，迅速抢占有利位置。按 2 人、3 人、4 人、5 人联防的原则和方法进行防守。练习时可往返进行，也可以提出特殊要求和规定。

5．5 对 5 练习

（1）半场 5 对 5 训练。进行半场 5 对 5 训练时，应当有目的地解决某些问题，如给进攻队提出一定要求，专门解决防守的某一配合；改进本队的弱点，以及练习某些特殊配合等。

（2）全场 5 对 5 训练。主要是在与比赛相近的情况下，提高联防的水平。把队员按 5 人一组，分成若干组，轮流进行训练。练习中可规定特殊任务或提出具体要求，如快攻投中后在前场继续进攻等。

第五章　高校篮球运动教学与游戏

篮球游戏在现代体育教学方法中越发受到重视。鉴于篮球游戏具有娱乐性特征，使得其在篮球教学中有着极其特殊的作用。通过篮球游戏将篮球技战术融入其中，使学生在游戏之中潜移默化地接受篮球训练、提升球感以及综合技能水平。为此，本章就主要对高校篮球游戏的学练方法进行指导。

第一节　篮球游戏的基本理论

一、篮球游戏的概念

篮球游戏是指以篮球和篮球场为主要道具和场所的，有特定目标和任务，并在一定规则制约下组织的某种活动形式。

篮球游戏的内容丰富，形式多样，组织简便，氛围轻松，又由于其带有竞争性的因素，因此它对篮球教学训练有很大的帮助，是篮球教学开始的热身运动或结束时的放松运动最好的选择。

篮球游戏大多是集体分队进行。篮球游戏在篮球训练中的意义在于可以通过游戏培养球员的集体主义精神；培养勇敢顽强的优良品德和作风；提高观察与判断能力；有利于篮球意识的强化和形成。这些都对篮球教学训练的顺利进行起着积极的作用。

二、篮球游戏的特点

篮球游戏是体育游戏与篮球训练的结合。因此，篮球游戏具备了篮球训练和体育游戏两方面的特点。除此之外，篮球游戏还具有一些专属于它自身的特点。主要体现如下。

（一）目的性

篮球游戏的娱乐性和进行时的轻松氛围会让人容易忽略它存在的目的。它并不单纯是一项娱乐游戏，而是在游戏中蕴含着许多训练内容。例如，增强篮球球员的体质和篮球技能的提高就是篮球游戏的意义之一。

不同的篮球游戏拥有不同的针对性。细致地分如有的篮球游戏针对运球能力的培养，有的针对传球能力的培养等。此外，篮球游戏还具有合理安排运动负荷的作用，如在进行了大运动量训练后，安排一些篮球游戏予以调整球员的体能分配。

（二）灵活性

篮球游戏的灵活性体现在游戏中的动作、路线、规则及场地器材都是根据参加者的实际情况进行设计、选择和变化的。其具体表现如下。

（1）篮球游戏中的动作可以根据参加者的具体情况和不同要求作相应变化，可以是正常的跑、跳、投，也可以是变异的各种跑、跳、投，可以提出严格的动作规范，也可以淡化动作规范等。

（2）篮球游戏中的路线可以根据参加者的具体情况和不同要求作相应的变动，可以是直线、曲线，也可以是弧线、螺旋线；可以一次直接到达终点，也可以几个人接力到达终点。

（3）篮球游戏中的规则需要简明扼要，不宜过分复杂。篮球游戏的规则可根据篮球游戏的目的，对活动的路线作不同限制，能产生不同的游戏效果。

（三）竞争性

篮球游戏的竞争性可以体现在比体能、技能与智力，或者是比与同伴协作的能力、集体协作能力和应变能力等。除此之外，篮球游戏还可以使弱者有机会成为获胜的一方，这也给实力强的一方提出新的挑战，必须充分发动思维积极思考游戏规则等内容，把握游戏的本质，也能反败为胜，在篮球游戏中可以更好地挖掘人的潜力。因此，篮球游戏不仅能提高参与者的活动能力，还能培养创造思维能力。

（四）趣味性

趣味性是一切游戏的根本属性，这也是篮球游戏中的重要属性。由于篮球游戏本身所具备的趣味性和休闲性，因此它可使球员在轻松愉快的氛围中进行，这对于情感调节、放松身心、娱乐休闲，开展趣味性竞争都有着积极的作用。球员轻松、自由、平等地参加游戏活动，把注意力集中于活动过程的乐趣上，从而获得自由表现的机会，并使参与者拥有一种轻松愉快的心境。篮球游戏过程中的随机性、偶然性会使游戏参加者产生浓厚的兴趣和愉快成分，满足人们情绪、情感上的需求，产生愉快的情绪体验，这也是篮球游戏的魅力所在。

三、篮球游戏的训练任务与要求

（一）篮球游戏的训练任务

篮球游戏也是篮球训练内容之一，它的训练任务包括以下几点。

（1）正确、熟练地掌握篮球运动技术和技能。

（2）力求吸引球员始终保持持久的兴趣和旺盛的求知欲。

（3）调节和提高球员兴趣、减轻疲劳感，提高教学训练质量。

（4）提高球员的感觉器官和机能的敏感性、稳定性与思维能力。

（二）篮球游戏的训练要求

篮球游戏已经成为现代校园篮球教学和篮球专业运动队中经常使用的训练活动方法。在进行篮球游戏教学时，应注意以下几方面的基本要求。

1. 满足篮球教学训练的需要

在制订篮球游戏教学计划时，要考虑到游戏的内容和方法是否符合球员所处年龄段的生理、心理两方面的发展需要。与此同时，还不能忽视篮球游戏对篮球训练的辅助作用，使游戏紧密配合篮球教学的任务，通过游戏提高球员的技能。游戏的内容不要过于复杂，否则会对教学效果产生一定的影响。

2. 提高球员思维能力水平

通过篮球游戏，要充分发挥球员的想象力和创造力，发展思维，提高认识能力。这就要求教师在说教的同时，还要对球员进行积极的启发和诱导，从而提高球员的体力和智力水平，并有利于球员思维能力的形成和发展。

3. 加强球员的思想品德教育

篮球运动是一个5人参与的团队体育项目，因此集体协作的特点就是篮球运动的本质属性之一。所以，在组织篮球游戏时也需要特别注意在游戏中包含团队和集体的意义在内。

在游戏中，球员之间需要团结互助、协同配合，加强集体观念。教练在篮球游戏教学中要做到因人施教，根据计划按部就班地进行；要尊重、关心球员，成为球员的良师益友；要做到公正裁判，准确评定成绩等，通过篮球游戏加强对球员的思想品德教育。

四、篮球游戏的创编步骤与设计原则

（一）篮球游戏的创编步骤

1. 游戏任务的确定

作为一种具体游戏，篮球游戏的创编必须有其具体的目的和任务。例如，为提高某项身体素质培养兴趣。

2. 游戏素材的选择

篮球游戏素材要根据游戏的任务从篮球运动本体内容中来进行选择。例如，学习篮球某项技术，可以以该技术动作为素材。

3. 游戏方法的确定

游戏方法通常包括游戏的准备、进行形式、队形及其变化、活动时间、空间地域范围及路线、接替方法和动作要求等内容。

4. 游戏规则的制定

制定游戏规则时，要注意正规的篮球规则的基本要求，要有利于运用技术与战术的规范要求，要明确合理与犯规、成功与失败的界限，制定出对犯规者的处理办法。另外，规则要有利于维护游戏的安全。

5. 游戏名称的确定

游戏名称要具有教育性、形象性、激励性和象征性，还要简单易懂，并能反映出该游戏的主要特点。

6. 游戏演示的示范

篮球游戏的创编，是为了更好地进行篮球游戏教学训练任务的进行，对游戏进行科学合理的示范和演示，是篮球游戏获得训练效果的基础。

（二）篮球游戏的设计原则

篮球游戏本身具有辅助教学的作用，这个观点已经开始逐渐被广大体育训练工作者认可和重视。随着篮球运动的不断发展、创新，随之而来有越来越多的篮球游戏被设计出来。一个好的、富有实效的篮球游戏的设计需要按照一定的原则进行，主要包括以下几点。

1. 针对性原则

篮球游戏的设计应注意遵循针对性原则。对游戏的设计为了符合这一原则，可根据本次教学和训练的目的和内容，球员的具体实际，教学训练的客观条件如场地、器材、设备、天气等有针对性地设计游戏的内容、方法、规则，还可以针对不同的教育目的，有针对性地设计和选择不同的篮球游戏。

在篮球教学训练中运用和组织游戏的根本目的是使球员体能健康得到加强并有助于掌握技术，培养品质，发展与篮球有关的各种思维能力。因此，只有遵循针对性原则，教学训练的任务才能真正落到实处。

2. 趣味性原则

趣味性是篮球游戏不同于篮球训练的根本因素，因此，设计篮球游戏时必须遵循趣味性原则。篮球游戏的趣味性更多地表现为具有较强的对抗、竞赛和竞争性。这种使人感到愉快的竞争、竞赛或对抗能有效地激发人的活力和潜在能力。

篮球游戏的趣味性，还在于设计者要设计和采用一些与日常习惯不同的动作，逐步提高难度的动作及难以协调的动作，或者还可以采用一些奇怪、有趣的规则，使参与者能够全身心地投入游戏之中，进而获得通过自己努力而取得成功的满足感。

3. 教育性原则

在设计篮球游戏教学活动中要考虑到它是否包含教育性因素，即从游戏的设计、命名、形式、方法到具体要求，都要立足于它的教育价值，避免设计出的游戏过分强调趣味性。因此，在篮球教学训练游戏中，必须注意教育性原则。要重视培养参与者的道德品质、顽强作风、团结协作以及集体主义精神等。

4. 安全性原则

在设计篮球游戏时需要考虑到安全因素。开展篮球游戏一般会选择篮球场作为场所，篮球和标志杆作为器材，从表面上看是相对较为安全的，但在设计某些针对性强的游戏时，也一定要注意贯彻安全性原则，避免参与者受伤，保证其身体安全。

在以篮球运动技战术为素材的游戏中，球员往往会由于兴奋性高，出现不注重动作质量的问题。因此，在设计篮球游戏时尤其要注意从游戏规则上保证动作规格，控制过大、过猛动作的出现，使球员的精力全部投入做好游戏上面，从而达到学练统一的目的。

第二节　传接球类游戏

传接球是篮球运动的重要进攻技术。全面熟练地掌握传接球技术，才能把全队连成一个整体，充分发挥集体的力量，进而争得比赛的主动权。

传接球技术是与篮球运动同时出现的最早技术之一，经过一百多年的发展，其动作方式、种类之多可列篮球运动技术之首，大体上可包括五大类四十多种。但无论是哪一种方式，传球的动作过程都是由传球动作方法、球的飞行路线、球的落点三者所组成；接球则是由准备接球、接球、接球后的动作三个环节所组成。传接球的技术运用效果的好坏，主要表现在激烈对抗中能否及时地、快速地、隐蔽地传球到位，能否及时摆脱防守并接到球，保护好球并迅速衔接下一进攻动作。传接球的关键在于传球时前臂、手腕、手指的力量和动作的技巧，接球时上步卡位，伸手迎球动作和接球后迅速保护球，及时衔接下一进攻动作的强烈意识。此外，还涉及视野的扩大，意图的隐蔽以及能否与运球、突破、投篮等其他技术动作紧密结合等不可忽视的因素。

比赛的实践证明，传接球技术掌握及其运用的水平高低，不仅直接影响球队的战术质量和比赛胜负，更重要的是反映了球队队员的球场作风、篮球意识、整体观念以及协作精神，而这正是构成众多教练员和教师在进行教学训练时，明确要求球队队员不断提高传接球技术及其运用质量，做到“能传决不运”的重要原则，而这也同样是组织传接球游戏所要达到的根本目的。

一、“两人传两球”游戏

（1）“两人传两球”游戏的目的：使学生熟练各种传接球技术，提高手对球的控制能力。

（2）“两人传两球”游戏的场地器材：篮球场 1 个或平整的空地 1 块，每人 1 个篮球。

（3）“两人传两球”游戏的方法：学生 2 人 1 组，各手持 1 个篮球相对而立，2 人同时依规定的传球方式把球传给对方，双方在传球出手的同时即准备接住对方的来球，直至规定的时间到，计算各组连续传球的次数，次数多者为胜。

(4)“两人传两球”游戏的规则：

1）传接球次数计算是从其中一个开始，以“一传一接”为1次。

2）传接球失误时，之前所计的次数不算，重新开始计。

(5)“两人传两球”游戏的建议。可根据学生的传接球掌握情况决定传球方式，包括如下几点。

1）一人双手头上传球，另一人双手胸前传球。

2）两人都用双手胸前传球。

3）一人用双手胸前传球，另一人用双手反弹传球。

4）两人都用单手体侧传球，或单手低手传球，或原地推拨传球，或单手体侧传球。

二、“两人传三球”游戏

(1)“两人传三球”游戏的目的：提高学生的快速反应和手对球的控制能力。

(2)“两人传三球”游戏的场地器材：篮球场1个，每2人3个篮球。

(3)“两人传三球”游戏的方法：把学生分为2人1组，相距4～5米，面对面站立。2人用3个球做原地的单手体侧传接球，要让球不停运转直到规定时间到，累加其传球次数，次数多的组为胜。

(4)“两人传三球”游戏的规则：

1）计算传球次数以开始手持两球的队员传球次数为准。

2）3个球要始终保持运转，不能有明显停顿。

3）传球失误时从失误处继续累加下去。

(5)“两人传三球”游戏的建议：

1）此游戏适用于有一定技术水平的队友进行，传接球技术动作尚未规范时不宜采用。

2）可根据球的数量，几个组同时开始或一个组一个组地进行。

三、“三人传四球”游戏

(1)“三人传四球”游戏的目的：强化传球出手速度，并要有余光观察的能力。

(2)“三人传四球”游戏的场地器材：篮球场1个，篮球若干个。

(3)“三人传四球”游戏的方法：队员按3人1组组成三角形分散站于场内，彼此相距5米，1人拿2个球，另2人各拿1球。游戏开始，按逆时针方向拿2球的人先传出1球，并立即传出第2个球。同时，第2个人和第3个人分别传出手中球，3人都要传球一出手立即接同伴的传球并迅速再传球出手。如此使4个球在3人手中不停传接。在规定时间内传接失误少者为胜。

四、“对墙传球”游戏

(1)“对墙传球”游戏的目的：提高传球的速度和准确性。

(2)“对墙传球”游戏的场地器材：平整的墙面，篮球若干个。

(3)“对墙传球”游戏的方法：在离墙 4 米左右画一标志线，队员呈连横排站立在标志线后，前排持球。墙上画出一边长为 30 厘米的正方形，游戏开始，每人用事先规定的传球方法连续对墙传球，每人传球 20～30 次，如传在方块内算得 1 分。在规定的传球次数中看谁传在方块的球最多，多的为胜，站在后排的队员担任裁判，数出传准的次数。做完后，前后排交换，游戏继续。

(4)“对墙传球”游戏的规则：脚不许踩标志线。

(5)“对墙传球”游戏的建议：传球的距离可根据实际情况调整，传球方式可改变。

五、“传球脱险”游戏

(1)“传球脱险”游戏的目的：培养灵敏素质，提高传球速度。

(2)“传球脱险”游戏的场地器材：篮球若干个。

(3)“传球脱险”游戏的方法：把全班学生按 8～10 人进行分组，每组手拉手面向里围成一个圆圈，并选一人站在圈外。游戏开始，圆圈上人互相做传球练习。圈外人则随球移动，看准时机，在某一人接到球但还未传出之前，用手击他肩膀，击到后两人交换位置，游戏继续进行，圈上人应尽量快速地将球传出去，使球在手中停留的时间极短，以防被圈外人击到。

(4)“传球脱险”游戏的规则：

1) 传球失误、球脱手落地均为犯规，应与圈外人交换。

2) 圈外人必须击到球正在手中者才算有效，在球已出手或尚未接到球时击拍无效。

(5)“传球脱险”游戏的建议。可增加圈外人数，也可增加篮球数。

六、“转身传球”游戏

(1)“转身传球”游戏的目的：培养灵敏素质，提高传球能力和脚步移动的协调性。

(2)“转身传球”游戏的场地器材：在场地上画长 20～30 米，宽 5～8 米的长方形若干个。

(3)“转身传球”游戏的方法：游戏者每 3 人 1 组，1 块长方形场地。游戏开始，甲、乙两人先在两端掷地滚球，丙在场内接球。先由甲掷，丙跑上接球后，转身传给乙，并就地做好接球准备，乙接球后又掷出地滚球，丙跑上接球传给甲，连续做 10～20 次后，轮换练习。

（4）“转身传球”游戏的规则：

1）掷出的地滚球可在长方形内任意位置。

2）接球人应跑上接地滚球，转身传出的球要准确，若传球失误则受罚。

（5）“转身传球”游戏的建议：根据对象和天气状况掌握运动量。

七、“坐地传接球比赛”游戏

（1）“坐地传接球比赛”游戏的目的：帮助学生熟练双手传接球技术，发展其上肢力量。

（2）“坐地传接球比赛”游戏的场地器材：篮球场1个或平整的空地1块，2人1个篮球。

（3）“坐地传接球比赛”游戏的方法：学生2人1组手持1球，相对伸直腿坐于地上，两人的双脚脚掌相抵。游戏开始，2人以规定传、接球方式坐在地上连续对传，直到传完规定的次数，先传完的组为胜。

（4）“坐地传接球比赛”游戏的规则：

1）次数的计算以其中1人“一传一接”为1次计。

2）传接球失误，重新开始，以前所传次数累计。

3）在整个传球过程中，两人必须始终伸直腿坐地上，否则犯规，判其重新坐好后再从头计算次数，此前的次数取消。

（5）“坐地传接球比赛”游戏的建议：

1）可改为仰卧起坐传球比赛。

2）可改为先计算个人成绩，再计算全队成绩的方法。

3）可改为在规定时间内计算各组累加次数的方法，累加次数多的组为胜。

4）可以双手传、接球方式（如双手胸前传球、双手头上传球等）为规定方式。

八、“交叉步对传比多”游戏

（1）“交叉步对传比多”游戏的目的：学生在快速移动中熟练运用双手胸前传接球技术，提高移动中传接球时的手脚协调性。

（2）“交叉步对传比多”游戏的场地器材：篮球场1个，2人1个篮球。

（3）“交叉步对传比多”游戏的方法：两脚左右开立与肩同宽，向右交叉时，左脚经体前跨步落右脚的右侧，同时右脚向右迈一步成原姿势站立；向左交叉步的动作相同，方向相反。游戏开始，甲、乙两人约定甲持球原地不动，乙先做交叉步移动；乙向右做交叉一步移动时，在他的右脚落地的同时，甲传出的球到乙的手中，乙在原地把球传回给甲，同时做向左的交叉步移动，在他的左脚落地的同时，甲传出的球到乙的手中，乙再次把球传回给甲。如此循环下去，在规定的时间内比赛交叉步传接球的次数，多者为胜。传球方法以双手胸前传接球的方式为宜。

（4）“交叉步对传比多”游戏的规则：

1）必须按规定步法和传、接球方法进行比赛，否则无效。

2）计算次数以移动者的一传一接为1次计算。

3）传接球失误，从失误处重新再计算。

（5）“交叉步对传比多”游戏的建议：

1）可改为规定传接球次数，先完成的为胜。

2）可改为先计算全队中个人（或组）胜负次数，胜者得1分，然后把个人（或组）的得分累加，得分多的队名次列前。

第三节　运球类游戏

在篮球技术中，运球是最基本的技术之一，也是篮球比赛中运用时间最长的技术。因此要想打好篮球，必须很好地掌握篮球的基本技术。然而在实际教学中如果按部就班地进行运球技术教学，有的学生就会因为运球的枯燥而降低对篮球的兴趣。而有的学生则因运球没学好就急着想打比赛，导致运球技术得不到提高。在教学中适当使用运球游戏进行教学，可以使学生产生浓厚的兴趣，从而获得更好的教学效果。

运用游戏形式进行运球和持球突破技术的教学训练，其目的是让学生在游戏中掌握运球和突破的基本技术，培养其勇猛、顽强、果断的作风，提高其运用运球和突破技术的意识，使他们学会判断和掌握运球或突破时机，扩大视野，在提高个人实力的同时，提高球队的整体实力。

一、“对抗出局”游戏

（1）“对抗出局”的游戏的目的：提高学生对抗时的运球能力。

（2）“对抗出局”的场地器材：依人数的多少在场地内画几个与中圈等大的圆，篮球若干个。

（3）“对抗出局”的方法：依队员的对抗能力分为每2人1组，在一圆圈内各运1球，游戏开始，在控制好自己的球的情况下，两队员用肩膀互相挤推，力争把对方挤出圆圈，在规定的时间内，将对方挤出圆圈次数多的同学为胜，另一人受罚。

（4）“对抗出局”游戏的规则：

1）只能用肩膀挤推，不能用手。

2）在对抗过程中，若队员运球失控，判出圆圈1次。

（5）“对抗出局”的建议：分组时，要按能力均等的原则。

二、“运球绕人”游戏

（1）“运球绕人”游戏的目的：提高运球跑动能力，活跃课堂气氛。

（2）“运球绕人”游戏的场地器材：1个半场，篮球若干个。

（3）“运球绕人”游戏的方法：将学生分为人数相等的2组，两组间隔约5米面对面站立，其中1组持球。游戏开始，持球同学运球跑向自己对面的同学，绕过该同学后运球回到自己原来的位置，将球传给对面的同学，游戏重新开始，每一轮比赛最后回到原位置的同学判输，几轮比赛后被判输的同学集体受罚。

（4）“运球绕人”游戏的规则：启动时不能向前抛球，运球不能走跑。

三、“运球攻守”游戏

（1）“运球攻守”游戏的目的：培养学生抬头运球习惯，培养灵敏素质。

（2）“运球攻守”游戏的场地器材：篮球场1个，篮球若干个，粉笔。

（3）“运球攻守”游戏的方法：把队员分成人数相等的3～4组，各组首尾相接站成半个球场大小的圆，面对圆心。游戏开始，各组排头2名或3名学生在圈内各一手持球，一手拿粉笔头，听教师哨音在圈内任一点开始运球，每个学生力争在运球的同时在另一学生背部画一痕迹，游戏者只攻不守，背部出现痕迹者退出游戏。第一退出者得1分，第二退出者得2分，以此类推，只剩一人时游戏结束，该学生为优胜者，得分最高。一轮结束计算各组得分后按次序进行下一轮。每人进行1次后，累计各组部分，按总分多少排出各组名次。

（4）“运球攻守”游戏的规则：运球不得出圈，只准在运球的同时进攻，画在背部有效。

（5）“运球攻守”游戏的建议：此游戏能提高学生变向、变速运球及用手感控制运球的能力，可在半场内进行。

四、“穿越丛林”游戏

（1）“穿越丛林”游戏的目的：巩固学生已学的各种运球突破技术，提高在快速运球中的控球能力。

（2）“穿越丛林”游戏的场地器材：篮球场1个，篮球若干个。

（3）“穿越丛林”游戏的方法：把学生分为人数相等的几组，每组5人左右为宜，前后间隔约1.5米，每组排头持球面向本组队员。游戏开始，各组持球队员用跳步急停后交叉步突破的方式依次突破本组队员，到队尾后用地滚球的方式把球传到排头，自己与前一位同学间隔 1.5 米站立，以此类推，各组同学轮一遍，先做完的组为胜。

(4)“穿越丛林”游戏的规则：突破时走步的同学判为重做。

(5)“穿越丛林”游戏的建议：突破方式可改为急停后同侧步突破、运球后转身突破、提前变向突破等。

五、“持球突破投篮”游戏

(1)“持球突破投篮”游戏的目的：提高学生突破和投篮动作的衔接能力。

(2)“持球突破投篮”游戏的场地器材：篮球场 1 个，篮球 2 个，标志杆 2 个。

(3)“持球突破投篮”游戏的方法：在两个半球 45°的 3 分线上各放 1 个标志杆，标志杆前 1 米处画一横线，把学生分为人数相等的两组成纵队站于标志杆后，各组排头持球。游戏开始，排头做交叉步突破至横线跳起投篮，投中后（不中要补中）自己抢篮板球传给本组第二位同学，以此类推，先做完的组为胜。

(4)“持球突破投篮”游戏的规则：必须使用规定的突破动作。

六、“运球相互拍打”游戏

(1)“运球相互拍打”游戏的目的：帮助学生熟悉球性，提高控制支配和保护球能力。

(2)“运球相互拍打”游戏的场地器材：篮球场 1 个，每人 1 个篮球。

(3)“运球相互拍打”游戏的方法：全体学生人手 1 球分散于半场（或 3 分线以内）内，自己运球并随时伸手拍打周围同伴的球，同时注意保护好自己的球不被别的同伴拍打。凡拍打到同伴球的学生得 1 分，持续 3～5 分钟后统计个人得分，分数多者获胜。

(4)“运球相互拍打”游戏的规则：

1）只准在规定区域内相互拍打，否则算自动退出比赛。

2）拍打到同伴的球 1 次得 1 分，被同伴拍打到 1 次失 1 分；统计时把得分减去失分即为个人得分。

(5)“运球相互拍打”游戏的建议：

1）可进行多组 3～5 分钟的游戏，以提高游戏难度。

2）可在计算个人得分的同时计算全队得分，全队得分高者获胜。

3）可用每局淘汰最后 3 个或 5 个得分最低的队员的方法，以增加游戏的竞争性。

七、“救球”游戏

(1)“救球”游戏的目的：发展学生手指、手腕按球的能力。

(2)“救球”游戏的场地器材：篮球场 1 个，每人 1 个篮球。

(3)“救球”游戏的方法：把学生分成人数相等的 2 队成横排相对而立，每人面前放 1

个篮球。游戏开始，两排学生同时下蹲用最快速度把放在地上的“死”球拍“活”成原地高球姿势站立，在规定时间内站起来的人数多的队为胜。

(4)“救球”游戏的规则：

1）只能用手、手腕的力量快速拍按球，使球变“活”，不得把球拿起来。

2）同队队员间已把球拍“活”的队员不得去帮助未把球拍“活”的同伴把球拍“活”。

3）不得以任何方式干扰对方拍“活”球。

4）违反上述规定者为犯规，罚犯规者把球连续拍“活”3 次后才计成绩。

(5)“救球”游戏的建议：如果参加游戏的人数多或无法做到每人 1 个篮球，可把参加游戏的人分成若干个小组，每个组的人数与现有的球数相同，采用淘汰的方法进行对抗。

八、“运球追逐”游戏

(1)“运球追逐”游戏的目的：提高学生行进间运球技术，发展其运球的手、脚、眼的协调能力。

(2)“运球追逐”游戏的场地器材：篮球场 1 个，每人 1 个篮球。

(3)“运球追逐”游戏的方法：学生甲、乙 2 人 1 组各运 1 球分散于球场内任意跑动，规定教师吹 1 声长哨为甲追乙，2 声短哨为乙追甲。游戏开始，随着教师哨声的变换，甲、乙两人在场内反复进行追逐与反追逐。追到对方并用手轻拍对方后背得 1 分，在规定时间内得分多者为胜。

(4)“运球追逐”游戏的规则：

1）只有运着球追到对方并拍到对方背后才得分，若追到对方时运球失误，或拍到对方身体其他部位无效。

2）双方在运球时要随时注意躲闪其他人的运球，以免发生碰撞，当发生碰撞被对方击拍到则算有效。

(5)“运球追逐”游戏的建议：

1）也可改为个人得分基础上计算全队得分，得分高的队为胜。

2）如参加的人数多，可分为几队轮流进行。

第四节　投篮类游戏

投篮是篮球运动最重要的基本技术，是最主要的得分手段，是决定篮球比赛胜负的关键因素。投篮与防投篮构成了篮球比赛中攻防矛盾的焦点，因此正确掌握和熟练运用投篮技术，不断提高投篮命中率，对于夺取比赛胜利具有重要的意义。

投篮是与篮球运动同时出现的技术，它始终随着现代篮球运动的发展而发展。当前投篮技术的发展趋势和特点具体表现在以下方面：投篮难度、命中率越来越高；投篮的攻击性、突然性、技巧性越来越强；投篮的动作方式及其变化越来越多；投篮的动作越来越趋向早（举球早）、高（出球点高）、快（出手快和突然）。因此投篮时要做到快、高、准、变就成为现代篮球比赛对投篮队员最基本的要求。

投篮的方式种类很多，但无论任何方式的投篮，其动作结构都包括准备、出手、结束三个阶段；包括持球动作、出手动作、瞄篮方法、球的飞行弧线、球的旋转五个要素。无论是结构还是要素，投篮出手都是影响投篮命中率的关键环节。为此，在投篮的教学训练中，严格要求队员规范地完成投篮动作的全过程，学会合理地控制、支配、调整动作各环节的力量、方向、速度、角度，以保证投篮出手的连贯性、协调性和整体用力性，组织投篮游戏的出发点和目的也是如此。

一、“罚球比赛”游戏

（1）“罚球比赛”游戏的目的：提高学生原地投篮技术动作的质量和命中率。

（2）“罚球比赛”游戏的场地器材：篮球场 1 个，篮球 2 个。

（3）“罚球比赛”游戏的方法：把学生分成人数相等的两队，两队面向球篮成纵队站立于罚球线后，排头各手持 1 个篮球。游戏开始，各队从排头开始依次罚球（可规定或不规定投篮方式），无论投中与否都由投篮队员自己去抢篮板球传给下一个队员，如此循环下去，直到以下几种情况结束。

1）全队每人投篮出手 1 次，累计投中个数，投中个数多的队为胜。

2）规定时间到，累计投中个数，投中个数多的队为胜。

3）完成规定的投中个数，先完成的队为胜。

（4）“罚球比赛”游戏的规则：按篮球比赛的罚球规则执行。

二、“阻力投篮”游戏

（1）“阻力投篮”游戏的目的：提高学生快速移动能力和投篮能力。

（2）“阻力投篮”游戏的场地器材：篮架 1 副，弹性绳 1 根，篮球若干个。

（3）“阻力投篮”游戏的方法：把学生按 2 人 1 组分成若干组，将第一组中的 1 名队员身上用弹性绳绑好，另一端固定，另一队员站在规定的区域内准备传球。开始的信号发出后，投篮的队员快速向前跑动，接同伴的传球投篮，每投 1 次，必须迅速后退，用手触固定点，然后再向前跑动接同伴的传球投篮，以此类推，直至规定的时间到，记录进球数，各组做完后，以投进球多的组为胜。

（4）“阻力投篮”游戏的规则：

1）每人投篮时间为 30 秒，两人共 1 分钟。

2）投篮姿势不限。

（5）“阻力投篮”游戏的建议：可限制接球区域和投篮姿势。

三、“攻守投篮”游戏

（1）“攻守投篮”游戏的目的：提高学生的灵敏性和应变能力，培养对抗意识和配合意识。

（2）“攻守投篮”游戏场地器材：篮球场1个，篮球2个。

（3）“攻守投篮”游戏的方法：将学生分为人数相等的2队，每队6～8人。双方各有1名队员手持球站在本方半场的端线外准备发球。游戏开始，当教师鸣哨后，各自发球开始比赛，两队同时在场上传球、运球、突破。力求将球投入对方篮内得分；同时又要设法阻截和防止对方将球投进本方篮内，并积极抢断对方的球，组织反攻，力争将其攻入对方篮内，规定时间内，以进球多者为胜。

（4）“攻守投篮”游戏的规则：比赛中出现犯规、违例、传球出界等情况时，均判对方在犯规违例方的半场发界外球。

（5）“攻守投篮”游戏的建议：本游戏运动量较大，时间不宜过长。

四、“跑投30分”游戏

（1）“跑投30分”游戏的目的：提高学生快速投篮的能力。

（2）“跑投30分”游戏的场地器材：篮球场1个，篮球4个。

（3）“跑投30分”游戏的方法：把学生分为人数相等的4队，每2队用1副篮筐，各队在规定地点站好，排头各持1球。游戏开始，各队从排头起做原地跳投1次，罚球1次，都是自投自抢，无论投中与否，都把球传给下一个队员，其他队员依次按同样方法进行，按跳投投中得2分，罚球投中得1分的分值累计，直到投满30分，以完成得快慢排列名次。

（4）“跑投30分”游戏的规则：

1）严格限制投篮距离，跳投时的起跳点不能越过规定范围。

2）不得故意干扰对方投篮。

（5）“跑投30分”游戏的建议：

1）根据队员的水平，对投篮动作提出不同的要求或规定。

2）如果人数太多，可多分几队，用淘汰赛或擂台赛的方法抢投30分。

五、“上篮连中比快”游戏

（1）“上篮连中比快”游戏的目的：提高学生快速运球上篮技术运用能力。

（2）“上篮连中比快”游戏的场地器材：篮球场1个，2人1个篮球。

（3）“上篮连中比快”游戏的方法：把学生分为甲、乙2人1组的若干组，每组1个篮球。比赛开始，各组的甲首先上场，在2个球篮间快速运球上篮，如甲能按规定连中4

球则算完成1组，可由本组的乙再上场以同样的方法进行，若甲未能按规定完成1组，由乙上场以同样的方法进行，直到甲、乙两人完成规定的组数。先完成的组为胜。

(4)“上篮连中比快”游戏的规则：

1）只能是“上篮”，否则投中无效。

2）凡出现走步、两次运球等违例现象，违例者已投中的次数取消并罚其重做。

(5)“上篮连中比快”游戏的建议：

1）此游戏适用于人数少的队训练时用，但若参加人数多，可3～4人一组或分成若干队进行对抗。

2）不一定要求上篮时连中，可要求每人投中若干个或2个累加投中若干个则可。

3）为防止学生追求上篮命中率而减慢上篮速度，此游戏可改为单位时间内，累计上篮命中次数判胜负。

六、“1＋1”投篮游戏

(1)“1＋1”投篮游戏的目的：规范学生投篮动作，提高学生罚球或原地投篮的命中率。

(2)“1＋1”投篮游戏的场地器材：篮球场1个，篮球2个。

(3)“1＋1”投篮游戏的方法：把学生分为人数相等的2队，各成纵队站于罚球线(或指定的投篮点)后，排头各手持一球。游戏开始，从排头起依次进行“1＋1”投篮，即先投第一球，若投中则可投第二球；若第一球未投中，则把球传给本队下一个人，自己站到队尾，如此直到全队做完，累计所投中的球数多的队为胜。

(4)“1＋1”投篮游戏的规则：

1）必须在规定的投篮点投篮，否则投中无效。

2）必须以规定的投篮方式投篮，否则投中无效。

3）球在投篮队员手中停留不得超过5秒，否则投中无效。

4）每人只有一次“1＋1”的机会。

(5)“1＋1”投篮游戏的建议：

1）可改为规定投中个数的方法，先达到规定投中个数的队为胜。

2）可改为限定时间比赛的方法，在规定时间内投中次数多的队为胜。

3）可根据情况规定或不规定投篮方式，如原地单手肩上投篮、原地双手胸前投篮、原地双手头上投篮、原地跳投、运球或接球急停跳等。

七、“抢胜三球”游戏

(1)“抢胜三球”游戏的目的：锻炼学生心理素质，训练学生在比分接近的情况下提高投篮命中率。

(2)“抢胜三球”游戏的场地器材：篮球场1个，篮球2个。

(3)“抢胜三球”游戏的方法：把学生分为人数相等的两队在规定的点进行投篮比赛，比赛的顺序是甲 1、乙 1，甲 2、乙 2 交替进行，直到一方净胜 3 球为止。

(4)“抢胜三球”游戏的规则：

1）队员必须按预定次序进行比赛，中途不得更改。

2）比赛开始先做的一队如果先胜 3 球，后做的一队仍有 1 次投篮机会。

(5)“抢胜三球”游戏的建议：

1）为活跃气氛，在队员投中后，本队队员最好能高声呼出胜过对方的次数，如“赢 1 个”“赢 2 个”等，落后的队可以高呼“还差 1 个”等。

2）投篮点和投篮方式可根据需要来确定。

八、“抢投得分”游戏

(1)“抢投得分”游戏的目的：磨炼学生的投篮基本功，提高对抗中快速出手能力和命中率。

(2)“抢投得分”游戏的场地器材：篮球场 1 个，每 2 人 1 个篮球。

(3)“抢投得分”游戏的方法：划定 1 个“投篮区”作为队员对抗的基本范围。把队员分为人数相等的甲、乙两队。游戏开始，双方各出 1 人进行对抗，2 人均自投自抢进行防守。例如，甲方的甲 1 与乙方的乙 1 对抗，甲 1 持球并把球传给乙 1 同时上前封盖乙 1 的投篮，而乙 1 在接到甲 1 传来的球且尚未来得及投篮出手，并以同样的方法去抢篮板球和把球传给甲 1 并对甲 1 进行防守。每人 1 次进攻机会。如此反复循环直至规定时间到，命中次数多的一方得 1 分；以后各组均按同样方法进行，直至双方全部轮完 1 次，以得分多的队为胜。

(4)“抢投得分”游戏的规则：

1）投篮双方均不得超越投篮区的限制线，否则投中无效。

2）双方接球后即出手，不得以运球或突破避开对方防守，否则投中无效。

3）双方投篮后即冲抢篮板球并在获球的地方把球传给对方，不得走到对方面前交球接防守，否则算对方直接得 1 分。

(5)“抢投得分”游戏的建议：

1）可在 2 个半场内同时进行 4～6 组的对抗。

2）可根据情况规定或不规定投篮方式，延长或缩短投篮距离。

第五节　脚步动作类游戏

移动技术是通过各种突然、快速的脚步动作，达到进攻时能摆脱防守，防守时能跟住对手，以争得时间和空间主动权，进而有效地完成攻防任务的一种技术。移动技术是篮球各项技术的基础，也是比赛中运用最多的一项技术，它对于掌握和提高其他技术、培养和发展学生的速度、力量、灵敏、反应、协调等基本素质以及培养用于克服困难的意志品质和勇猛顽强的作风，起着积极的作用。

移动技术包括走、跑、跳、停、转、滑、撤等20多种基本脚步动作方式。各种移动动作方式在比赛中的作用不尽相同。但无论是哪一种方式，其动作结构都主要由以腰、膝、裸关节为轴的各种运动动作所组成，上肢加以协调配合，而且都是通过脚掌不同部位的蹬地、碾地或抵地用力，配以脚、腿、腰、胯的协调用力来实现身体重心的转移和控制的。现代篮球比赛要求队员在比赛中运用各种脚步动作时，要做到突然、快速和多变。因此，队员进行移动技术教学训练，不仅要发展队员的判断、反应能力，提高身体训练水平，更重要的是培养队员变换身体重心和控制身体平衡的能力。

鉴于移动技术本身的动作简单，对教学训练条件的要求不高，但练起来又较枯燥的特点，以游戏的方式进行移动技术教学训练，就成为篮球教学训练中常用的教学手段。从教学的角度来说，移动技术教学训练中很重要的两点：一是要与篮球的专项身体数值训练紧密结合；二是要与篮球的对抗技术如运球与防运球、突破与防突破、传球与防传球、投篮与防投篮、接球与防接球等紧密结合。但从移动游戏的素材选择角度来说，则更着重于移动的单一技术动作和专项身体素质训练紧密结合。因此组织移动游戏的目的主要是掌握各种移动技术的动作方法，学会在球场上正确地蹬地用力、转移身体重心、保持身体平衡的基本方法；掌握移动技术的运用方法以及不同技术动作间的相互衔接要点，提高脚步移动的速度、速率、突然性和灵活性；在模拟比赛实战的情况下，提高移动技术与其他技术的快速转换能力。

一、“不倒翁”游戏

（1）“不倒翁”游戏的目的：锻炼学生的反应能力，提高学生的起动速度。

（2）“不倒翁”游戏的场地器材：篮球场1个，标枪或竹竿1根。

（3）“不倒翁”游戏的方法：学生围成一个圆圈向圆心站立，报数并记住自己的号码。教师在圈中央用手扶竖立在地面上的竹竿。然后让学生绕圆慢跑，教师随意叫某一号码，同时将竹竿放开跑进圆圈。被叫到号的学生应立即跑到中间扶住将要倒下的竹竿，并使其竖直，然后呼叫另一号，游戏继续，未来得及扶住竹竿者受罚。

（4）“不倒翁”游戏的规则：扶竿同学放手时不能有意加快杆的倾倒速度，放手后也要注意躲避下一位扶竿者的跑动路线。

（5）“不倒翁”游戏的建议：游戏人数以15人左右为宜，人数太多可分组进行，太少则要增加跑动半径。

二、“摸球追拍”游戏

（1）“摸球追拍”游戏的目的：训练起动、急停技术，提高速度素质。

（2）“摸球追拍”游戏的场地器材：在场地上画1个等边三角形，在3个顶角放3只立柱，在三角形中心点放 1 个篮球。

（3）“摸球追拍”游戏的方法：分成人数相等的 3 个组，站在立柱后成纵队，面向中心点。游戏以 3 人 1 组进行，听到信号后，每组第一人按规定的跑动路线进行摸球，即甲组到中间摸一下球，随后绕过乙组立柱再到中心摸球，在绕过丙组立柱到中心摸球，最后回到甲组。在游戏进行过程中，3 人中后一人追前一人，如追拍到前一人得 1 分，在追拍过程中，还要随时注意信号，如听哨声后做急停并要沿轨迹相反方向跑，如此以回到原位为第一轮结束，累积每组得分，以得分多的组为胜。

（4）“摸球追拍”游戏的规则：

1）追拍必须按规定路线行进。

2）摸球时不得使球滚动，发生移动必须放还原处。

三、“关门”游戏

（1）“关门”游戏的目的：提高滑步及关门防守技术，培养学生协同配合的精神。

（2）“关门”游戏的场地器材：篮球场 1 个，在场地上画几个与中圈等大的圆，篮球若干个。

（3）“关门”游戏的方法：在每个圆心上放 1 个篮球（要使篮球固定不动），每组分 4 人防守和 3 人进攻站于圈内外。游戏开始，攻方利用身体虚晃、转身、急停及各种脚步动作设法进入圆圈触摸球，而防守则通过快速地移动及相邻 2 人的关门配合不让对方进入圆内，以 2 分钟内攻方能否进入圆圈触摸球判断胜负，然后交换位置游戏重新开始。

（4）“关门”游戏的规则：

1）防守只能依靠快速地移动，用身体来防守对方进攻，不能用手臂阻止对手。

2）进攻方不能有推人动作。

（5）“关门”游戏的建议：进攻和防守的人数可适当增加或减少，但防守区至少比进攻多 1 人。

四、“团体赛跑”游戏

（1）“团体赛跑”游戏的目的：训练腿部力量，提高速度素质。

（2）“团体赛跑”游戏的场地器材：场上放几行等距离的标志杆，将人数分成相应均等的几组，在端线外面对场内纵队站立（后一人抱住前一人腰）。

（3）“团体赛跑”游戏的方法：游戏开始，每组从端线出发，绕过所有标志杆到另一端线，游戏以一组排尾先过端线为胜。

（4）“团体赛跑”游戏的规则：

1）队伍不得松散，要集体通过端线。

2）必须按图示路线跑动，不得触及标志杆。

3）击掌时，下一位同学不准抢跑。

(5)“团体赛跑”游戏的建议：可通过增加标志杆的数量来增加跑动难度，改变标志杆的位置来改变跑动路线。

五、“大渔网”游戏

(1)“大渔网”游戏的目的：训练灵敏反应和脚步动作的灵活性，培养协同一致的配合能力。

(2)“大渔网”游戏的场地器材：在篮球场上进行，先指定两名队员担任“渔网”，其他人在场内可以任意跑动。

(3)“大渔网”游戏的方法：游戏开始，担任“渔网”的第二名队员手拉手在场内跑动并设法用手触及其他人，被触到者加入“渔网”队伍，如此“渔网”逐渐扩大，直至场上剩下最后一名，游戏结束。

(4)“大渔网”游戏的规则：

1)“渔网”不得松散，如松手触到人不算。

2)不得离开球场跑动，被迫出界者按被触到加入“渔网”队伍。

六、“急起急停”游戏

(1)“急起急停”游戏的目的：练习急停技术，提高快速起动能力。

(2)“急起急停”游戏的场地器材：篮球场1个。

(3)“急起急停”游戏的方法：学生成一列横队站于端线后，以教师哨声为信号向对面端线跑动。教师鸣哨，学生起动跑，教师再吹鸣哨，学生急停，如此反复进行。在最后一次鸣哨跑动后，先到达端线的学生为胜。

(4)“急起急停”游戏的规则：听到急停哨声应立即停止跑动，否则视为犯规。

(5)“急起急停”游戏的建议：

1)为练习急停技术，可要求学生在第一轮游戏中采用跨步急停，第二轮游戏采用跳步急停。

2)若与篮球运动规律相结合，起动信号应改为教师的手势或口令，急停信号用哨声。

七、“摸高快跑”游戏

(1)“摸高快跑”游戏的目的：提高学生的弹跳力，练习急停和转身的技术动作。

(2)“摸高快跑”游戏的场地器材：篮球场1个。

(3)“摸高快跑”游戏的方法：把学生分为人数相等的两队，各成纵队站于端线外。游戏开始，两队排头迅速起跑至中线用手摸中线后返回，在篮板下急停跳起摸篮筐2次，再拍击本组第二位同学的手，自己站队尾。能摸到篮板的学生要连续起跳3次再接力；摸不到篮板的学生在篮下尽力纵跳 4 次后再接力，先轮完的队为胜。

(4)“摸高快跑”游戏的规则：

1）接力时，击掌后才能跑动，否则退回原处重新开始。

2）触篮筐时不能用手抓，否则重罚。

(5)“摸高快跑”游戏的建议：

1）起跳前的跑动距离和方式可改变。

2）起跳方式可改为单脚、双脚或单、双脚交替，触摸方式可改为单手触摸和双手触摸。

八、“贴膏药”游戏

(1)“贴膏药”游戏的目的：发展学生的反应、躲闪、奔跑、急停和转身能力。

(2)“贴膏药”游戏的场地器材：篮球场 1 个或平整的空地 1 块。

(3)“贴膏药”游戏的方法：学生 2 人成 1 组，每组间隔两臂左右，围成一圆圈站立；先由 A、B 两人开始，A 指定为追人者，B 则指定为被追者。被追者 B 可利用圆圈上的“人墙”做障碍，追逐者奔跑周旋，当即将被追人者 A 触摸到或不想再“奔逃”时，可跑到圆圈上某一组的左或右侧并紧贴其站立，临时组成 3 人并排的 1 组；此 3 人并排的最外侧（例如，若被追者 B 贴于该组左侧时，其最外侧为右侧，反之亦然）的队员应立即代替原被追者 B 成为新的被追者；原追人者 A 则换追这个新的被追者；若被追者在达到安全位置前被追人者触摸到，则两人角色互换，被追者反追追人者。如此反复进行。

(4)“贴膏药”游戏的规则：

1）被追者和追人者均可在圈内外任意跑动，但不可能跑出规定的球场范围。

2）被追者只有在其肩部紧靠某组左或右侧人的肩部后才为安全，否则算被追人者追到。

3）被追者不得在某组的身后停留超过 3 秒；而追人者则不得在某组的两人间强行触及位于该组后面的被追者。

(5)“贴膏药”游戏的建议：

1）此游戏可变化为两人前后站立，前贴后跑或后贴前跑。

2）为提高练习密度，可同时由 2 对或 3 对相互追逐者开始。

3）大家熟悉游戏方法后，游戏改为运球“贴膏药”。

第六章　高校篮球教学课程的组织与开展

高校篮球教学课程是培养学生篮球运动知识与技能的重要途径，教学质量如何直接决定了学生的篮球运动学习成果能否达到预期。为此，要想保证篮球教学课程的高质量，就需要对其组织与开展工作进行探究。

第一节　高校篮球教学课的课前准备工作

一、高校篮球教学的内容

在高校中，大学生们可以通过篮球的系统教学，掌握技战术理论知识以及对一些基础性的篮球技能有初步的认识。高校篮球教学内容的选择主要包括以下三个方面。

（一）篮球的基础理论知识

理论知识的重要性不言自明，高校大学生学习篮球理论知识对学习篮球技能和篮球教学的实践环节都有重要的指导作用。

目前，我国高校篮球运动通过多年的发展已经形成了比较完善的理论知识体系，包含的内容主要有：篮球的起源与发展、篮球技战术打法及分析、篮球教学训练理论、篮球竞赛的组织、篮球竞赛的规则等，这些都已经成为高校篮球运动教学最基本的内容。

（二）篮球的技术动作

技术动作是高校篮球运动技能实践中最基础的内容。在进行篮球技术动作的教学时，教师应将篮球技术规格、动作要领和技术合理运用作为主要内容教学。教师应注意示范动作的规范性，为学生树立正确的技术动作定型打好基础。

（三）篮球的战术配合

战术配合方法是高校篮球教学的重要内容，这主要是由于特定的战术布阵是篮球运动集体对抗形成的主要形式，是篮球运动中为了获取胜利而采用的将球员能力合理安排与恰当使用的方法。在篮球运动竞赛中，战术阵势和战术配合是主要特征之一。

高校篮球教学实践中，两三人的基础配合和全队配合是篮球战术配合教学的主要内容。在教学过程中，教师不仅要通过适当的方法指导学生对人与球移动的路线、得分点、运用时机及其变化等内容有正确的了解和认识，还要在平时的训练过程中注意学生的战术配合与协作意识的培养，使学生在篮球比赛实践中能灵活运用战术配合。

二、篮球运动教学文件的编排

（一）教学大纲

篮球教学大纲是以纲要的形式编定的教学指导性文件，它根据教学计划进行编订，是检查教学工作和评定教学质量的重要依据。

1. 教学大纲的基本要求

（1）从教学实际出发。制定教学大纲要准确地提出篮球教学的总目标和总任务，并且要符合教学计划中规定的教学目标和要求。同时，教学大纲还要细致到根据教学内容合理地选择教材，把基础的、主要的和有一定难度的知识内容，科学地、主次分明地、系统地、按适当比例地列入教学大纲。

（2）合理地分配教学时数。为确保教学任务的完成，教师在制定教学大纲时应注意理论与实践教学的比例要适当。合理确定理论知识与技术实践考核的成绩在总成绩中所占的比例，使考核结果能够客观地考量学生的真实学习水平。

2. 教学大纲的主要内容

教学大纲的主要内容包括教学基本条件、教学参考书目、教学目标、教学基本内容、教学课时数分配和教学考核办法。

（1）教学基本条件。具备教学的基本条件是保证篮球教学活动正常进行的基础。基本条件包括篮球场地、篮球器材的数量、规格，还要将涉及比赛使用的设施等内容均一一列出。对于一些条件较好的学校，还应要求逐步建立和改善篮球辅助电子设备等教学设施。

（2）教学参考书目。在选择教材方面，教师应以正规的教材类篮球书籍为主，可根据需要适当增加一些权威的先进的篮球书籍或其他书籍供参考，以便在基本知识的基础上不断扩大知识范围。

（3）教学目标。教学目标是教育目标、知识目标和能力目标的综合统一。其中，教育目标是指通过篮球运动，对学生进行思想品德教育，培养学生的坚韧不拔、集体主义和遵守法纪的作风；知识目标是指使学生掌握与篮球运动相关的基本知识、基本技战术理论和基本篮球技能，通过教学使学生达到能讲、能做的水准；能力目标是培养学生具有从事篮球教学活动的组织管理和实际操作的能力。

（4）教学基本内容。在教育部下达的《普通高等学校本科体育教育专业九门主干课程教学指导纲要》中已对高校篮球普修课的教学内容做出了明确规定。除此之外，教师还可根据篮球运动的发展，在教学中适当增加一些最新潮流的技术、战术和教学训练方法等，这会使得学生在学习过程中不会觉得所学内容陈旧，缺乏新意。

（5）教学课时数分配。国家教育行政部门在颁发的篮球课程方案中就确定了教学总时数，但这只是纲领性的文件，落实到真正的教学环节中时，教师还要根据具体教学内容合理分配课时数。在分配时要注意突出重点，保证知识和能力培养所分配的时数形成合理的比例关系，以及保证主要教学内容有足够的时数。篮球运动一直处在不断发展的状态中，这就要求教师可适当理论联系实际，介绍一些先进的篮球技术、战术和训练方法，加强实践性教学环节，再结合篮球运动的特点，促进学生在教学过程中潜移默化地得到思想品德教育和作风教育。

（6）教学考核办法。考核内容应包括讲授的全部理论知识内容、重点技术考核以及作业、技术与战术演示和裁判操作等技能考核。

理论知识考核一般采用笔试方式，技术考核采用达标和技评的方式，技能考核采用实习和实际操演的方式。最后，总成绩中各部分的权重与比例应视培养目标的要求来确定，评定应包括学生学习过程中的学习态度，掌握的基础理论知识、基础技术与技能，基本技能可与平时考核相结合综合评定。

（二）教学进度

教学进度是根据教学大纲的任务、内容和时数分配，将教材内容具体落实到每节课的教学文件中。

1. 编制教学进度的基本要求

教师在编制教学进度时应把篮球基本理论知识、基本技术与战术和基本技能等重点内容放在突出的位置上，给予这些重点知识以足够的课时数，使得这些重点能够在课堂上反复出现，确保学生对重点内容的掌握和提高。教学进度的编制要本着科学合理的原则进行。合理的教学进度应包括以下几个方面。

（1）遵循教学规律和教学原则。教学进度应力求科学、合理，具有较强的可操作性，它与完成大纲任务的质量有着密切的关系。教学进度制定得是否符合教学规律以及是否符合教学原则，这是教师业务能力和学术水平的体现。

（2）充分体现教师的业务能力和教学水平。教师应细致掌握篮球教学的基本理论，深入研究篮球运动的基本规律，合理安排教学过程中理论与实践、重点与一般、进攻与防守的关系。对内容的安排，既要主次分明，又要把新旧知识、技战术和攻守两端的意识结合起来。

（3）篮球教学的重点内容包括篮球基本理论知识、基本技战术、基本技能。所以教师在编制教学进度时要把上述内容放在首要的位置上，教学课时数予以保证，确保学生对重点内容的掌握和提高。在针对如竞赛的组织管理、裁判能力的培养等受教学条件的制约，单靠课堂教学无法完成时，编制教学进度就需要考虑课内教学与课外教学活动的结合，并在教学进度中加以说明。

2. 单元式程序教学进度的编制方法

程序教学过程能明显地体现由易到难、由简单到复杂、由非对抗到对抗的原则。这种教学进度的特点是教材内容的安排要纵横关系衔接紧密、由浅入深、由点到面，并突出内容的重点。

（1）编制程序。

程序一：将篮球技术、战术根据需要分成若干不同难度的级别，然后根据其纵横关系组成彼此相互联系的教材内容系列。

程序二：将同一级别难度的内容串联起来，组成数个教学单元。

程序三：以教学大纲规定的教学内容和时数分配为依据，适当地调整各单元的技术、战术，按要求和顺序分别排列在单元式进度表中。

程序四：对基本理论知识和能力培养进行技术处理，将其穿插在各项中进行，形成一份完整的教学进度表。

（2）执行单元式程序教学进度的注意事项。执行单元式程序教学进度时，要注意如下几点。

1）明确每个单元的教学目的。开始教学前，教师要把单元的教学内容、教学要求表述清楚，使学生心中都有数，知道要学什么、懂什么、掌握什么，以此提高学习的兴趣和自觉性。

2）单元教学结束后，教师要及时进行小结，归纳经验，找出不足，针对问题调整教学方法，明确继续努力的方向。

3）把握住每个单元之间的有机联系。单元与单元之间要有一定的逻辑关系性，这样有利于教师在后一单元的教学中可以采取适当的方法将前一单元的内容再度进行巩固。

4）教师根据教学的进展和学生对于内容的掌握情况，可组织一些教学比赛，特别是在第四单元中要重点突出对抗教学的特点，以比赛的形式检验学生对于技战术内容在实战中的运用水平。具体方法应先简单，后复杂；先半场后全场；人数由少到多，直至按规则要求进行正规教学比赛。

（三）教学教案

教案是根据教学进度规定的教材内容、教学对象和教学基本条件而设计的，它可以说是教师每次进行课堂教学的具体工作计划，是经过个人或集体认真备课后形成的基本教学文件。在我国，教育部门会定期对从事教育事业的人士进行教案的检查和审核，所以教师对这类教学文件一定都不陌生。

1. 教案设计的基本要求

教师应根据教学大纲的精神和要求，在学期前或是课前认真研究，熟悉教学进度规定的教学内容，要做到通盘考虑，掌握教材内容的关键点，细致耐心地设计好每堂课程的教案。设计教案的具体要求有以下几个方面。

（1）教师根据教学进度的安排，制定每次课程的一般内容、重点内容和复习内容，并需要明确提出每次课程想要达到的教学目标，以便在课后或学期后的检查和总结。

（2）教师根据教学进度和课的任务，确定课的类型，并合理设计学生的运动负荷。

（3）教师根据教学原则，使教学内容之间有逻辑性和有机联系，使教学方法和练习形式具有连续性，环环相扣，循序渐进，争取做到这次所学即为下次所学之铺垫。此外，还要考虑前后课次的联系和影响等因素。

（4）教师根据学生数量和课程内容的需要，计算课程所需要配备的场地、器材及辅助教学用具的数量和种类。

2．教案的格式

篮球课程的教案一般为表格式，教师在使用教案时可以根据情况把准备部分、基本部分和结束部分相应扩展。

3．教案结构

篮球课的类型包括理论与实践、新授与复习、教学与训练、技术与战术，类型较多，但无论属于哪一种类型，在课程的结构上都会由准备、基本和结束三个部分组成。

（1）准备部分

准备部分一般用15～25分钟。在这个部分中，教师要向学生明确本次课的教学目标与要求；调动学生的积极性；做好准备活动，使身体各系统机能进入良好的运动状态。准备部分的内容包括：热身操、健步走、慢跑等练习或要求准备部分的内容一般应与基本部分相联系，结合篮球基本功的各种练习，如运球慢跑、传球慢跑、篮球游戏等。

（2）基本部分

基本部分一般用70分钟左右。一堂教学课的主体就是基本部分，课的教学内容必须遵循突出重点、主次分明的原则。在具体操作中应写明教材内容的要点、教学步骤、教授手段与练习方法、练习的次数、频率、时间、运动负荷和教学组织管理等。

在这段时间内，教师按教学进度安排的课程内容教授和复习内容，以发展、提高一般和专项身体素质为基础，带领学生正式学习篮球理论和技术的相关知识，使学生掌握本次课规定的技术与战术，并结合教材内容，培养学生教学活动的组织能力。

（3）结束部分

结束部分一般用5～10分钟。其目的在于结束课程内容前，使学生逐渐恢复到相对平缓的状态下，以便学生进行后面其他课程的学习或放松紧张的身体。内容一般采用整理运动、放松运动、韵律操或罚球等节奏适宜且愉快的练习，达到放松的目的。结束前教师还要对本堂课进行简单的总结，对学生完成课堂学习任务给予适当的评价，表扬在课堂中有突出表现的学生，指出学生学习过程中出现的技术上或理解力上的问题。

教学内容和教法措施一般应按上述三个部分有顺序地设计，精确地计划各部分所需时间、练习形式、运动负荷大小等。教学内容前后连贯、教法措施科学合理是教师教学艺术水平的反映。

第二节　高校篮球教学课的课中管理工作

一、高校篮球课堂教学管理

课堂教学管理要想做到科学化、合理化，在遵循体育教学规律的基础上，还要有合理的管理程序以对课堂教学进行有效的指挥和控制。

（一）课前管理

由于课前管理是课堂教学管理的开始，所以有经验的教师都相对比较重视。其主要内容包括：教师将本次课的内容告知体育委员或技术骨干，并对他们参与课堂管理的形式进行指导，以在教学进行时通过他们的帮助带动其他学生；教师还应将课上所需的器材、教具等的使用数量提前通知器材管理人员；如因天气等不可抗因素导致上课地点有变动，也应事先告诉学生，以免出现混乱，延误上课时间；教师必须提前到达上课场地并准时上课，给课中管理创造一种良好的气氛。

（二）课中管理

篮球教学根据教学形式可以分为理论课与实践课。两种课程具体来说主要包含以下内容。

1. 理论课

理论课和其他学科一样，一般在教室里进行。在篮球教学中，尽管理论课的比例小于实践课，但是系统的理论教学可以使学生在实践中获得一种感性认识，在理论知识过硬的基础上，可以在实践课中迅速得到印证，促进学生技战术水平和实际能力的提高。理论课要根据课的内容，除了传授基本理论知识外，还要对学生进行素质教育，如集体主义教育、艰苦奋斗的精神等，促进学生全面素质的发展。

教师要认真编写讲授提纲和讲稿，安排好每一个讲课步骤，利用讲授、提问、讨论、答疑等形式，使理论课上得生动活泼。

2. 实践课

实践课的结构由准备部分、基本部分和结束部分组成，这三部分是一个紧密联系的整体，各部分都有其各自的意义、内容、目标和教法要求。因此，教师必须根据课的任务和学生的实际情况，选择适宜的练习手段，提出明确的要求。

（1）准备部分。

目的：为顺利地完成基本部分和全课的任务做好准备，使学生从心理、生理两方面尽快进入教学状态。

任务：让学生了解课的具体任务，使学生的神经系统、内脏器官和各肌肉群迅速进入工作状态，集中注意力。

内容：班长或体委整队，向老师报告出席人数。教师记录考勤、检查服装，讲解本节课程内容、任务和要求；要求学生集中注意力，开始进行热身练习包括快走、慢跑、做热身操和活动性热身游戏，也可进行与篮球结合的专门性练习。

组织方法：教师引导和鼓动学生，一般采用集体协作的准备形式。准备部分的练习应照顾到全身各个部位，全面且具有针对性。准备活动的时间可根据学生的身体情况、气候条件等稍加增减，一般情况下以15～20分钟为宜。

（2）基本部分。

目的：使学生良好的形成、改善和巩固篮球技战术能力，发展其身心素质。

任务：基本部分要求教师根据教学进度安排，使学生循序渐进地掌握和改进规定的篮球技术或战术，提高理论水平和增加篮球意识，提高身体素质，培养意志品质。

内容：围绕本课教学内容和任务，按教学进度选择练习方法，提高学生的篮球技战术水平和在实战中运用技战术的能力。

组织方法：集体或分组练习。在这一过程中，一般先以学习新教材为主，复习旧教材为辅。也可以根据教学进度，先安排复习内容，然后再引入新教材。教学比赛或发展身体的练习一般安排在基本部分的最后阶段。组织教法要注意每课之间以及每个练习之间的联系，有条理地循序渐进，由简到繁，逐渐增加完成技术动作或战术行动的数量、速度、难度和对抗条件等。教师要善于观察学生的实际学习情况，用讲解示范与练习结合、改变练习形式或增减练习次数的方法来控制练习的密度和强度，进而达到调整学生运动负荷的目的。基本部分是课的主要部分，活动时间应在75～80分钟。

（3）结束部分。

目的：有组织地结束教学活动。

任务：使学生逐渐地恢复到相对安静状态，进行简单的课堂总结，还可以布置课外练习等内容。

内容：根据最后一个教材的内容，选择一些逐步降低运动负荷的练习，以便学生在本堂课结束后还能有稳定的状态进行下一科目的学习。可进行一些如放松跑、轻松的投篮练习、放松操等内容。然后进行课的小结与评价，布置课外作业，预告下次课的内容等。

组织方法：多采用集体形式。讲评时先整队集合，表扬练习出色的学生，还要指出练习过程中遇到的问题。恰当地评价课堂学习情况，激发学生学习的积极性，也可以重点指出练习中普遍存在的错误及纠正方法，以利于学生课后练习。结束部分的时间应在5分钟左右。

3．观摩讨论课

观摩讨论课往往是进行裁判法教学、篮球教法，技战术分析、篮球规则时采用的一种形式。这种形式可以使学生在较为直观的感受上提高观察、分析的能力，激发学生的创造性思维，提高学生的表达能力。

观摩讨论课前，教师告知学生观摩的内容、重点、要解决的问题，以及纪律等方面的要求。

观摩对象可以是某次篮球课或篮球比赛，有条件的高校可以组织学生欣赏一场职业篮球比赛。但一般情况下可以通过篮球技术、战术的视频资料等进行。观摩中要求学生对教师所讲授的内容做好笔记，及时记下自己的想法、体会和疑问。

观摩结束后，教师要及时组织讨论。由教师开始做引导性的发言，然后学生围绕议题针对观摩的对象和问题进行发言。教师应在讨论结束时做总结性发言，对讨论的问题和学生的讨论情况进行评述，未能得出结论的问题可以留待课后继续探讨。

4. 实习课

实习课的目的是为了提高学生教学、训练、裁判和组织竞赛等能力。一般以参与篮球赛事志愿者或工作人员，记录台工作人员助理为主，如有机会还可以执法校内学院级组织的篮球比赛。

实习课开始之前要确定实习学生，并指导学生做好充分的准备工作，对实习过程要做好记录，实习结束时鼓励学生参与讲评和讨论，把实习感悟和遇到的有意义的情况与大家分享。最后实习生写出总结。

二、高校篮球课堂教学控制

（一）高校篮球课堂教学方法的选用

教学方法是引导、调节教学过程最重要的教学法手段。篮球教学中，较为常见的教学方法主要有：语言法、示范法、演示法、完整法与分解法、游戏法与比赛法，下面主要来分析这些教学方法。

1. 语言法

语言法就是通过语言的描述和讲解向学生传授知识和技术动作的方法，它能够让学生在短时间内获得大量的信息。虽然语言法在某种程度上略显抽象，常常与“灌输式”教学联系在一起。但语言法在教学中仍旧是不可或缺的。语言法是否使用得当，最重要的还是教师在教学中怎样运用。

在篮球教学中，教师讲解时应尽量做到语言简洁、清晰，有逻辑性和感染力。针对技术、战术的关键环节给予重点介绍，并尽量将语言法与其他教学方法结合使用，引导学生进行思考和分析问题。

2. 示范法

示范法就是由教师做出正确的技术动作，学生从教师做出的动作中进行刻意的模仿，首先建立一种动作表象，熟练后开始逐步掌握动作的方法。篮球运动具有多种多样的动作技术，这就要求每一个新技术的教学都需要教师提供一定的动作示范。因此，示范法在篮球教学甚至非常多的运动类教学课程中都得到了广泛应用。

教师的示范动作对于学生来讲就是一种标准和榜样，所以教师的示范动作必须是标准的、规范的，而不能是错误的动作，否则会带给学生以误导和困惑。示范的合理性要求教师处理好示范的时机，根据动作结构和顺序，全面地展示动作的正面、侧面、背面和斜面给学生，并注意示范的位置，保证学生都能够清楚地观察到示范动作。

3. 演示法

演示法是指以呈现静态的图片、模型或动态的视频、动画等方法让学生观察，以此让学生获得感性认识并逐步加深理解和运用。

教师使用演示法前要事先选择好与教学内容密切相关的素材，该素材要做一些截取或增补的编辑处理，保留对教学有用的部分，去除对教学有干扰的信息，以便突出教学重点，保证学生的注意力专注在所要进行的教学内容方面。适时让学生看到一些篮球明星的技术动作，用球星的潇洒和强悍引起学生的好奇心，激发学生去模仿、练习。

4. 完整法与分解法

完整法是指教师将一个示范动作从开始到结束不间断地、完整地进行下来，并让学生练习的方法。分解法是指把一个完整的动作合理地分成几个部分或几段进行练习的方法。

完整法的优点是便于学生从整体上把握、掌握动作，这种方法的优点在于不致破坏动作的结构和割裂动作各部分或动作之间的内在联系，在学生脑中形成了一个完整的动作概念。但这个方法的不足是不易掌握动作中较为困难的要素和环节；运用分解法练习时，应考虑各部分之间的有机联系，不破坏动作的结构，使学生明确各部分在完整动作中的位置及前后衔接，分解的时间不宜过长，否则过多地分解教学后，学生可能会出现分解动作无法顺畅连接成完整动作的情况，这对于以后这项技术的运用产生了很大影响，每每遇到这个动作时，可能都会出现动作脱节或不协调的现象。分解练习应与完整练习相结合，在动作比较简单或分解容易破坏动作的结构时采用完整法，动作比较复杂并且分段不会破坏动作完整性时采用分解法。

5. 游戏法与比赛法

游戏法与比赛法对于运动类课程较为常见。游戏法是指以游戏的方式组织学生进行练习的一种教学方法。比赛法是指采用教学比赛的形式组织学生进行练习的一种教学方法。

游戏法易于调动学生的参与热情，容易感染学生，使课堂气氛变得活跃，使学生在比较轻松的氛围中学习和运用技术动作。比赛法能够让学生在对抗的情况下，巩固和运用技战术，有效地发展学生的体能、适应能力和应变能力。

教学中应根据篮球教学的目的任务、教学内容的特点和学生实际掌握的情况选择适当的教学方法。没有一种教学方法是放之四海而皆准的，这就对每个教师的要求很高，要随时根据教学过程的变化选择恰当的、具有创造性的教学方法，表现自己的教学艺术和形成自己的教学风格。

（二）练习密度与负荷的控制

在篮球课程中，练习密度就是指在篮球课堂教学中实际的练习时间与课程时间的比例。教师要善于根据每次篮球课的内容和学生的实际特点，适当地增加练习密度，以保证学生有充足的练习时间掌握技术动作。练习密度的原则首先就是要适度，而并不是密度越大越好。练习密度过小，会出现学生在课堂上看得多，打得少的情况，造成练习的激烈程度不足，“冷场”过多，同样会导致练习效果较差；练习密度如果过大，学生在练习过程中休息时间较少，会使体能过度消耗，致使技术动作不能够合理、标准地运用，最终导致学生不能获得较高水平的测试成绩。

要想对练习密度做出合理的安排与调节，可以采用以下三种较为有效的措施。

（1）练习方法的使用要合理。好的练习方法能够让学生在练习中紧凑、有序，较少产生停顿、保持整个练习的流畅性。

（2）改进、创新教学方法。提高讲解与示范的质量，根据教学内容，运用不同的教学方法，达到精讲多练的目的，并合理安排重复练习的次数和休息间歇时间。

（3）提高篮球课的组织水平。减少不必要的组织措施，统筹规划好场地和器材的使用，并根据学生人数进行合理分组。

运动负荷是指学生在参与篮球课中的练习时，身体所承受的生理负担。学生的身体形态、技能的掌握以及技战术能力提高等必须在适宜的负荷量和强度的刺激下才能实现。教师在进行课程负荷安排时要考虑到学生身体生理机能变化的规律。负荷量应本着强度由小到大的规律逐渐增加，大小级别的负荷科学合理的变化。在课程即将结束前，应逐步降低运动负荷，使学生身体在课后尽量恢复到相对平静状态。

教师对于运动负荷的安排起着决定性作用，他不仅要合理安排运动负荷，还要在进行教学时随时注意观察学生接受练习中的实际负荷程度，并根据实际出现的情况进行适度调节。调节运动负荷一般可以采取以下方法：改变练习方法；改变练习的结构和顺序；降低或增加练习密度或难度；适度增加或减少演示和讲解；改变练习中的对抗程度。

（三）练习的反馈和技术的强化

反馈是输出信息的一部分，而这部分的输出信息，又返回到输入信息中去，通过伺服机构调整，使再次输入的信息更为精确。许多研究者认为，反馈是仅次于练习的影响运动技能学习的最重要因素之一。

强化是指一件事物提高了某一刺激所引起的反应出现的概率，使之在同样条件下再度发生。心理学家赫尔曾经提出过一种观点，即强化是导致学习的基本条件。

著名的学者斯金纳认为反馈和强化是学习过程中的两个基本条件。动作过程中极其广泛地存在着反馈，而反馈在学习运动技能时还有强化作用。由此可见，在篮球运动的学习过程中，反馈与强化是交织在一起共同起作用的。

1. 反馈的控制

反馈有两种形式，分别为内在反馈和增补反馈。内在反馈是练习者依靠自己即可获得的反馈，如练习投篮时，练习者可以通过看到球是否投中而逐渐调整投篮的方向、弧线、力量大小等。增补反馈是由其他人提供给练习者的反馈信息，如持球投篮时，教师可以给学生用语言提示："投篮辅助手要稳"等。在学生练习时就能给予正确的信息，这对激发学生的学习动机有很大帮助。另外，在提示错误信息的时候，最好确定动作错误的程度范围，然后进行提示。例如，学生在投篮时起跳不完全，一般只有在多次出现这种问题时，再给予纠正。因为运动技能的学习过程就是从不标准到标准的过程，具有比较明显的阶段性，随着练习的增多，动作会逐渐稳定并趋于完善。

教师给予的反馈无论是什么样的，对于学生来说毕竟是被动地接受信息。而实践中，应该是由学生决定何时反馈。例如学生在练习的过程中遇到问题，自己想要得到反馈时，这个时段教师再给提供相应的反馈，能够最大限度地发挥学习的积极性和主动性，无疑会使教学得到理想的效果。教师也要控制反馈的时间和频率，往往在学生没有需求的时候教师立即给予反馈，或者练习中不停地提示，这都会给学生造成依赖心理，使得他们主动求知、探索的欲望不强，尽管这样学习的效率可能比较高，但从长远来看，效果不一定理想。比较好的方式是让学生先进行自我体会、自我总结，培养学生发现自己的错误，提升改正自己错误的能力，让学生学会学习。

2. 强化的控制

尽管上面说到的反馈具有一定的强化效果，但要想使篮球技能获得很快的提高，最重要的还是要通过安排练习来进行强化。简单来说，在学习完一项技术后，安排重复的练习就是一种对这项技术的强化。从时间分配上来讲，这种强化练习的方法可以分为集中练习和分散练习。集中与分散这两种练习哪一种效果更好，这在运动技能学习领域还没有定论。

在篮球教学中可以尝试将集中练习和分散练习相结合的方式，根据不同学习阶段适当选择，如新技能的学习开始阶段，采用集中练习，随着技能的逐渐提高，采用分散练习的方式。因为集中练习是在一段时间内反复重复某一动作，这样的练习可以使学生快速地熟悉和掌握基本动作的要点，但集中练习过多又会使练习者产生厌烦心理，降低学生练习的认真度。而分散练习不但能避免学生产生疲劳，而且与集中一次练习相比，跨越数次的练习为记忆巩固过程提供了一个更适宜的机会，因为记忆的巩固其实就是长时记忆存储的过程。

第三节　高校篮球教学课的课后评价工作

一、高校篮球教学的课后管理

从理论上讲，在进行完篮球课程后，师生之间的教学活动并未完全停止。教师还需要采用多种形式，搞好课后管理，用来作为课堂教学的补充以及让学生巩固好课上所学的各种内容。课后管理的组织形式主要有以下两种。

（一）课外作业

教师要根据教学的进程，并结合教学内容布置一定量的课外作业。这种方式的作用在于复习巩固理论知识和技能，以及加深运用。

课外作业的意义在于：首先，教师在课堂上讲授的理论知识、基本技战术和技能等知识，只有充分发挥学生的主观能动性、独立思考完成作业，才能使学生更好地理解和接受。教师要根据教学的需要，有计划、有目的、有重点并及时地向学生布置，并且对上交的作业要认真审阅，写出评语，指出优、缺点，还可作为平时考核的成绩，或及时返回给学生，使学生获得反馈信息，以利其继续努力学习。在这个过程中，教师还能找到学生对于知识理解上存在的困难和问题，以便及时加以指导或改进自己的教学。其次，学生在独立完成课外作业时，必须通过自己的思维活动去分析问题，解决问题，特别是遇到篮球学术上有争议的观点，学生必须通过查找资料去分析判断，经过这一过程，学生将会学到课堂上学不到的东西。通过课外作业，能有效地培养和提高学生查找篮球资料的能力，充分发挥学生的想象力和创造性。再次，通过课外作业，还能培养他们对技战术分析的书写能力、文字表达能力和绘制技战术图谱的能力等，这些都是学生必须具备的基本能力。

（二）自主练习

自主练习是指教师辅导那些在课堂教学中未能掌握所学的技术动作的学生，并使他们在课后进行自己练习以获得更多感悟和巩固技术的一种教学辅助形式。

课后自主练习的形式有多种，一是学生根据课堂学习存在的问题，针对技术动作，自己进行练习；二是教师指导学生练习。教师也可对成绩优异的学生给予特殊指导，为其专门制订自主练习计划，使其在篮球技术等方面拥有更大的提高和发展空间，为其日后在篮球运动上收获更大的进步和提升奠定良好的基础。

自主练习的意义在于：通过学生自主练习，有利于教师区别对待、因材施教。给成绩优异的学生以更高的发展空间，给成绩略低的学生多加补课，提高课堂教学的整体效果。自主练习还能调动学生学习的积极性，使他们养成对篮球运动的兴趣，兴趣是最好的导师，当兴趣建立后，学生会自然而然地关注篮球运动，关注和模仿球星的技术动作，从而慢慢获得自身的进步。自主练习能促进教师和学生的互相帮助，融洽师生感情，形成良好的教学环境。另外，学生自主练习能有效地培养学生的自学能力、独立思考问题和解决问题的能力。让学生在自主练习中进一步理解、运用和巩固课堂上所学的知识、技术和技能，能为过渡到下一次课的学习做好准备。

二、高校篮球教学课后的评价方法

对于高校篮球教学课后教师对学生的评价有客观的，也有主观的。客观评价就是制定一个可以量化的评分表，然后根据被测试学生的表现成绩与评分表相对照得到相应的分数；主观评价就是教师以评分者的身份根据自己以往对学生运动技能表现情况的主观经验给出一定的分数，作为学生的成绩。需要注意的是，为了增加主观评分的合理性，在进行时应尽量有多名教师参加。

教师对于学生在篮球教学过程中表现的评价方法有很多，比较常见的评价方法有以下三种。

（一）观察法

观察法是指教师在教学过程中，在学生无意识的情况下通过视觉观察和感受对学生的表现进行各种了解和判断。下面要提到的调查法和测试法虽然能够使学生的学习情况信息量化、规范化，但是相比于观察法，另外两种方法对于一些复杂的心理表现是难以测量和考评的。观察法在教学过程中随时可以使用，且可以涵盖在整个学期内，被观察的学生的表现将会是最为客观的常态表现，观察时教师也不会像测试和调查时那样让学生产生心理压力，因此获得的信息是最自然、最真实的。教师应该利用各种机会进行观察，以获得调查法和测试法难以获得的信息，并与二者加以比较和综合，对学生的学习行为做出准确的评定。

（二）调查法

调查法是通过预先设计的问题请有关人员进行口述和笔答，以期了解学生的学习兴趣、积极性和学习意向等信息的方法。通过调查法还可以了解学生对教学的想法、意见或建议，也可以获得学生对学习效果的满意度，以此判断教学的实效性，也为改进教学质量提供可靠的依据。

调查的主要形式有问卷和访谈两种。为了保证调查的有效性，必须事先对问卷或将要访谈的问题进行有针对性的设计，设计的问题与调查的目的应该是一致的。还要注意调查要在宽松的氛围下进行，让学生敢于讲真话，保证调查的可信性，避免走过场的行为。

（三）测试法

在篮球教学评价方法中，测试法包括篮球理论知识测试和篮球运动技能测试。理论知识测试可以了解学生的认知能力，对于这种认知能力的考核，需要在选择试题时既要设置客观题也要设置主观题。通过学生主观题的回答可以检验学生对课程所讲授内容的掌握程度和理解程度。运动技能的测试就是对学生在球场上的运动技能的表现和运用的考核，由于运动技能的复杂性，必须采用主、客观评价相结合的方式才能全面反映学生运动技能的表现结果。

第七章　高校篮球课程教学环境的优化研究

教学环境是影响高校篮球课程教学质量的重要因素，良好的篮球教学环境可以促进篮球教学目标的实现。本章将重点对高校篮球课程教学环境的优化进行研究，主要包括体育教学环境概述、高校篮球课程教学环境对学生学习的影响、高校篮球课程教学环境的优化建设研究。

第一节　体育教学环境概述

一、体育教学环境的概念

（一）教学环境的概念

教学环境指的是在教学活动中，对教师的“教”和学生的“学”产生一定影响的内部条件和外部条件的总和。

1. 广义的教学环境

广义的教学环境是指对教学产生影响的所有社会环境，具体来说，包括社会制度、科学技术、家庭与社区条件等。

2. 狭义的教学环境

狭义的教学环境主要指教学活动所需要的物质、制度与心理环境，具体包括校园、校舍、教学设施、规章制度、校风、班风、课堂教学气氛及师生人际关系等。通常狭义的教学环境主要指学校的教学环境。

（二）体育教学环境

体育教学环境就是在体育教学过程中对教师的“教”和学生的“学”产生影响的条件的总和，包括制度、集体、氛围、物质等方面的条件。

体育教学环境是以满足学生的身心发展需要为主要依据而组织起来的育人环境，它是一切体育教学活动所必需的各种条件的总和。

二、体育教学环境的构成

根据体育教学环境的形态，可以将体育教学环境划分为三种类型，分别是体育教学物质环境、体育教学制度环境和体育教学集体环境。

（一）体育教学物质环境

体育教学物质环境是体育教学环境的显性因素，是由体育教学场地、设施、器材等有形物体及其物理性质（形状、颜色、工艺精度、完好度、清洁度、排列方式等）构成的教学氛围。

1. 体育场地

体育教学环境的第一构成因素是体育场地的地表材料、颜色以及清洁度。体育场地质量优、色彩鲜艳、整洁，能够对学生的运动兴趣产生很好的激发作用，还能够给学生带来安全感，甚至能够使学生的运动强度自然得到提高。场地上的场地线清晰、规范，还有利于学生对运动规则的遵守。

2. 体育设施

体育教学环境中，体育设施的质量、数量、颜色以及清洁度等都是重要的构成因素。体育设施适当的数量、合理美观的排列、鲜艳的色彩和高度的整洁对学生的运动具有强烈的感召力，有助于形成浓厚的运动氛围。在体育设施周围设置提醒标志及运动方法还可以帮助学生安全参加体育锻炼。

3. 体育教具

体育教师在体育教学过程中使用的黑板、模型、挂图、多媒体设备等教学工具就是体育教具。体育教具的质量、科技含量是体育教学环境的重要因素。体育教具加工精美且富有知识性，能够使体育教学的文化氛围变得浓厚，使体育教学更具学术性色彩，能够将学生的问题意识和好奇心激发出来，促进学生进行探究性和创新性学习。

4. 体育教学周边环境

运动场地周边的景物色调及其与体育场地的协调感也是体育教学环境的重要构成因素。校舍、草坪、树木、体育围网、栏杆及其他景色对体育教学具有重要的意义，场地周边物体漂亮和谐，能够给学生带来舒适感和安全感，能够将学生的学习积极性调动起来，使学生的疲劳感尽快消除。

5. 运动服装

体育教师和学生的运动服装也是体育教学环境的重要构成因素。运动服装质量好、色彩鲜艳、合身、整齐划一，能够使学生更好地融入集体，增强学生的自信，运动服装符合运动特点还可促进运动强度和运动安全性的增加，体育教师的穿着得体对学生具有潜移默化的教育作用。

（二）体育教学制度环境

体育教学制度环境属于半显性体育教学环境，因为有时制度有明确的文字表述，有时是师生口头上的约定。体育教学制度环境主要包括体育教学常规、组织纪律、运动规则、行为规范等。

1. 体育教学常规

体育教学常规是体育教学制度环境的重要构成因素，指的是维持一般教学秩序的制度。体育教学常规严肃、有意义，仪式性强，能够提高学生的学习积极性，深刻影响与感染学生，并能使学生对老师更加尊重，此外还能够保证运动环境的安全性。

2. 组织纪律

组织纪律也是体育教学制度环境的重要构成因素，指的是维护集体活动高效进行，维系人际关系正常的纪律和集体约束。组织纪律合理而适度，有利于提高集体活动的组织效率，形成良好的集体风气，能约束与批评不良的行为。因此，组织纪律对促进教学质量的提高及强化教育意义具有重要的作用。

3. 运动规则

运动规则是体育教学制度环境中显著的特征性因素，是体育教学中特有的制度。运动规则合理能够体现体育比赛的公平性，也能够突出比赛结果的不确定性，使体育学习和竞赛充满乐趣。制定特殊的规则需要对学生的个体差异进行考虑，使每个学生都能在先天身体条件的基础上参与竞争与合作，合理的运动规则还可以促进教学质量的提高。

4. 行为规范

行为规范是体育教学制度环境中不可缺少的因素，是教师和学生的行为准则。个人行为文明、友善，具有集体性，有利于形成良好的集体风气，严格的行为规范能有效约束和批评个别的不良行为，能形成良好的教学氛围，促进教学质量的提高。

（三）体育教学集体环境

体育教学的集体环境是隐性体育教学环境，是体育学习集体构成因素的优劣所形成的平等与不平等、友善与不友善、宽容与不宽容、和谐与不和谐、团结与不团结、合作与不合作等无形的却对学生体育学习产生显著影响的教学氛围。

1. 师生关系

师生关系是体育教学集体环境的第一构成因素。师生关系如果是建立在“教书育人、平等温暖、尊师爱生”等基础上的，就会激发学生的学习动机，提高学生的学习积极性。教师知识丰富，具有人格魅力，就会提高学生的学习兴趣和学习主动性，这对学生的学习来说是非常重要的动力因素。良好的师生关系能够使学生更积极地参与探究性学习和创新性学习，还可以给学生带来安全感。

2. 学生的集体意识

学生的集体意识是体育教学集体环境的另一构成因素。集体荣辱感能够使学生产生归属感，使学生更自信，能够为学生参加体育学习和体育比赛带来强大的动力，集体意识中蕴含着非常重要的教育因素。

3. 学生的共同目标

学生有无集体共同目标、目标的大小等也是体育教学集体环境的重要构成因素。学生的个人目标与集体目标的重合能够激发学生的学习动力、使学生更有归属感和信心，有利于形成合作与互助的良好的学习氛围。

4. 集体活动

学生集体活动在体育教学集体环境中是必不可少的因素。集体活动数量适宜，形式多样，对学生的发展具有积极的影响，如促进学生为集体考虑，提高学生的合作意识，使学生形成集体归属感。

5. 集体的领导核心

学生集体的领导核心是体育教学集体环境的另一构成因素。班集体和小组集体的领导核心是否明确、是否有威信，对小组的凝聚力和学习氛围有直接影响。集体领导核心有威信，能够使学生的信任感和安全感得到增强，使学生感受到集体的温暖，并能促进学生体育学习效率的提高，使学生在体育比赛中发挥自己的能力，与同伴相互协作。

6. 职责分工

学生集体内职责分工是否明确，也是体育教学集体环境的一个重要组成因素。协调公平的责任分担和各尽其职的集体工作有利于集体的和谐气氛的形成，使学生成员更有安全感，也有利于提高集体活动的效率。

三、体育教学环境的特点

（一）潜在性

体育学习以体育教学环境为依托，体育教学环境是主体知觉的背景，刺激性较弱，这就决定了其具有潜在性的特征，正因如此，学生才能受到体育教学环境潜移默化的教育与熏陶。体育教学环境的潜在性促进了学生更好地参与体育学习。

（二）计划性和目的性

在设计体育教学环境时，要有目的地、有计划地进行，随意和盲目设计会影响课堂教学的质量与效果。在体育教学过程中，教师一般要从体育教学目标、学生身心特点及体育教学基本规律等方面出发来考虑如何设计与运用体育教学环境。

（三）教育性和规范性

1. 教育性

体育教学环境是体育教学活动顺利开展的物质基础和重要舞台，相对于体育教学环境的其他功能，人们更关注其教育功能，这就是其教育性特征的体现。

2. 规范性

学校的体育教学环境是育人的专门场所，是根据全面促进人的身心发展这一需要和国家的教育方针、学校的培养目标而设计、建设和组织起来的。体育教学环境肩负着育人的重任，因此，环境建设的各个方面都必须符合育人的规范和要求。

（四）科学性和可调控性

1. 科学性

体育教学环境是建立在一定目标和需要的基础上设计的，在设计过程中，要对其构成因素进行一系列的处理，如论证、选择、加工、提炼，这就保证了体育教学环境的科学性。

2. 可调控性

在体育教学实践中，为了更好地发挥其对学生身心发展的积极的促进作用，要随时根据教学活动的需要以及教学环境的变化，对体育教学环境进行必要的调节控制。因此，体育教学环境具有可调控性。

（五）复合性

体育教学目标有不同的层次，不同教学目标对应的基本教学内容也丰富多样，因此体育教学具有复杂性，这同时也决定了体育教学环境的复合性。

1. 体育教学物理环境的复合性

体育教学既需要教室、图书馆、桌椅等一般的教学设施，同时也需要体育馆、操场、篮球场等运动场地和器材。可见，体育教学的物质环境要素具有复合性。

2. 体育教学心理环境的复合性

体育教学尤其是体育实践课教学通常在体育场所组织实施，这种空间由小到大的变化在一定程度上增加了师生之间、学生之间的人际关系的复杂性。大量的实践表明，在学校体育教学中，一个和谐、平等的师生关系有助于形成良好的体育教学心理环境。所以人际关系的复杂性反映出体育教学的心理环境要素具有复合性。

四、体育教学环境的功能

良好的体育教学环境对体育教学具有重要的作用，主要表现在以下几个方面。

（一）促进身心健康的功能

体育教学环境促进身心的健康功能主要从下面两点反映出来。

（1）体育教学环境的生理健康功能。

（2）体育教学环境的心理健康功能。

体育教学环境是教书育人的主要环境，是师生“教”与“学”及相互交流互动的场所，环境的好坏直接影响体育教师与学生的身心健康与和谐发展。

实践证明，良好的体育教学环境能够引起学生身心的积极变化，促进学生身心的健康发展。因此，一定要设计良好的体育教学环境，并不断优化环境。

（二）引导功能

体育教学环境的引导功能主要体现在通过自身各种环境因素集中一致的作用，积极引导学生对科学价值观和行为准则的接受与消化，使学生的发展方向与社会需要保持一致。

体育教学环境不仅将社会主流文化的精神和价值取向充分体现出来，同时还将国家和社会对学生成长发展的期望清楚地反映出来。良好的体育教学环境不仅能够引导学生思想、行为的积极发展，而且还有利于抵制学生的不良行为习惯。

（三）激励功能

良好的体育教学环境有利于激发师生工作热情和工作动机、提高师生工作的积极性，这对于学校教育、教学工作的顺利开展，教学工作质量的提高都具有非常重要的意义。

体育教学环境中的各种因素，如整洁的场地、充满活力的运动场、宽敞明亮的教室、功能齐全的器材以及良好的学习氛围等，都会在一定程度上激励师生的教学积极性。

（四）陶冶功能

体育教学环境的陶冶功能体现在良好的体育教学环境对陶冶学生情操、净化学生心灵、帮助学生形成高尚的道德品质和良好的行为习惯具有积极的促进作用。

学生个体的思想信念、道德情操和行为习惯总是在一定的社会环境中形成的，因此，社会环境的好坏对学生的各个方面都有一定的影响。实践证明，整洁文明的校园，和谐、文明、积极向上的体育教学环境可陶冶学生的情操，为培养学生良好的思想品德创造很好的条件。因此，一定要设计优良的体育教学环境，营造良好的课堂教学氛围，为学生形成新的思想信念、高尚的道德情操和良好的行为习惯创造条件。

第二节　高校篮球课程教学环境对学生学习的影响

一、高校篮球课程教学环境对学生学习动机的影响

动机是人进行某种活动前的基本条件，在篮球教学中，学生的学习活动同样如此。学习动机是推动学生参加篮球课程学习与篮球技能练习的动力，它主要表现为多种形式，如学习的需要、意向、愿望或兴趣等。

在篮球教学活动中，学习动机的功能主要体现在指引方向、集中注意和增加活力等，发挥这些功能有助于促进学生学习与掌握篮球运动技能。学生只有对篮球运动技能感兴趣或者说是对篮球技能有了学习动机时，才有兴趣和动力去学习，并积极自觉地配合教师的“教”，从而提高篮球教学效果。

引发人的动机的因素是多种多样的。学生的学习动机可以通过学习情境来激发和发展。篮球教学课堂气氛、篮球师生关系、班级凝聚力等都会对学生的学习动机产生不同的影响。良好的课程教学环境可以激发学生学习篮球运动技能的动机，让学生更加积极主动地投入篮球课程学习当中。

二、高校篮球课程教学环境对学生智力的影响

（一）教学环境的颜色

适度的颜色使学生平静，对大脑疲劳的消除和用脑效率的提高非常有利。深红色、深黄色等深颜色容易给学生造成强烈的刺激，使学生大脑兴奋，随后转为大脑抑制。

（二）教学环境的温度

教学环境如果能保持适宜的温度，可以提高学生大脑处理信息和解决问题的能力。20～25℃的温度比较适宜，超过这个范围，学生的学习能力会受到一定的影响。

（三）教学环境的光线

教学环境的光线太弱不能引起学生大脑兴奋，光线过强会刺激学生的脑细胞，使学生头晕烦躁，对其思维判断能力造成不好的影响。因此，应该保障篮球课程教学环境的光线明亮程度是适宜的。

三、高校篮球课程教学环境对学生学习行为的影响

在篮球课程教学中，学生的行为同样受篮球课堂教学气氛、师生关系和集体规范等心理环境因素影响。

良好的课堂教学气氛和师生关系可以使学生更加主动地参与到篮球课程的学习当中去，可以让学生更加积极主动地进行篮球运动技能的练习，保持一种轻松愉快的心态参与到教师的教学指导中来。健康的集体规范可以约束学生的课堂行为，使他们在教学的过程中认真听讲，自觉遵守课堂纪律。在篮球教学的过程中，教师要注意引导和培养学生健康的集体规范意识，有效地控制学生的课堂行为，提高篮球教学效率。

综上所述，通过创设良好的篮球课程教学环境，可以很好地促进学生进行篮球运动课程的学习，提高学生的学习效果。

第三节　高校篮球课程教学环境的优化建设研究

一、高校篮球课程教学环境优化建设的原则

（一）教育性原则

学校是特殊的环境，学校是一个简化、净化、精神化、平衡化、以人为中心的环境，这就是其特殊的地方。苏联著名教育家苏霍姆林斯基说：“孩子在他周围——在走廊的墙壁上、在教室里、在活动室里——经常看到的一切，对他内心精神的形成具有重大的意义。”正因为如此，建设篮球课程的教学环境时，要对学生的身心全面发展的教育意义进

行充分的挖掘，激发学生的篮球学习动机和兴趣，营造出良好的篮球教学环境，使学生接受深刻的篮球文化熏陶。

（二）人文性原则

学校建设篮球课程教学环境时，应该坚持以学生为本，注意人文性原则，具体表现在以下两个方面。

（1）设计篮球教学物理环境要体现出人文关怀，如保证体育教学活动环境卫生、安全，篮球场馆的颜色、光线与学生用眼卫生和视觉的要求相符，篮球器材设施与学生的生理特征相符等。

（2）建设篮球教学环境，应该营造出民主、平等、和谐、充满人性的氛围。以充满朝气和灵性的学生为教学对象，篮球教师面对这一群体，既是师长的角色，又是朋友和长辈的角色，应倾注满腔的热情，用爱来教育学生。

二、高校篮球课程教学环境优化建设的策略

（一）构建和谐的人际关系

篮球课程教学中，师生与生生之间平等、和谐的关系有利于良好的篮球教学心理环境的形成。良好的人际关系是在平等互爱的基础上建立的。篮球课程教学中，师生人格的平等对学生掌握篮球知识、篮球运动技能具有重要的作用。在篮球课程教学中，和谐的人际关系主要由体育教师的行为决定。对此，体育教师应该做到以下几点。

1．热爱学生

教师热爱学生是良好师生关系形成的基础。教师要热爱、尊重且真正关心学生，用爱心包容学生，既要做他们学习上的良师，又要当他们生活中的朋友。

2．尊重学生

教师在开展教学工作中，要把尊重学生的人格和权益、相信每个学生都有成才的潜力作为基本信条。教师要注意保护学生的自尊心，耐心教育学生，把握言语分寸，避免对学生的伤害。教师要待学生一视同仁，不可偏心，教学中要多鼓励、表扬学生，激发其学习动机与积极性。

（二）营造良好的篮球教学氛围

在进行篮球课程教学过程中，应该积极营造良好的教学氛围，可以从以下几个方面进行。

（1）对学生主动学习的态度和习惯进行培养，发挥学生的主观能动性。

（2）教师要善于积极转变角色，改变居高临下式的教师角色，不要一味“我讲你听，我说你做”，而要鼓励学生大胆质疑、求异、创新，积极创设民主平等的教学氛围。篮球教师还要引导和鼓励学生之间的合作与交往，并且注意采取适当的教学组织形式为学生之

间的交往创造机会和氛围。

（3）在篮球课程教学中，教师要注重人际情感交流，使师生、生生之间产生情感共鸣。教师要关爱学生、帮助学生，以激发学生的学习热情和兴趣，从而形成良好的情感气氛。

（4）在篮球课程教学中，教师要充分利用各种教学方法和手段来调节篮球课程的教学气氛，同时也要注意对教学过程中的各种消极偶发事件进行及时、合理的处理，防止消极因素干扰正常教学气氛。

（三）塑造校园篮球文化

在高校篮球课程教学中，通过塑造良好的校园篮球文化，可以促进学生更加积极主动地参与到教学过程中来，使学生受到篮球氛围的熏陶，更加发自内心地喜欢上篮球运动，可以通过举办篮球运动竞赛，开设篮球运动文化节，开展篮球知识讲座，通过校园广播和微信公众号等形式让学生认识到篮球运动的价值，并亲身参与到篮球运动中，将篮球当作生活中的一部分，促进校园篮球运动文化的不断发展，教师在进行篮球教学时学生可以更加积极主动地参与到教学过程中，获得更好的篮球教学效果。

（四）创设良好的篮球物质环境

篮球物质环境的好坏，对篮球教学活动的开展和教学效果有着重要的影响。随着我国高校扩招，我国大部分高校的体育设施已不能满足学生的锻炼需求，对于篮球教学而言，也需要拥有良好的篮球物质环境。学校应该加大篮球场馆和室外篮球场地的建设，保障篮球教学的顺利进行。现阶段，我国的大部分篮球课程主要是在室外进行的，因此，应该多建立一些室外塑胶篮球场地，尽可能地满足篮球教学需要和学生篮球运动需求。

第八章　高校篮球课程教学要素的优化策略

发展至今，篮球运动受到不同性别、不同年龄段人群的欢迎，高校大学生也成为参与篮球运动的一大群体，高校篮球运动呈现出了较好的发展趋势。但是，要想持续推动高校篮球运动的发展，必须采取切实可行的策略有效优化高校篮球课程的各项教学要素，提高高校篮球课程教学的效率，促使篮球运动对高校大学生产生更显著的积极作用。

第一节　高校篮球课程教学内容的优化

一、优化高校篮球课程教学内容的原则

（一）科学性原则

科学性是指篮球课程教学不仅要与现代科学技术相融合，把多媒体技术、网络技术引入专项教学内容中；也要合理地对教学内容进行剪裁、加工、组合，实现教学内容资源的优化。

（二）发展性原则

篮球理论建设已初具系统化、综合化和微观化；对篮球运动本质和规律的认识不断深入；篮球技战术不断创新和发展；篮球运动产业化、职业化和大众篮球运动蓬勃发展等。要想更好地适应篮球运动的持续发展，篮球课程教学的教学内容应当在继承的基础上积极吸纳和整合现代篮球运动的新理论、新知识以及新技能。

篮球课程教学内容拓宽是社会发展和变化的结果，具体来说，篮球主修课教学内容拓宽的一方面表现为其外延的扩张，呈现出跨学科的状态。跨学科组织教学内容在篮球和其他学科间架起沟通的桥梁，它既强调了各学科之间的共性又不排除各学科之间的特性。这样的学习内容既符合现代科学发展的需要又符合学习者的主观需要；它打破学科之间独立分割的状况，消除了单一学科的局限；篮球与心理、社会和教育等学科的交融，突出了篮球主修课教学中的关键性内容，消除了某些无用的重复。从某种程度来说，跨学科使得教学内容更加灵活，对引进新知识和有效应用各个方面的知识有显著的积极作用。篮球主修课教学内容拓宽的另一方面是其内涵的加深。未来的篮球教学具有现实性和开放性，它不仅要与国际接轨，强调国与国间的交往与合作，吸取各国教学的新经验，实行双语教学；它也要立足于社会的需求和个人发展。篮球教学必须适应篮球运动社会化、产业化发展的

趋向，根据人才培养的目标完善和调整课程内容。除此之外，它必须对课程内容加以规划、设计，充分发挥隐性课程的作用，使课程的各个方面为达成预期的教育目标服务。

（三）可实践性原则

教学内容是篮球课程教学过程的三大要素之一，不仅要把学生实际接受的可能性纳入考虑范围，也要把教师自身的条件纳入考虑范围。倘若不兼顾教师和学生实际的教学情况，则会出现资源浪费的结果，同时会对教学效果产生直接性影响。教师不仅要依据教学内容教学，更要依据本院校主修课标准的要求，根据现实的教学实践状况，面对教学内容之外的生活，面对学生的创造性实践和实际需要，创造性地使用教学内容。

（四）知识条理性原则

篮球运动知识的形成过程是有序的历史过程，所以其中的条理性原则表现为以时间顺序为依据来组织相关的教学内容。需要说明的是，篮球运动知识的条理性不仅要求时间层面看得清晰，同时要从知识的逻辑关系和系统化等多个层面加深理解，只有这样，才能深入理解知识条理性原则的含义。

（五）知识关联性原则

（1）从篮球教学内容自身的逻辑关联上看，纵向有历史联系，横向则有各术科之间的知识联系，只有注意到这些内在的关联性，才能使教学内容的优化创新过程更加系统化。

（2）学生的学习知识关联。在组织篮球教学内容时，教师应要求学生把已有的知识关联起来，进而提出新的学习课题与问题。这样可以诱发学生进行新的探求和思考，扩充新的知识，丰富经验，使学生能够掌握新知识和技能。

（六）知识实用性原则

篮球教学内容的优化创新要遵循实用性，而不能只是纸上谈兵。优化后的教学内容必须在实践训练和教学中真正发挥作用，也就是说，篮球教学内容的优化创新要对学生和教师都有实用的价值。

举例来说，教材的编写仅仅是编者主观的产物，但编者一定要妥善处理知识的条理性问题、基础性问题以及关联性问题等，从而保证主观条件和客观条件相符合，只有这样，才能获得预期效果。教材的实用性具体反映为篮球教学内容的范围、顺序以及要求能否对师生产生积极作用。

二、优化高校篮球课程教学内容的策略

要想从根本上解决高校篮球教学内容中出现的问题，就一定要有效优化传统教学内容，优化策略如下。

（一）优化教学创新观念，培养创新人才

当前，篮球教学内容的组织必须及时更新观念，树立创新的理念，同时以社会变化和

学生实际需求为基础，从而更好地对篮球教学内容进行优化创新，使学生在教学课中能够接触到最新的理念和知识。除此之外，在篮球教学过程中，篮球教师必须确立学生的主体地位，使学生渐渐产生批判、质疑、创新的精神。因此，作为篮球教师要有教学创新的意识和观念，要尊重学生在学习中的“脑洞大开”，保护学生的好奇心，要针对具体的情境因势利导，使学生在这一过程中获得创新的观念、意识、思维、精神和能力。

（二）大力优化篮球课程教学的教材内容

教材内容是篮球教学内容的最主要的来源，教材内容往往具有较强的科学性和权威性。但是随着社会不断发展进步，知识量的增长是爆炸式的，但进入教材内容的知识却不是无限的。因为篮球教材的编写环节、出版环节以及投入环节需要经历很长的周期，所以篮球教材内容难免会出现滞后于社会发展和科技发展的情况，基于此，就必须及时优化和创新篮球教材内容。

篮球教材内容的创新主要包含篮球教材编写层面的创新与教师教学层面的创新。从教材编写的层面来说，编写者将课程标准的基本思想充分领会、掌握，并将之反映在教材之中，所以说教材编写者也必须充分发挥自身的创新能力，从而为满足不同个性、不同标准的学生而编写出具有不同风格和特色的教材。从篮球教师的教学层面来说，篮球教材内容的优化创新主要是指篮球教师通过合理的教学方法使教材内容成为篮球教学内容的过程，具体方式如下。

首先，教师应重组和整合篮球教材内容，使其符合教学实际。传统的篮球教材内容往往是专家、学者按照特定的要求编写的，因此往往严密性和逻辑性很强。这种编写方式虽有利于教学，但容易脱离教育教学实际，不利于学生的理解和掌握。教材的课程内容需经过篮球教师的讲解，才真正成为教学内容展现给学生，因此在教学过程中，教师可根据教学目标和实际情况对教材内容加以取舍，删减掉其中落后、冗余的内容，将随着时代发展而来的新生事物补充进来。

其次，设置一定的情境，使篮球教学内容背景化。对教材中一些难以理解的抽象知识，教师可通过设置教学情境，或更多地让学生了解该知识点相关的背景知识，从而降低理解的难度，使学生更易掌握。

最后，将篮球教学内容过程化。篮球教师在教学过程中要将篮球教学内容过程化，也就是说，要注重介绍知识的产生、发展和应用等内容，注重引导学生通过观察、调查、研究等方式得到问题的结果，同时课程中还要注重情感、态度、价值观的渗透，使学生除了技战术及理论的学习过程之外，也能全方位地发展。

（三）改善对篮球课程资源的开发效果和利用效果

课程资源在进入课堂后，才能在教学层面产生应有的作用，才能将其价值与意义充分地彰显出来，开发和利用篮球课程资源的方法如下。

1. 调动一线篮球教师的主观能动性，改善开发和利用的效果

目前，课程资源缺乏是篮球课程资源开发中遇到的最大问题，也是篮球教师面临的困难。造成篮球课程资源缺乏有很多原因，其中一个最重要的原因就是教师课程意识的缺乏，同时也没有意识到他们自身也是很重要的课程资源。一般人认为，课程资源的开发和利用应该由专家、学者负责，而篮球教师则与此无关。而课程改革对篮球教师提出的新的挑战和要求就是要求他们具有课程开发的专业素养和能力。除此之外，篮球教师往往还有决定着课程资源的鉴别、开发、积累和利用的能力。因此，积极调动一线篮球教师的积极性，从而有效开发和利用篮球教师课程资源是很重要的。

2. 基于调查结果确定篮球课程资源的开发类型和开发方式

首先，通过进行社会调查确定或揭示当代社会对篮球人才素质的基本要求，了解当前可供开发和利用的篮球课程资源，这个调查必须广泛，涵盖篮球教育的各个层面；其次，通过进行学生调查来明确学生对于篮球课程资源的需要和兴趣以及能起到最大作用的课程资源是什么；最后，在明确了开发、利用什么样的篮球课程资源的基础上，进行篮球课程资源开发和利用的具体措施的制定，从而确保篮球课程资源高效、顺利、切实地融入篮球的教学层面，为篮球教师的教学和学生的学习、发展服务。

3. 建设特色鲜明的学校篮球文化

学校篮球文化的主要目的是作为非学术性的隐性课程发挥作用，所以培养和塑造学生人格在为期较长的潜移默化中发挥着显著作用。

（四）改善对学生资源的开发效果和利用效果

对学生资源的开发和利用关系到篮球教学目标的确立、教学内容的组织、教学实施的方式等重要因素。篮球教学课是为了学生的发展而存在的，而进行课程改革也是为了学生更好地发展。学生作为重要的篮球课程资源，对其重视程度应该加以提高，篮球课程的教学内容选择和组织必须充分考虑到学生的身心发展水平，同时结合不同学生之间在兴趣、爱好、认知水平、心智水平等方面的差异。因此，在开发和利用学生资源时，必须及时更新理念，尊重学生的个体差异，给予学生在教学中的主体地位，最大限度地挖掘学生的潜能，通过合理的开发利用，使学生成为篮球教学内容的直接教学资源。

（五）采取多元化措施提升篮球教师的素质

提升篮球教师的素质是优化高校篮球课程教学内容的重中之重。在体育教育改革的形势下，篮球教师的课程意识必须比以前更加拓展，篮球教学内容变得更加开放、不确定，这表明篮球教师必须成为篮球课程资源的开发者和课程创新者，这是对篮球教师主体性和创造性的尊重，同时也对篮球教师提出了严峻的挑战。篮球教师能否承担此重任，能否在这样的情况下实施有效的教学，都取决于教师的素质和能力，所以当务之急是采取多种措施来提升篮球教师的素质。但必须正视的现状是现阶段广大篮球教师的现实情况和教育改

革提出的要求存在很大差距，实现预期目标还需要很长时间的努力。

第二节　高校篮球课程教学方法的优化

一、优化高校篮球课程教学方法的原则

语言、实物、实践是构成篮球教学方法的主要因素。首先，语言是教师和学生交流的最有效的沟通媒介；其次，就实物来说，高校篮球课程教学不能没有必需的器材设备，篮球教学课上的器材情况也制约着教师教学方法的实施；最后，篮球教学的最大特点是实践性较强。因此，只有把语言、实物、实践三个因素有机地结合起来，才会发挥教学方法的最大作用。在综合分析构成教学方法诸因素的基础上，对篮球教学方法进行优化和创新必须遵循以下几项原则。

（一）科学性原则

科学性原则对优化高校篮球课程教学方法提出的要求如下。

1. 教学方法的优化要符合教学规律

篮球教学的突出特点是教师必须通过各种身体练习进行教学，从而达到提高技战术水准、增强体质的目的。这项特点决定高校篮球课程教学必须遵循动作形成规律和人体生理活动规律，具体如下。

（1）动作形成规律。动作形成可以分为掌握动作、改进动作、巩固与运用动作三个阶段。

（2）人体生理活动规律。人体各种生理活动都具有周期变化的规律，锻炼时必须遵循人体生理活动规律，只有掌握正确的方法，才能收到良好的效果。

2. 教学方法的优化要遵循教学客观原则

（1）自觉积极性原则。

（2）全面发展原则。

（3）合理的运动负荷原则。

（4）循序渐进原则。

（5）巩固提高原则。

（6）统一要求与因材施教相结合的原则。

3. 教学方法的优化要依据教学目的

高校篮球课程教学的目标就是指教学过程中需要达到的目标。具体来说，一是促使学生身心健康的全面发展；二是教授学生篮球技战术和相关理论知识；三是培养学生精神层面的进步。

4．教学方法的优化创新要符合教学内容的要求

选择高校篮球课程教学内容的依据是教学目的，所以应当遵循几条原则：第一，教学内容的优化创新应适合于所有健康的学生；第二，教学内容的优化创新能直接改善和发展体质，并且教育学生能够独立从事篮球运动的练习；第三，教学内容不应只是在校时期有效果，在未来的学生整个生活中都应当起作用。

（二）直观性原则

直观性原则的理论基础是辩证唯物主义的认识论和心理学中的感知规律。高校篮球课程教学的直观形式有实物直观、模像直观、语言直观等，这些方法在教学中互相协调、互相补充。在教学过程中，篮球教师应要求学生细心观察示范动作，认真听取技术要领和方法，学生通过教师生动的讲解并结合自身的技术经验和思维感官模式，在头脑中建立直观生动的表象。具体来说，篮球教师贯彻直观性原则的注意事项如下：

（1）对运用直观性原则的要求和目的有清晰的认识。

（2）充分发挥篮球教师本身对学生的直观作用。

（3）严格依据学生的实际情况。

（4）恰当地运用模像直观手段。

（5）篮球教师的语言要生动形象。

（6）直观性原则要贯穿于教学的全过程。

（三）多元性原则

构成和影响篮球教学方法因素是动态性、复杂性和多样性的，所以这就直接决定了篮球教学方法优化与创新的多元性。对于多元性原则可以从两个方面理解：一方面，篮球教学方法的使用和选择决不能固定不变；另一方面，任何一种教学方法的选择和运用都具有继承性。

由此不难得出，高校篮球教师运用和落实多元性原则，既要掌握教学方法的共同规律，又要从实际出发，创造性地选择和运用教学方法，此外要综合运用多元教学方法。

（四）系统整体性原则

当前篮球教学中的教学方法无论是在理论的论述还是实际的运用上，都是被机械地割裂开的，研究和运用也相对浅薄，从而带来较大的片面性。现代教学方法应是一个体系化的一般教学方法。每种方法作为一个要素，均有各自的特点、范围和条件。简单来说，多种教学方法之间存在着相互联系、相互借鉴、相互启发、相互促进、不排他、部分复合的关系。

（五）持久有效性原则

在篮球教学中，运用尽可能少的时间和较少的资源，完成尽可能多的教学任务，达到

较好的教学效果，并以此减轻教学负担，提高学习效率，促进学生全面发展。与此同时，通过这样的教学形成的效果往往是持久有效的，也能使这种教学方法组合持续稳定地发挥作用。

（六）灵活创新性原则

从根本上来说，篮球教学不是一成不变的。在高校篮球课程教学中，死板地套用教学方法来传授有关的教学内容并不能获得预期的教学效果，一方面需要教师熟悉所运用教学方法的操作形式和特点；另一方面教师应当参照学生特点、教学条件以及教学目标灵活运用适宜的教学方法。教无定法，创造新法，篮球教师在高校篮球课程教学中应当全面而深入地了解教学规律，主动完成对各项教学方法的优化工作。

（七）从实际情况出发原则

篮球教学是由教师的“教”和学生的“学”所组成的双边活动。因此，在进行教学方法的优化和创新时要充分考虑到教师和学生的双重因素，从教师和学生两个方面的实际情况出发，合理地对教学方法进行优化创新。从学生实际出发，要求教师掌握学生的心理特征和了解学生的知识基础这两个方面。

高校篮球教师贯彻从实际情况出发的原则的注意事项是：首先，要深入开展调查研究，切实掌握学生的具体情况，篮球教师要通过各种途径和方法了解学生对篮球教学课的各种情况，不仅要了解学生的普遍情况，还要了解个别学生的特殊情况，分清其中各种的有利因素与不利因素；其次，要针对学生的实际情况，确定教学的具体要求，教学要求过高或过低都不利于学生的发展；最后，要把一般要求和区别对待充分结合起来，在一个班级内绝大部分学生的年龄、体质、身体发展和篮球基础都是相似的，但也会存在少部分学生与大多数学生有明显差异的现象，这就使得教师必须在一般要求的基础上，注意个别对待，因材施教。

（八）统一要求与因材施教相结合的原则

篮球教学一般采用班级授课制，班级是学生的学习集体，班级教学有着统一的规范化要求。但在学生掌握的基础知识和技能水平等多个方面差异的影响下，统一要求有很大可能会弱化学生个性的培养效果，对充分发挥学生特长产生负面影响。由此可见，篮球教师在统一要求的基础上应当因材施教，运用这项原则的注意事项有以下几点。

一方面，深入了解学生是运用这项原则的基础。传授知识和技能是在篮球教师的统一教学中进行的，篮球教师要深入了解学生的体质、健康状况、技能水平和个性特征，不了解学生这些特质的结果是造成篮球教学的因材施教陷入盲目状态。

另一方面，“面向中间，兼顾两头”是贯彻这一原则的主要方法。所谓“面向中间，兼顾两头”，即在了解学生身心特点的基础上，篮球教师应主要面向大多数具有共性特征的学生。而对少数具有个别特点的学生则要给予兼顾，使基础差的学生能逐步跟上，而对天赋超强的学生要使其能够充分发挥专长。

（九）教学理论指导下的试验先行原则

教学方法具有很强的实践性，这项特点要求篮球教学方法的优化创新必须坚持试验先行原则。在探讨教学方法的创新时必须首先进行个别的或局部的试验，经实践证明有实施价值的教学方法，才能让更多教师使用。教学方法的试验与实践，一定要在教学理论的指导下进行。因为一定的教学方法在特定的教育理论、教育思想指导下才能够形成，所以篮球教师必须认真研究教学理论、教学思想，在正确的理论和思想的指导下，进行教学方法的优化创新。

篮球教师运用和贯彻教学理论指导下的试验先行原则必须做到的是：在实践中科学地应用教育教学理论，同时教学方法只有经过成功的试验才能采用，教学方法的试验一定要在教学理论指导下进行，决不能盲目实验。

二、高校篮球教学中教学方法的创新选择与组合

（一）根据学生实际水平、学习兴趣采用分层教学

在高校篮球课程教学中，学生的体能、学习方式、意识、技战术、个性特征等方面存在着较大的差异，普通教学方法无法适应教学要求，教师教学时在普通教学法的基础上应采用分层教学法，对篮球教学进行新的探索。针对不同素质学生的学习能力，教师应设计不同层次的教学目标，根据教学目标，提出不同层次的学习要求，给予不同层次的帮助，进行不同层次的评价，从而使每个学生都在各自原有的基础上获得相当的进步，培养学习兴趣，提高教学质量。

（二）创设情景，营造氛围，采用情景式教学

在高校篮球课程教学中，情景教学法是一种新型辅助教学方法，在教学中能充分发挥教师的主导性和学生的主体性，激发学生的学习兴趣，使学生在掌握基本的体育知识、基本技能外，有效提高体育运动成绩。与此同时，在运用中严格遵循基本理论基础，依照学生的身心发展特征，结合不同学生的实际情况，设计出科学合理的情景教学模式，否则学生容易产生厌烦情绪，影响学习兴趣。

（三）注重个性培养，加强团队协作，采用比赛教学

所有竞技运动项目在最终都会回归到比赛中去，篮球运动同样也不例外。每当看到精彩的篮球比赛时，总是能够让人热血澎湃。因此，在篮球教学中根据不同的教学内容和教学阶段，穿插引用比赛教学法有助于提高学生学习兴趣，同时有助于在实践中强化技能，高效培养心理素质和团队意识。例如教师可以在基本运球、投篮、传球练习中采用分组比

赛的形式进行练习。以组为单位，或者2人1组，进行相互对抗性练习，以抢到对方球，同时保证自己不失球为规则进行比拼。在投篮中采用各个位置的投篮组合形式，以命中率为标准进行竞争。在传球练习中，以小组为单位，进行3人或者多人配合传球练习。组织不同的教学形式可激发学生练习的兴趣，同时提高学生的学习兴趣，培养团队协作意识。

三、优化高校篮球课程教学方法的策略

在篮球教学过程中，教学方法的作用毋庸置疑，所以在篮球教学方法的优化创新过程中，篮球教师需要多加反思目前篮球教学课中存在的问题，并探讨出创新的解决策略。

（一）篮球教学方法多元化策略

在篮球教学中，无论是技术还是战术，复杂性都很强，因此篮球教学课的教授过程中就必须选择多元化的教学方法，不能死板地固守一种或两种教学方法。仅仅依靠单一的教学方法进行篮球教学难以达到篮球的教学目标，这就要求在篮球教学中对篮球的教学方法进行多元化的优化创新。

（二）篮球教学方法的最优化策略

恰当的教学方法和篮球教师合理运用这些方法是教学过程中两个不可忽视的关键点。对于教师来说，在实际的篮球教学方法优化创新过程中，要将教学方法优选标准的系统性和操作性同样重视起来。篮球教师教学中的系统性有助于教师进行整体把握，而操作性无疑使篮球教师在教学过程中的实际操作更加方便。

（三）篮球教学方法的现代化策略

把现代科技作为教学媒介，同时在此基础上完成推广使用，有助于增强学生的篮球意识。在高校篮球课程教学中，如果篮球教师可以高效应用现代科技带来的先进成果，学生在学习中所表现出的主动学习的意向、学习的愉悦感和学习的动机都会增强。

在科学技术快速发展的当下，篮球教学方法的优化应当和现代科学技术充分结合起来，由此推动现代科学技术更好地服务于高校篮球课程教学。

（四）篮球教学方法合作化发展策略

合作化就是指以合作学习法为基础来进行教学方法的优化创新。随着社会的飞速发展，篮球教学方法在自身体系中，逐渐重视各教学方法动态要素之间的紧密合作，通过这种合作达到一种动态生态平衡。这种融合了各种教学方法优势的合作，不仅仅是为了提高学生篮球技战术水平和理论知识储备，更能够培养学生互帮互助、团结友爱的良好的道德品质。现代社会的多元需求不单单对学生的技战术水平提出了很高的要求，也十分重视学生的合作意识和非认知品质。

第三节　高校篮球课程教学模式的优化

一、高校篮球教学模式现状综述

（一）过分强调单向教学模式

一直以来，高校篮球教学多采用模式化教学，整个教学过程固定地分为准备部分、基本部分和结束部分。在教学中偏重于讲解、示范以及大量重复的练习，以至于消耗了较多的有限教学时间。单向的教学模式还体现在教师忽视了学生的主体地位，从而造成学生缺乏篮球学习的灵活性、探索性和独立性，以至于形成教学模式的表象看起来井井有条，然而，教条化的教学组织模式却不利于学生身心素质的全面培养和发展。

（二）过于偏重认知过程

目前，篮球教学模式偏重于理论知识和运动技术的传授，要求学生明确篮球技巧要领，并讲究动作技术规范到位，其中特别强调篮球教学的专业化、训练化和程式化。然而对于学生心理培养和德育教育却较为缺失，无法有效提升学生坚韧的意志品质和团队协作的精神。除此之外，教学方法单方面强调直观性会使学生对高校篮球课程教学产生抵触心理，导致学生积极学习的兴趣和专注力慢慢消减，最终结果是对学生学习的质量与效果产生负面影响。

二、优化高校篮球课程教学模式的必要性

（一）学生身心发展和个性发展的需求

目前，高校篮球教学依旧没有摆脱传统的教学模式，这不符合时代发展的需要以及学生对篮球运动学习的新需求。在新时期背景下，高校首先要明确篮球教学理念，加大教学改革力度并不断优化和创新现有的教学模式，重视学生身体素质和心理健康的培养，并充分尊重学生的个性发展趋势，进而逐渐形成本校篮球教学的新特色和新途径。还需要说明的是，高校篮球教师应当充分尊重广大学生对篮球教学的多样化需求，从根本上提高校园篮球文化的构建，由此保证高校篮球课程教学逐步演变成提高大学生篮球技能水平和培养篮球运动兴趣的重要阵地。

（二）实施素质教育和终身体育的迫切需要

篮球运动在大学生群体中拥有较为广泛的基础，是大学生课外文化活动的重要组成部分。然而现有的篮球教学模式显然不适应学生对篮球运动的进一步学习与运用，以致形成学生喜欢篮球却不爱上篮球课的困境局面，进而导致大学生对目前篮球教学模式的怨声

载道。

基于这些情况，篮球教学改革已经成为大势所趋，优化与创新现有的教学模式不仅会提高学生的全面综合素质，而且随着学生篮球技能的提高和参与的逐渐加深，学生会形成自发性的篮球学习、训练和比赛，进而从对篮球的浅显爱好逐渐转变为持久的篮球兴趣与动力，最终提高学生终身体育的意识和行为。

三、优化高校篮球课程教学模式的策略

（一）坚持健康第一、以人为本的教学宗旨

在新时期背景下，高校篮球教学的一项重要任务是增进学生身心健康，在快乐体育教学的氛围中激发学生对篮球运动的参与和投入，进而培养学生终身体育的意识。因此，优化和创新篮球教学模式一定要秉承以人为本的教育宗旨，尊重学生在教学中的主导地位，并从教学实际出发，关注学生变化和个体差异，确保学生全面受益。健康第一、以人为本的教学宗旨是当今高校篮球教学改革的根本方向和目标，同时也是完善与改进教学模式的主导思想。

（二）实施互动式篮球教学模式

（1）高校篮球教学还要进一步树立健康第一的思想，进而制定出行之有效的篮球教学改革方案，每一阶段教学目标的设置要层层细化，并根据教学实际严密改进，从而把教学目标转化为师生之间有效互动的具体行为。在教学模式优化中，篮球教师要不断创新教学管理新途径，加大互动式教学模式的应用，从而有效带动学生参与课堂教学的兴趣和积极性。

（2）灵活安排教学时间，最大限度地满足学生篮球锻炼的需求，不断丰富和增设新式教学手段以提高篮球教学的趣味性，促使学生在轻松愉快的学习氛围下展开学习，这将极大地促进篮球教学效果的提升，而且篮球教师也能够高效地完成篮球教学目标与计划。

（3）篮球教师要结合不同学生的自身特点实施篮球专项的训练与点拨，目的是让学生巩固和强化篮球基本技能，进而有针对性地提高专长，并从中掌握专业篮球和课下自我提高的步骤及策略，逐渐养成终身篮球学习的方法和习惯。尤其要涉猎与篮球专项相关的技能、战术、规则及裁判法则等篮球基本知识，为将来学生成为篮球爱好者或专业人才奠定坚实基础。

（4）互动式篮球教学模式的构建一定要遵循循序渐进的原则，在现有教学模式的基础上逐步推进，进而实现有效衔接，这对于整体提升篮球教学文化和质量，具有不可替代的作用和意义。

（三）全面深化高校篮球教学模式改革

（1）要合理设置和安排各年级篮球课程的类型、顺序和学时分配，确保场地及器材能

够有效满足篮球教学，并根据实际学情，加大对篮球场地的质量建设及日常维护。

（2）学校要强化对篮球专业教师的优化培训，不断提升教师的专业素质和教学能力的创新，以适应新时期高校篮球教学的需要。篮球教师还要不断探索和总结教学经验，与时俱进，进而提高篮球教学的效率和质量。

（3）所谓“兴趣是最好的老师”，教师在优化和创新篮球教学模式中一定要从实际出发，充分参考学生对教学改革的呼声，不断利用本校篮球教学的自身优势，进而逐步满足学生对篮球教学的愿望，最终有效提升教学效果。

（4）创新教学模式还应进一步完善网上选课系统，确保学生选课的动机是在自主、自愿的原则下，从自身的兴趣爱好出发。而且考核的创新要从多元化入手，在测评学生身体素质的基础上重点强调兴趣项目的设置，并适当降低考试难度，适当增加趣味性考核项目。

从整体来说，我国高校篮球教学模式的改革是一项需要很长时间才能完成的任务。在崭新的时代背景下，优化与创新工作是推进高校篮球教学发展的首要途径。各高校和篮球教师要不断提升对先进教学方法和教育理念的应用与转变，进而坚持不懈地探索、调整和改进，在充分重视多元化教学模式构建的基础上，逐步强化小团体式、尝试式和领会式等创新教学模式的应用。我们坚信高校篮球课程教学一定会逐步实现跨越式发展目标，同时能从根本上推动大学生身心全面发展和综合素质大幅度提升，有效夯实学生参与终身体育的基础。

（四）构建“小团体式”教学模式，激活教与学的积极性

“教”与“学”的推进不应当把教师当成主体，相反要着重突出教学的互动构建，在教师和学生相互沟通以及学生和学生相互沟通的过程中使教学质量得到大幅度改善。就高校篮球课程教学来说，学生在绝大多数情况下最需要的是问题的探究和交流，伙伴在学习过程中的重要性被置于关键位置。因此，构建“小团体式”教学模式更多强调合作式教学的组织开展，教师和学生之间以及学生与学生之间的沟通和交流具备良好的内部基础，具体要求如下。

（1）“小团体式”教学模式以学生为主体，篮球教师应做好学生分组的工作，教师应针对学生的实际情况科学划分小组，并明确各小组成员的角色，组长负责小组活动学习的开展。

（2）“小团体式”教学模式以任务驱动为导向，通过学习任务的创设，激发各小组在任务完成的同时，能够更好地学习理论知识，并在实践中得到良好的技巧联系。因此，“小团体式”教学模式的实现，应将合作教学与任务驱动教学有机结合，激发学生参与学习的同时，也让各小组在任务的完成中，更加团结、紧密，出色地完成学习任务。

（3）“小团体式”教学模式注重教学信息的反馈及激励，通过小团体之间的互动交流，强化“个人自评”＋“小团体互评”等方式的落实，让篮球教学以学生为主体，注重教学质量的提高。

（五）构建“尝试式”教学模式，体现“教师为主导、学生为主体”的教学理念

在现阶段，优化高校篮球课程教学模式必须彻底突破传统教学的禁锢，并在此基础上利用崭新的教学理念和教学模式来支撑篮球教学的改革与发展。具体到构建“尝试式”教学模式的工作中，具体任务就是转变传统“传习式”教学的弊端，突出“学生能尝试、能创新、能成功”。由此不难发现，“尝试式”教学模式侧重于强调学生的主体地位和教师的主导作用，具体如下。

（1）教师作为学生学习的促进者，主导教学的推进。教师指导学生尝试学习，并在尝试中不断地自我完善，进而形成自我的学习体会与心得，这对于学生创新性学习能起到重要作用。

（2）教师在尝试的基础之上进行尝试性练习，让学生在“尝试＋游戏”中，获取练习的乐趣，消除传统单一教学中学生学习兴趣不高、参与不积极的问题，为有效教学构建良好的教学氛围。

（六）构建“领会式”教学模式，培养学生的认知能力

虽然篮球运动的普及程度高且深受学生欢迎，但是学生对篮球运动的了解深度比较浅，篮球教师应保证各项教学实践活动达到整体性要求，通过多种方式方法使学生对篮球形成全方位的认识，所以说“领会式”教学模式就是反复强调篮球动作技术，同时着力培养学生的认知能力。从整体来说，在“领会式”教学模式下，教学内容项目化，从技巧演示、战术意识培养，到能力训练和动作完成，都是在“强化＋反复”训练中实现的。

（1）传统的技巧练习法把“教”与“学”过于分离，不利于学生学习的指导，也弱化了反复强化练习的重要作用，而“领会式”教学模式从教学的整体出发，避免了传统教学中“教”与“学”过于分离的弊端。

（2）教师应着力于学生战术意识的培养，让战术意识贯穿于整个教学训练当中，更能规范并指导学生的自由练习等环节。

（3）优化比赛形式在实战比赛中更有助于培养学生的认知能力，也有助于学生理解各项篮球技术。学生学习篮球运动的过程就是自我领悟和积累的过程，而“领会式”教学模式恰恰是在突出学生主体地位的基础上，全方位培养学生的意识和能力等。

第四节　高校篮球课程教学评价的优化

一、高校篮球课程教学评价的步骤解析

篮球教学主要是通过篮球教师来实施的，教学效果则要通过学生的发展来判断，所以说学生发展与篮球教师教学的评价是篮球教学评价的主要内容。

（一）学生发展评价

1．明确学生发展的评价内容与标准

篮球教学评价工作的第一步是明确评价内容和评价标准。对于学生的发展评价而言，评价除了要注意知识的传授，还必须强调形成积极的、主动的学习态度，使学生在获得基础知识和基本技能的过程中，能够学会并且形成正确的价值观。

2．设计评价工具

根据篮球评价的内容与标准，就可以设计和制作相应的评价工具。在大多数情况下，这些评价工具通常以评价表的形式表现。

3．收集和分析篮球教学课数据

就学生发展评价而言，不仅要有反映学生技能和知识等学业成就的评价表，还要有反映学生学习过程与学习态度的评价表。

4．明确促进学生发展的改进要点

严格参照学生学习情况的分析报告，能够比较全面地掌握学生的优劣势，并在此基础上提高改进学生学习的具体要点，帮助和指导学生制订出有助于实现预期目标的计划。

5．评价学生发展的注意事项

第一，期末考试只是教学评价的一种方法，要将考试与其他教学评价的方式方法有机结合、灵活运用；第二，要改变把技能考试当作考试唯一手段，改变过分注重等级，过分注重量化的做法，尽可能减轻考试对学生的压力；第三，篮球教师应当向学生详细地分析和说明每位学生的考试结果，严禁将学生的考试成绩设定为标示学生类别的标签。

（二）篮球教师教学评价的程序

篮球教师教学评价旨在从根本上提高教师教学水平，在评价过程中需要自觉发挥教师自我评价的作用，促使教师在最佳时间段内深入分析和反思自身的教学行为，由此从根本上提高教学水平，具体包括以下几个程序。

1．明确篮球教师教学评价的内容与标准

篮球教师是篮球教学课的组织者与促进者，同时也是篮球教学课的开发者和研究者。

篮球教学实施的过程，也是篮球教师对课程进行研究与开发的过程，因此篮球教师的教学应该极富创造性，其创造性发挥的基础是全面了解学生、研究学生，并在此基础上设计教学目标、优化课程资源、对教学评价进行创新。

2．设计教学评价工具

通过对篮球教师教学的评价内容和评价标准进行分析，可以为全面了解篮球教师教学的优势和不足提供有价值的信息，而其评价工具就是评价表。

3．收集和分析反映篮球教师教学的数据与证明

要采取多种方法全面收集并分析篮球教师教学的数据与证明，从而对教师教学的优势与不足进行概括性描述。

4．明确教师教学改进的要点

收集和分析篮球教师教学的优势、劣势，旨在帮助篮球教师做到扬长避短，保证篮球教师能把自身的教学优势充分发挥出来，指导篮球教师制定出改进和提高的相关计划。

二、优化高校篮球课程教学评价的策略

篮球教学创新需要评价的优化创新，需要对评价方法、评价标准、评价主体等各方面进行优化来共同推动，要实现这种转变就要采取相应的优化策略。

（一）发展性评价策略

篮球教学评价的创新应突出强调以人为本的发展性价值取向，尤其是关注师生作为“整体的人”的发展，统整师生的生活世界与科学世界，寻求学生主体知识的建构。

1．树立教师发展理念

在目的上，篮球教学评价应该以注重发展为导向，强调评价的形成性功能的发挥。传统篮球教学评价强调学校、班级组织目标的实现，但容易忽视个体目标的达成。篮球教学评价的优化创新需要关注篮球教师当前的工作表现，从而根据其现有基础和教师个人发展目标，对教师进行指导或提供进修的条件，从而提高篮球教师的能力，完善教师的发展。

2．以学生的发展为评价的核心

学生评价是整个篮球教学评价中的重点。这要求教学评价要充分体现学生的心声和意愿，课的好坏，学生亲身体会，是最有发言权的，所以要把学生评价贯穿于整个篮球教学评价过程中。学生是学习的主体，也是评价的主体，任何评价都应该围绕以学生全面发展为本的指导思想开展教学工作，要正确看待学生的个体差异，在评价时从各个方面进行全面的评价。以学生评价为核心的篮球教学评价，从单一的教师评价变为教师评价、学生评价、学生互评、外界评价等多元评价的结合，使学生由被动受评者变为主动参与者，篮球教师也变成学生评价过程中的合作者。

3. 重视发展性评价的正面导向作用

在高校篮球课程教学中，教学评价对绝大部分学生的学习行为都会产生深远影响。篮球教学评价强调在发展观上创新，努力将篮球教学中完整的人当成自己的评价对象，并通过客观真实的评价促进学生的全面发展。与此同时，主张通过评价实施因材施教，以满足不同学生的个性需求为出发点，评价学生各自不同的发展过程。这些评价能够激发他们不断努力、积极进取，以达到更高的目标。所以篮球教师应充分调动评价的积极反馈功能，选取有利于篮球教学课朝着积极有利的方向发展的优化策略。

（二）自我接受评价策略

篮球教学评价优化创新的重点之处就是要充分重视学生在评价过程中的作用。从本质上来说，自我接受的评价是一种被评价者主动对自身价值进行评估的过程，也就是评价的结果要对自我能产生价值，这种价值是自我选择的结果。对于高校篮球课程教学来说，能够把自我接受评价划分为学生自我评价和教师自我评价两种类型。自我接受评价策略主要呈现出了以下几个特点。

1. 评价的互动性

自我接受评价要求自我主动参与，并不否认来自外界对自我的评价，要求双方进行互动，将评价连接起来，这就需要相互合作来确定篮球教学的评价标准、内容、需要达到的目标及执行评价和处理评价结果等。

2. 个别性的评价

评价是为了改善，为了每个学生能够改变自己的学习方法，或者为了每个篮球教师都能反思自己的教学方法。自我接受评价采取个别化地、针对性地对个别的教学参与者进行评价。篮球教学评价的个别化必须能够使被评价者主动接受。

3. 以自我接受的标准进行教学

篮球教学是以一定的标准进行的，师生在达到标准后可以自行决定是否能进入下一个阶段。自我接受是用标准去适应学生，而不是让师生适应千篇一律的标准。

（三）多元合作评价策略

高校篮球课程教学评价主体来自不同层面的群体。实现主体多元合作能够使篮球教学的评价具备显著的客观性特点，还能从多个维度掌握各个评价者的综合信息，也能综合不同群体的视角，从一定程度上保证篮球教师更好地服务于教学。多元合作评价策略的方式包括以下几点。

1. 建立评价的主体体系

在篮球教学评价的多元评价主体群中，可以把用人单位、同行、教师、家长、学生、教学管理部门等各个方面都纳入评价主体体系，以充分了解各方的意见和建议。在对篮球教师的评价方面，教研部门、行政部门、教学专家对整个评价过程应起到主导作用。在对学生的评价方面，起主导作用的则应是教师，家长和其他社会力量则对评价起配合作用。从整体来说，篮球教师和学生无论是评价别人或者被别人评价时，都应直接参与到评价过程中，从而达到整个篮球教学的持续创新和发展的目的。评价的多元合作的前提是评价主体多元，将传统的评价行政权分派给其他可以参与评价的人员，并且在篮球教学环境中可实行多主体共同对教学进行评价。

2. 形成多元合作的风气和机制

多元合作的篮球教学评价，应该形成一种长期的、长效的评价习惯，并结合教学实际制定方案，从而形成合作评价的制度化。

(1) 尊重多元主体。篮球教学参与者应积极主动地以一种欢迎的心态，尊重多元主体共同来参与篮球教学评价，为多元主体参与评价提供安全的心理环境。

(2) 形成定期和不定期结合的评价制度。从根本上来说，高校篮球课程教学评价是构成高校篮球课程教学的一个组成部分，评价的目的不只是局限于检查课程，更重要的是实现相应的发展目标。定期的评价会为各方面的主体提供准备的时间，而进行不定期的评价能使评价主体体现出一种更加自然的、更加真实的评价情境，为情境性测评的开展提供机会。因此，由于两种方式自身独特的作用，应将两种评价方式结合起来，形成教学评价的优化创新的新形式。

(四) 信息化、服务化评价策略

篮球教学评价具有提供信息的作用，所以它不仅仅是简单的鼓励学生学习或者评定成绩等的手段。每一次评价都可以视为对被评者的一次教育和引导，所以篮球教学评价对于教学活动有重要的服务作用。因此，篮球教学评价要重视评价的信息反馈作用和服务教学的作用，必须有利于教师进行自我反思与完善，有利于教师在今后的篮球教学中进行自我调控与更新，还有利于学生对篮球教学体验和自身学习行为的反思，使师生的创新思维得到进一步的发展。

(五) 将评价贯穿于整个教学过程的始末

就当前来说，诊断性评价、形成性评价和期末评价是高校篮球课程教学的三种评价方式，但相关调查表明为数不少的高校只采取期末评价的形式，这三种评价方式的具体内容如下。

1. 诊断性评价

诊断性评价就是在课程开始之前对学生的身体素质、技术水平、理论素养等方面进行初步诊断，以期为以后的教学提供参考，使教师的教学能够因材施教，做到有的放矢。诊断性评价的作用不仅限于对教师的参考作用，也可以让学生清楚自己的实际水平，以便在今后的学习中有针对性地解决在篮球课中将面临的问题。需要补充的是，借助诊断性评价能够促使学生更加全面地、客观地了解自身和及格、良好、优秀等成绩的差距，对学生学习篮球运动产生激励作用。

2. 形成性评价

形成性评价是在学期开始后，离学期结束还有一段时间时对学生进行评价的一个阶段，是阶段性的检验方式。形成性评价可以在学期中通过信息反馈，使老师总结前一阶段的教学，检验学生学习的效果，以便及时调整教学方法、内容、手段，更有效地调控和改善教学过程，使之朝预期的目标发展。除此之外，形成性评价也可以让学生了解阶段学习成果，一方面认识到自己的差距，另一方面也使学生通过对自己进步的状态产生一定的成就感，激发学生学习的兴趣和热情。

3. 期末评价

调查和分析现阶段高校篮球课程教学会发现，期末评价是很多高校篮球课单一运用的一种评价方式。发展至今，期末评价深受竞技体育的影响，检验的内容和方式都很单一，已经不适用于当前的大学体育教育，所以说改革期末评价内容和期末评价形式是当务之急。期末评价最主要的作用就是检验，是对整个教学过程的全面评价，包括对教师的“教”和学生的“学”的全面系统的评价。期末评价对于老师而言是一个教学目标，对学生而言就是学习的目标，因而期末评价对师生都具有潜在的促进作用。在进行公共篮球课的教学过程中，可以在校园网站或是教学概览等教学媒体上公布期末的考核内容、形式以及标准，让学生以此为参考，明确努力的方向，以达到促进学习的目的。

（六）评价指标的设计应多样化、趣味化

当今高校学生对体育课的需要体现在锻炼、娱乐、交际等方面，而不是像全面提倡竞技体育时代那样把技术的教学作为重中之重。因此，高校的公共篮球课教学应该把目标定位为在有限的时间内对学生起到锻炼身体、提高锻炼兴趣、促进交流、培养终身体育观念的作用。评价就是判定有无达到教学目的的一项重要标准，这就对评价的系统提出了相应的要求。这里以健身、交际、培养终身体育观为目标对篮球课的评价指标做了多样化、趣味化的重新设计，力图让学生乐于接受考核，从考核中发现问题，通过考核提高成绩。

考核指标设计的动作应涵盖篮球技术的方方面面，测定的内容以趣味性为主，目的是把学生的主观能动性充分调动起来，在此基础上全方位测定学生的篮球技术和篮球素质。从某种程度上来说，考核指标设计彻底打破了传统意义上的测试理念，受到了广大学生的欢迎和喜爱，有大力推广和发展的价值。

（七）大力更新高校篮球课程的考试形式

1. 教考相对分离

在考评学生的过程中，可以通过平行班级的交换考试来实现教考分离，也可通过请其

他班级的老师参与到考评过程的方式来实现这一点。通过对教学与考评的分离，可以避免老师在进行定性测定时对学生进行不客观的评定，让学生在考试中受到更加客观的评价，此外能使学生更加重视篮球课程考评。

2. 交互评价、自我评价、个体纵向评价相结合

过去的考评系统都是单边模式，具体就是学生参考、教师参评并给出成绩。目前高校篮球课程教学的教学时数非常短，加上受近几年高校扩招的影响，参加篮球课的班级人数也大幅度增加，在短期内让老师对大量的学生作品准确地评价困难不小，得出的结果也可能不是很精确。这里使用问卷的形式调查了篮球公修班的学生，参与调查的篮球班有4个，共计175人，调查结果显示，有35%的学生要求把学生的互相评价作为考评的一个方面；有13%的学生希望自我评价也成为教师对学生进行总评价的参考方面之一；也有接近30%的学生希望通过个体的纵向比较来说明自身的进步程度，以期得到认可；还有22%的学生对评价的内容与方法不关心。在统计、分析问卷资料以及联系现阶段实际状况的基础上，这里认为高校篮球教师应当把学生的交互评价、自我评价和个体纵向评价都作为评价手段，这三种评价方式的具体内容如下。

（1）交互评价。交互评价可以加强学生的互动，通过集体的相互评定来找到自己的优缺点，及时提高和完善自己。交互评价可以分成几个阶段来进行，即学期开始前进行一次，学期中进行2～3次，期末再做定论。采取这种方式能使评价和学生的表达直接挂钩，此外，这种评价方法见效较快。

（2）自我评价。目前高校篮球课学生多、场地少，每个学生在老师面前出现的次数有限，进而造成老师对学生了解不全面，学生个体自我表现也存在差异性，而学生对自己的了解往往较老师要多。因此，通过学生的自我评价，引导教师在评价的过程中有意识地对学生个体的优缺点进行有指向性的判断，有助于评价的客观全面。

（3）个体纵向评价。个体纵向评价是检验学生通过篮球课程学习，对篮球技战术和理论知识学习进步程度最有效的检验途径之一。高校学生来自全国各地，其体质、性格、接触篮球的次数等都差距很大。这里所说的差距不仅体现在身体素质、技战术水平、接受能力等的巨大差异性；而且当今对篮球课程教学的目标并不是以达到专业化的竞技水平为主，如果对学生进行大一统的考评方式，未免会挫伤部分学生学习的积极性。因此，把学生个体进步程度作为最后成绩评定的因素之一更符合促进学生热爱篮球运动，公正客观地评价学生个体学习效果的需要。由于考评系统需要通过诊断性评价、形成性评价和期末评价贯穿于篮球课始终的，因而个体纵向评价获得数据支持的可能性会更大一些。

3. 通过比赛的技术统计来考核学生

笔者通过调查发现，没有学校把篮球比赛作为篮球课程考评的内容。但是，篮球毕竟

是一个竞技性的项目，各项动作技术的学习以及身体素质的锻炼都是要服务于比赛的。因此，通过比赛来对学生进行教学课的技术考核应该说是根本性的。既然评价要贯穿于教学课的始终，那么比赛作为考评内容之一，也应贯穿于篮球教学的始终。比赛可以对学生产生很大的吸引力，通过阶段性比赛和准确测定学生的各项技术指标，能够推动学生有目的地、有计划地增强自身比较欠缺的能力。每次测试数据的提高都能使学生获得成就感，同时可能会使学生的学习积极性下降；而每次数据的降低能够鼓励学生尽全力追赶，同时使全班形成积极向上的学习氛围。

教师在实施比赛技术统计考核时，应做一个关键的技术性调整，那就是对比赛技术统计考核实行“标准分打分制”，这种制度类似于高考的标准分制。具体就是，将每项数据的平均得分设定为标准分，倘若高于标准分则会得到相应的加分，倘若低于标准分则会减分。这种形式的考核制度能有效预防学生单方面偏好某项技术，对学生技术的全面发展有显著的积极作用。

第九章　新时期高校篮球信息化教学的新思考

在现代教育改革与发展的背景下，现代信息化技术的应用越来越广泛，极大地提高了教学质量和水平。作为一名篮球教师，必须与时俱进，紧跟时代发展的步伐，熟练掌握现代信息化技术，提高科学运用信息技术的能力，以有效地组织与开展篮球教学活动。

第一节　现代信息技术与信息化教学概述

一、现代信息技术

（一）现代信息技术的概念

现代信息技术是以计算机和远距离通信工具为手段，对以文本、图像、视频等数据所承载的信息进行采集、加工、处理、传输、变换、存取直至应用的一系列技术。其核心技术主要包括计算机技术、现代信息技术、通信技术等，它可以延伸人的感觉器官采集信息功能、神经传导信息功能、思维器官处理信息功能及效应器官使用信息功能，对人与社会的发展都起着重要的作用。

在当今的社会背景下，以计算机技术、网络通信技术、数字化技术等为代表的信息技术得到了广泛的普及与发展，这些技术被应用到社会各个领域，推动着整个社会经济、文化的迅速发展。发展至今，信息化已成为世界经济和社会发展的共同趋势。

现代信息技术的快速发展在教育领域也产生了巨大的效应和轰动，目前，计算机、现代信息技术以及网络技术在学校教学中得到了广泛的应用，这为教育资源的整合、教学内容的优化、教育方式的更新等带来了巨大的机遇，对学校教育的发展具有极为深远的影响和意义。

（二）现代信息技术的功能

1．再现功能

与传统教育技术不同，现代信息技术不受时间、空间、微观、宏观等方面的限制，根据教育、教学的需要，将所讲对象在大与小、远与近、快与慢、虚与实之间相互转化，从而使教育、教学内容中所涉及的事物、现象、过程全部再现于课堂。从远古到现在、从自然到社会、从异国到本土，都可以通过现代化的教学手段表现出来，从而让学生有一个直观的印象，对于学生学习水平的提高是非常有利的。

2. 扩充功能

现代信息技术的扩充功能主要表现在两个方面：一方面，现代信息技术可以进行高密度的知识传授，丰富学生的知识体系；另一方面，教师能根据自己的需求获取互联网上的各种信息和知识，加强自己的知识储备，以更好地指导教学活动。

3. 集成功能

现代信息技术能把图像的、声音的和文字的教学材料充分融合在一起，向学生提供多种感官刺激，使学生获得视听等多种感觉通道的信息。

4. 交互功能

现代信息技术可以实现人与机之间的双向沟通，实现人与人之间近距离以及人与人之间远距离的交互学习，这对于教学质量的提高是非常有利的。

5. 虚拟功能

在现代信息技术条件下，利用信息技术仿真生成的虚拟现实世界，可能创造一种身临其境的真实感觉，使学习不仅能感知而且能操作虚拟世界的各种对象。

（三）现代信息技术在教学中的作用

发展到现在，现代信息技术在体育教学中得到了广泛的利用，其在整个教学过程中的作用主要表现在以下几点。

1. 能节省师资，扩大教学规模

在现代体育教学中，采用现代信息技术进行教学，可以有效地扩大教学信息的传递范围和增殖率。过去个别教学的方式传授知识、信息只能一比一地增殖；传统的班级授课的方式，信息的增殖率可增加到几十倍速，上百倍速；用现代信息技术进行教学，信息的增殖率可扩大到几万倍速，甚至几十万倍速。

利用现代信息技术，如广播电视、卫星电视、计算机网络等，向学校、社会、家庭传输课程，凡是有电视或计算机终端的地方，都可成为课堂。通过现代信息技术的利用，一个教师可以同时为成千上万个学生上课，大大节省了师资成本，扩大了教学规模，促进了学生学习水平的提高。

2. 能有效提高教学效率

在体育教学的过程中，学生对运动知识与技能的掌握，是通过多种感官把外界信息传递给大脑中枢而形成的，这些感官的功能各异，其中以眼最灵，耳次之。在学习过程中，眼、耳、脑的功能发挥得越好，学习效率就越高。而通过现代信息技术的应用，可以大大延伸人体，特别是眼、耳、脑的学习功能，学生通过各种感官的分析可以有效提高学习效率。

3. 能有效提高教学质量

采用现代信息技术进行教学，可以视听结合，形式多样，有效激发学生学习的兴趣，促进学生积极主动地参与到体育教学活动中，从而提高教学质量。

二、信息化教学

（一）信息化教学的概念

在当今的社会背景下，信息技术在社会各领域中都得到了广泛的应用，在体育教学中，信息化技术也运用得越来越多。信息化教学指的是，在现代教学理念的指导下，充分利用现代信息技术，包括网络技术、计算机及多媒体技术等在教学中的应用，调动多种教学媒体和信息资源，构建出非常好的教学与学习环境，并且在教师的组织和引导下，积极发挥学生的主观能动性，使学生真正成为知识和信息的主动建构者，从而实现良好的教学效果。

（二）信息化教学的要素

教师、学生、教学内容三者被看作是整个教学系统的主要构成要素，被称为传统教学系统的“三要素”。

随着现代信息技术的不断发展，媒体的作用越来越突出。正是由于媒体要素的介入，使得教学内容在传递方式和表达形式方面发生了很大的变化，使得教学方式产生了革命性的改变。在信息化教学系统中，媒体成为其重要的构成要素。

在现代信息化教学中，教师、学生、教学内容和媒体是其四个核心要素，这四个方面的要素相互影响、相互作用，进而产生了良好的教学效果。

1. 现代教学媒体

发展到现在，现代化的教学媒体在体育教学中得到了广泛的利用，运用到教学领域的电子传播媒体，主要有录音、投影、幻灯、电视、录像、计算机等教学媒体以及这些教学媒体相互组合而成的教学媒体系统，如微格教学、语言实验室、校园计算机网络系统、多媒体综合教室等。通过这些媒体的综合利用，能有效提高教学效率，提高教学质量。

2. 教师

在现代教育背景下，随着现代教学媒体的广泛应用，教师的角色发生了较大的转变，教师的任务也变得越来越重要。作为一名体育教师，必须在信息化教学环境中具备相应的开展教学的能力。作为一名体育教师，必须做到以下几点。

（1）掌握现代教学理念。信息化教学中的教师要明确现代教学理念，掌握信息化教学的基本理论和方法，以更好地改善教学活动，提高教学效率。

（2）具备信息化教学能力。信息化教学能力是指教师在现代教学理念的指导下，利用现代信息技术和丰富的教育资源，运用多种信息化教学方法开展教学活动，解决教学问题，优化教学过程的能力。信息化教学是体育教师必须具备的重要能力，一般来说，主要包括以下几点。

1）信息素养。教师的信息素养主要包括信息意识、信息知识、信息能力和信息道德。第一，教师要具有敏锐的信息意识，能够正确理解“信息”“教育信息化”等的概念、内涵及意义；第二，要掌握信息方面的知识，了解信息技术、信息化教学相关的知识、方法和理论；第三，教师要具有相应的信息能力，也就是说，要具备对信息技术进行利用来开展教学的能力；第四，教师要具有良好的信息道德和一定的信息安全意识。

2）信息化教学设计能力。在体育教学过程中，教师应当明确信息化教学设计的内涵，知道信息化教学设计的特点，理解信息化教学设计的原则，掌握信息化教学设计的方法，以设计出科学的、有效的教学方案。

3）集多种角色、多重身份于一体。在信息化教学过程中，教师是教学活动的指导者，是教学内容的设计者。另外，教师还可以成为学生学习生活中的亲密伙伴，共同得到发展。

3. 学生

信息技术在教学中的应用，为学生的学习提供了很多便利，同时也对学生提出了更高的要求。

（1）学习方式多样化。信息技术的出现，使得学生的学习方式发生了较大的变化，学生既能够通过课堂来接受教师的指导，同时还能够通过利用现代教育媒体来获得更多的教学信息资源。在现代信息技术的支持下，学生的学习方式从过去的被动接受转变为合作学习、自主学习、探究学习等信息化学习方式。

（2）较高的信息素养。在信息化教学中，学生要具备较高的信息素养，能够从大量的信息资源中找寻所需的信息，并对信息进行加工、整理、保存；能够使用常用的软件进行学习并与他人交流；学会有效地反省、评价和监督自己的学习过程。

（3）集多种能力于一身。在信息化时代，学生要具备良好的自主学习能力。

1）确定学习内容的能力。

2）获取相关资料和信息的能力。

3）分析与评价学习资料和信息的能力。

4. 教学内容

在现代信息技术的广泛利用下，体育教学内容呈现出以下特征。

（1）表现形态多媒体化。可以用文本、图形、图表、声音、动画、视频以及模拟三维景象等形式来呈现教学内容，利用多媒体方式呈现的教学内容能够将抽象的知识形象生动地表现出来，从而帮助学生提高教学效率和水平。

（2）处理数字化。将文本、声音、图形、图像、动画、视频等教学内容信息由模拟信号转换成数字信号，其可靠性更高，更容易存储与处理。

（3）传输网络化。信息化的教学内容可以通过网络实现远距离传输，学习者可以在任何一台能够上网的计算机上获取自己所需的信息。

（4）超媒体线性组织。信息化教学内容采用超媒体技术构建，支持文本、音频、视频、图形、图像、动画等多媒体信息，并采用网状结构非线性地组织、管理信息的超文本方式，对教学信息进行有效的组织，适合人脑的认知思维方式，也有利于有效地组织教学信息，促进知识的迁移。

（5）综合化。在信息化时代的体育教学中，需要具备各方面知识的“全才”。学生学习的内容不仅仅局限于某一门独立的学科，特别是随着网络时代的到来，学生的学习和生活中出现了许多新的课题，这些课题不是仅靠某一门或几门学科的知识就能够完成的，而是需要学生把所有学科的知识整合起来并运用到学习中，才能够很好地解决问题，这与信息化社会要求人才具有多方面的知识这一特征是紧密联系的。

信息化教学系统的四要素之间存在着错综复杂的关系，各个要素之间不同的结合方式会产生不同类型的教学系统。

（三）信息化教学的特征

1．技术层面

信息化教学的基本特点是数字化、网络化、智能化和多媒体化。数字化使得信息化教学系统的设备简单、性能可靠、标准统一；网络化使得信息资源可共享、活动时空少限制、人际合作易实现；智能化使得系统能够做到教学行为人性化、人机通信自然化、繁杂任务代理化；多媒体化使得教学媒体设备一体化、信息表征多元化、复杂现象虚拟化。

2．教育层面

信息化教学的特征是开放性、共享性、交互性与协作性。

（1）开放性。信息化教学的开放性使得教育社会化、终身化，学习生活化、自主化。可以预见在未来的若干年内，教育将从学校走向家庭、社区、乡村，走向信息技术普及的任何地方。学习将不再受时空和地域的限制，学习者可以在任何时间通过互联网，根据自己的需求、知识背景、个人喜好、学习风格来选择学习内容、学习方式等，从而促进学习水平的提高。

（2）共享性。信息化教学的共享性是信息化的本质特征，它为体育教学提供了丰富的教学资源，大量的数据文件、档案资料、软件程序等形成了一个高度综合、集成的资源库，便于教师在教学过程中充分利用。

（3）交互性。信息化教学的交互性使得学习者可以向教师提问，可以与其他学习者交流，可以围绕当前或当时的学习主题相互讨论，形成各自的判断，表达自己对问题的理解，交流各自解决问题的不同思路，相互分享解决问题的过程和成果，甚至于相互答疑、分析和评价。

（4）协作性。信息化教学的协作性使教育者有更多的与他人协作和研讨的时间和空间，使学习者通过网上合作、小组合作与计算机合作等多种合作方式，来增加与他人合作的机会。

（四）信息化教学的理念

现代信息化教学的基本理念是“以人为本”，这主要体现在以下几个方面。

1．信息化教学注重学生主体作用的发挥

在以往的传统教学中，主要强调的是教师的“教”，随着教学理论的不断发展，学生的地位越来越重要。在现代教学中，学生是个性丰富的、鲜活的、具体的、不断发展的认识主体，是独立的群体和个体，具有较强的主观能动性。在教学过程中，应该充分发挥学生的主体地位，不断促进学生自主性、主动性和创造性的发展。

2．信息化教学注重学生自主建构知识

近些年来，教学理论受到了建构主义学习理论的影响，强调学生通过自己主动建构学习知识，当然这是在教师和同学等的帮助下，通过学习资料的协助来不断实现的。

3．信息化教学注重自主、探究、合作式的学习

在课程实施方面，新课改明确指出要改变过去机械学习和训练的状况，积极培养学生乐于探究、主动参与、勤于动手的能力。这就要求体育教师要改变过去的教学方式，采用信息化教学的方式来对学生的探究学习能力、自主学习能力和合作学习能力进行培养。此外，还要培养学生的合作学习、主动探究的意识，让学生意识到只有积极主动的学习才能够适应信息化社会的需求。

4．侧重教学活动的启发性

过去传统的教学活动主要侧重于知识的“授—受”活动。而现代教学活动的主要观念是要求在教学中，对活动的多样性和重要性有一个充分的认识，教师要向学生设计一些具有多种性质的活动，在活动中组织学生参与各种形式的学习，使学生的自觉性和主动性能够在活动中得以充分发挥出来，对学生的创新精神、创新意识、创新能力进行培养，以更好地促进学生的能力、知识和个性得以全面发展。

5．侧重学生的主观能动性

在具体的教学过程中，要使学生的探究激情和学习兴趣得以激发出来，对学生的个性和特长予以充分的尊重，促使学生积极参与学习，使学生的潜能可以得到最大限度地发挥。通过采用多媒体技术，教师可以使学生的学习兴趣得到很好的激发，同时采用多样化的教学方式来更好地促使学生能主动积极地对知识进行自主探究。

6．侧重师生交流的互动性

师生之间的多样化交流，能有效增强学生学习的兴趣，使学生在学习的过程中进行生活经验的共享，完善学生的知识结构，促进学生的社会性学习，发展学生的社会性素质。对于教师来说，通过师生之间的相互交流，教师可以与学生进行平等的交往，获得共同

发展。

（五）信息化教学的原则

一般来说，信息化教学需要教师遵循以下基本原则，以保障教学活动的顺利进行。

1. 资源整合性原则

在现代信息技术背景下，信息化教学是将信息技术、信息资源、人力资源、课程内容等一系列要素整合在一个系统中，有机地将各种要素结合起来共同完成教学任务的一种教学方式。因此，资源整合性原则是信息化教学的首要原则。

在信息化教学过程中，教师应当将信息技术有效地融入各类教学中，将教学系统中的各个要素和各类教学资源有效地整合在一起，协调教学过程中各要素之间的关系，充分发挥系统的整体优势，提高教学效率。

2. 主动参与性原则

在信息化教学中，教师应要求学生改变以往被动接受知识的学习方式，转变为主动探究式、合作式的学习方式，从而使得信息化教学具有主动参与性的特征。

主动参与性原则是指学生在教师的指导下积极参与教学活动，通过激发学生的主体意识，发挥学生的主体作用，发掘学生的学习潜能，培养学生的学习能力，增强学生学习的责任感与合作精神，从而能够有效地提高教学质量，更好地完成教学任务。因此，在信息化教学中，应当借助现代化的教学手段充分激发学生学习的积极性，提高学生学习的自主性。

3. 直观形象原则

学生的学习主要以学习间接经验为主，在教学过程中，要使信息化教学符合学生的心理特征，充分激发学生学习的兴趣和积极性，因此，在信息化教学过程中，就应当遵循直观形象的原则。

直观形象原则是指在信息化教学环境中为学习者创设一定的情境，并提供丰富的多媒体资源，同时通过教师给予指导、形象描述知识等教学活动来促使学生积极观察、主动探究，使学生对所学事物、过程形成清晰的表象，从而丰富自己的知识结构，提高运动技能。

信息化教学环境集多种媒体资源、各类教学设备、各种支持系统于一体，可以为直观形象原则的贯彻提供多样化的教学资源，帮助学生更好地学习运动知识，提高运动技能。

4. 启发创造原则

启发创造原则是指教师在信息化教学过程中，要采取多样化的方式来支持学生的学习，最大限度地调动学生的积极性和自觉性，激发他们的创造性思维，从而使学生在融会贯通地掌握知识的同时，充分发展自己的创造能力与人格。

启发创造原则是在现代教育理念指导下教学与发展相互影响和相互促进规律的反映。

信息化教学不仅要求教师向学生传授知识、技能和技巧，而且要求教学能够促进学生主动对知识进行意义建构，同时促进学生情感、态度、价值观的发展。教学与发展是相互依赖、相互促进的。教师在教学中要将学生视为学习的主体，设计多样化的教学活动，利用多媒体手段启发学生积极思考，促使他们自己提出问题、分析问题和解决问题。

启发创造原则还是信息化教学受制于信息化社会需要这一规律的具体体现。信息化社会发展的趋势要求学校教育教学必须培养学生的信息素养、革新精神和创造能力。只有这样，学校所培养的人才才能适应未来瞬息万变的社会要求，才能以新的思维方式去捕获新的有价值的信息，也才能在未来的工作中敢想、敢干，为社会创造财富。目前，通过信息化教学发展学生的创造性思维，培养创造型人才已经成为世界各国教学改革的重心。

5．教师主导性与学生主体性相结合的原则

教师主导性与学生主体性相结合的原则主要是指在信息化教学过程中，教师既要充分发挥自身的主导作用，又要充分调动学生的积极性与主动性，正确处理“教”与“学”的关系，把教师与学生的积极性都调动起来。

教师主导性与学生主体性相结合的原则应充分体现在强调学生是学习的主体，强调学生主体在教学中的积极作用上。因为学生的学习是一种自觉的、能动的活动，即学生要把教师提供的一切认识材料转化为自己的东西，就必须通过积极、自觉的思维去接受、理解、消化和运用。教师的主导作用和学生的主体作用是相互联系、相互促进的两个方面，二者只有紧密联系起来才能促进教学效益的发展和提高。

6．教学最优化原则

教学最优化原则主要是指在现代教育理念的指导下，在信息化教学过程中，通过对教学系统中的各个要素进行系统化的设计，使得各要素优化组合，能够进行最优的教学，取得最优的教学效果。在信息化教学中，教师要设计多样化的教学方案，将教学过程中的各要素优化组合起来，充分激发学生学习的积极性，提高教学水平。

第二节　信息化教学设计研究

信息化教学是一种充分利用现代化教学媒体、现代教育技术而开展的双边活动。在体育教学中，体育教师利用信息化技术进行教学设计是一种提高教学质量和效果的有效手段。

一、体育信息化教学设计的概念与内容

（一）体育信息化教学设计的概念

体育信息化教学就是指在信息化环境中，教育者与学习者借助现代教育媒体、教育信息资源和教育技术方法所进行的双边活动。体育信息化教学的基本特点是：以信息技术为支撑；以现代教育教学理论为指导；强调新型教学模式的构建；教学内容具有更强的时代

性和丰富性；教学更适合学生的学习需要和特点。在现代社会背景下，体育信息化教学是以现代信息技术为基础所引起的一系列改变，主要包括教学理念、教学手段与方法、教学模式等。

在体育教学中，信息化教学设计就是运用系统的方法，以学生为中心，充分利用现代化的信息技术和信息资源，科学地安排教学过程的各个要素，以实现体育教学过程的最优化效果。在体育信息化教学设计中，设计者应用信息技术构建信息化环境，能充分利用先进的信息化技术，为学生创设良好的学习环境和条件，促进学习水平的发展和提高。

（二）体育信息化教学设计的内容

一般来说，体育信息化教学设计的内容主要包括以下几个方面。

（1）学生身心特征与学习水平分析。

（2）体育教学目标分析。

（3）体育教学模式与教学策略的设计。

（4）体育学习情境与体育学习任务的设计。

（5）体育教学媒体设计。

（6）体育教学资源的挖掘与开发。

（7）体育教学评价的设计。

（8）体育教学管理过程的设计。

（9）体育教学过程与结构的设计。

二、体育信息化教学设计应用的原则

在体育信息化教学中，决定教学质量的因素有很多，因此设计一个良好的教学过程是非常重要的，体育教师在进行体育教学设计时必须遵循以下基本原则。

（一）培养学生的创造能力

在传统的体育教学活动中，学生是被动的学习接受者，受到的是灌输式的教育，体育信息化教学设计要改变这种传统教学模式，将教学的重心从教师的“教”转向学生的“学”，将关注教师教学行为的设计转向关注学生学习活动的设计。在体育信息化教学中，教师是学生学习的促进者与帮助者，在整个教学活动中起着重要的指导作用；而学生则是学习的主体，在学习活动中能充分发挥自己的主动性，提高自我学习的意识与能力，因此这种教学方法有利于培养学生的创造能力，从而促进学生综合素质的发展和提高。

（二）加强体育学习环境的设计

学习环境是学习者利用资源生成意义并且解决问题的场所。在体育信息化教学设计中，必须强调通过提供丰富的资源和学习工具创设学习情境，构建学习共同体等环境因素，为学生有效地获取知识和技能、发展个性提供有效的支持。

在体育信息化教学环境中，学生通过资源工具的支持进行学习，不但能获得教师的帮助，而且还能与其他同学做好沟通与交流，提高与人交往的能力，这对于促进学生学习水平的发展和提高是非常有利的。

(三) 注重体育教学情境的建设

学生的学习活动都是在一定的教学情境中进行的，因为只有在真实的学习环境中获得知识才能在现实生活中加以运用。在体育教学中，学生通过创设真实的教学情境，不仅可以激发联想，提供记忆的线索，而且还能激发学生学习的积极性，获得知识和技能，这对于学生的认识与实践水平的提高是非常有利的。

(四) 注重协作学习

在整个体育教学过程中，协作学习始终贯穿整个过程。通过协商交流，学生与学生之间可以共享自己的思想与观点，全面地认识和理解各种问题。在具体的协作学习中，要想使他人理解自己的想法，就必须有一个清晰的思路并且恰当地表达出自己的想法，这可以有效培养学生的语言表达能力，在这一学习过程中，提高学生的人际交往能力。

信息化教学中通常以小组或其他协作形式展开学习，小组中的每个成员均承担一定的任务，在学习的过程中，学生不仅要对自己的学习负责，还要关心和帮助他人，达到共同学习、共同提高的目的。

(五) 注重体育学习过程的评价，建立多元化评价体系

传统体育教学活动的主要目的是实现教学目标，通过考试测验等手段来检验体育教学的成果。而在现代体育信息化教学中，教学结果评价只是其中的一个方面，学生学习过程的评价同样重要，一般是将结果评价与过程评价充分结合起来进行。

通常情况下，体育信息化教学非常强调知识的建构，与传统教学中学生对知识的复制、回忆和再认的表现形式相比，信息化教学更加注重系统的整体性，主张建立一个多元化的评价体系，这对于教学质量的提高具有重要的意义和作用。

第三节 现代信息技术在篮球教学中的应用

一、现代信息技术在篮球教学中应用的措施

(一) 创设教学情境，激发学生学习的兴趣

大量的事实表明，兴趣能充分激发学生学习的欲望。在学习过程中，学生对某种事物的兴趣越浓厚，其注意力就越高度集中，思维非常活跃，学习的热情高，能够充分发挥出潜在的学习和练习的积极性、主动性，从而呈现出最佳的学习状态。现代信息技术是集文字、图形、图像、声音、动画、影视等各种信息传输手段为一体，通过语言的描绘、图像

的演示、动画的模拟、音乐的渲染等声画并茂的教学环境，为学生创设生动形象的教学气氛，能大大地激发学生的学习兴趣和学习热情。

（二）扩大课堂教学的容量，提高教学的效率

在信息化教学中，教师可以利用多媒体技术，进行高密度的知识传授、大信息量的优化处理，可以大大提高课堂效率。图形不是语言，但比语言更直观形象，包容的信息量更大。动画又比图形更形象和生动，更容易激发学生学习的兴趣，提高教学质量。

例如，在讲解篮球运动的起源时，通过图片展示、纪录片播放，让学生对篮球运动的发展历程有一个全面的认识；讲解篮球局部进攻战术时，通过动画演示、视频剪辑等手段，直观地展现几种局部进攻战术的演练过程。在篮球裁判教学中，教师为了能让学生更加清晰地明白犯规的判罚，可以将一些犯规的视频剪辑下来，或将学生在比赛中的犯规行为拍录下来，在课堂上一边播放，一边讲解，学生通过观看和听讲解，马上就一目了然了。这样就避免了重复劳动，节省了教师讲解、示范的时间，加快了教学的节奏，从而提高教学效率。

（三）利用信息化技术的直观教学手段

现代信息技术教学具有非常重要的直观性特点，在运用这一技术进行教学的过程中，可以将文字、图像、声音、形象逼真的动画、网络等综合在一起，能做到图文并茂、动静结合、视听并用，可以将一些难度大或较复杂的动作通过播放慢动作和正常动作让学生看清楚、听清楚，有利于创设良好的教学情境，帮助学生建立直观而清晰的动作表象，从而掌握运动技能。

例如，在讲解篮球技术分析时，通过多媒体技术教学将篮球技术动作结构、动作要领通过图片、视频等方式直观地展现给学生，并结合优秀运动员有关篮球技术动作的录像和学生在学习过程中被拍摄的技术动作的录像，通过对比分析有利于学生更加直观地理解动作概念，加快对技术动作的掌握；在讲解竞赛规则与裁判法分析时，裁判员的各种执法手势以图片形式通过大屏幕展现给学生，给学生以直观的印象，学生可进行模仿学习，掌握知识与技能。

（四）突出重点，突破教学难点

现代信息技术具有分层展示的功能，运用音频、视频分层等展示篮球技术，使学生学习重点、要点更加突出，掌握技术也就更快。例如，把 NBA、CBA、CUBA 等比赛视频下载下来，进行技术处理，将技术和战术分类，分层展示，就更有针对性；也可以根据物理学原理，对技术动作进行直观形象的分析，如对运球、传球和投篮间的相互关系的分析，可集中对运球技术进行分析，也可对某一个动作的一个用力现象进行力学分析，了解动作结构，纠正学生不会用力或用力不正确的现象；再如讲解投篮时，力度的大小，出手角度等用图表等形式在课件中体现出来，结合抛物线的知识，使学生看清楚动作细节，更

加深刻地认识动作的要领和运动规律，更快地完成学习任务。此外，由于受年龄、教学条件等因素的影响，教师往往会回避那些难以示范（如扣篮、空接等）的动作，这样就影响了学生的全面发展。因此，运用现代信息技术，可以解决这一难题，帮助学生建立难度动作的概念，提高运动技能。

二、常用软件在篮球教学中的运用

目前，在篮球教学训练过程中，篮球软件较多，并且各有各的优缺点。其中较常用的软件有：Basketball Playbook 软件、篮球技战术 GIF 动画软件、Basketball Blueprint Version 软件等。受篇幅所限，下面主要讲解前两种软件在篮球教学中的应用。

（一）Basketball Playbook 软件

Basketball Playbook 是一个非常实用、便捷的篮球战术软件，可以让你在一两分钟内完成一副战术图的绘制，战术图可以存为.ebp 格式，也可以存储为.jpg 格式或者.bmp 格式，并且它支持动画模拟，可以用动画的方式形象地展示出队员的配合路线、行动顺序等，是目前比较常用的一种软件。

1. 界面介绍

球员项（Player）的第一排圆形图标代表进攻球员，可以用左键将图标拖到需要的位置。第二排三角形图标代表防守球员，1 到 5 号位分别为 PG、SG、SF、PF、C。第三排为器材，比如球（黑色圆点为球），训练用的路障、篮框等。第四排画线工具同画图板。其中，实线代表球员空手跑位，虚线代表传球路线，曲线代表运球走的路线。阴影大部分是标注联防强侧弱侧时用的，黑体大写的 T 是在图上添注释用的，比如火箭队的战术图里，5 号位可以标注姚明。

场地项（Court）里包括半场的图形、全场的图形、进攻的图形、防守的图形等，教师或教练员可以根据需要选择适当的场地图。

2. 制作过程

画线后的修改，如果需要改线条颜色，右键单击需要修改的线条，从弹出的对话框中选择所需的颜色。删除有 Delete 和 Remove all，分别是删除所选和全部删除。如果注释写错了需要修改，则单击右键，在对话框内重新输入正确的内容（输入空白就是删除）。画好图之后若需要配有文字说明，则点开 Edit Text 就可以编辑说明，界面一目了然，每个战术都会有相当多的变化，若需要多幅图来说明不同的变化，那么单击 Add Sequence 就可以换一页继续画，画出的不同场景会自动生成动画。

（二）篮球技战术 GIF 动画软件

1. GIF 动画概述

GIF 动画是由连续显示数张图片所形成的视觉效果，其原理与卡通影片是一样的。GIF 动画能增加网页的动态效果，吸引学生的目光，提高学生学习的积极性和兴趣。

在国外，世界篮球协会的教练员网络图书馆、NBA 等篮球知名网站都利用网络动画的形式，来介绍相关的篮球战术。其采用 Flash 动画或其他相关软件来制作篮球动画，这对提高教练员理解与运用战术，篮球爱好者提高战术素养，篮球水平的全球传播等方面都能起到积极的作用。

从制作方式来说，GIF 的制作大致分为两种：一种是通过视频转化的 GIF 图片，如一张图就可以显示科比（Kobe Bryant）突破的全过程。它突破了图片都是静态的范畴，适合于 Web 传播。另一种是通过相关软件制作的。制作软件大致分两种：图片制作软件和专门的 GIF 动画制作软件。目前来说，制作 GIF 动画的软件很多，比较典型常用的有 U lead 的 GIF Animator，Micro Media 的 Fireworks、Adobe 的 Image Ready。GIF 格式动画的制作需要注意图片、帧速、效果三个要素。下面以 U lead 的 GIF Animator 为例，讲解制作篮球技战术的 GIF 动画过程。

2. 制作过程

（1）获取录像。大部分的比赛，赛后在网上都可以找到可供下载的视频资源，但有时比赛规模较小或者自己需要更快地拿到视频时，便可以尝试自己来录制比赛。可以通过“UU see 网络电视”及“百宝录像机”等相关软件进行录制。

（2）制作 GIF。

1）截图。KMP 播放器设置：右键单击播放器，把选项里的高级菜单选项勾上；打开视频文件，右键点击播放器的“捕获”中的“画面：高级捕获”选项。视频在播放的同时，按开始捕捉截图，按结束停止捕捉，捕捉的图片放置在自己所设置的位置。

2）使用 U lead Gif 制作 GIF。点击新建，建立新的 GIF；再点击添加文件中的“添加图像”选项，找到之前截取图片的存储目录，选定所需要的图片，打开；现在将所添加的图像分配到帧，点击所添加图片的最上面的第一张图片，然后按住 Shift 键，下拉至图片最下面，再点击最下面的图片，松开 Shift 键，选定所有的图片，右键点击，选择“分配到帧”；所有的制作工作准备就绪后，可以按“预览”来预览 GIF 动画，如果没有问题，按文件中的“另存为”存为 GIF 动画格式。

3）GIF 的优化。如果想把一次完整的阵地进攻或阵地防守清晰地展现给大家，通常制作出来的 GIF 会比较大。所以，很多时候进行精简也是非常重要的。除了减少帧数和每帧的尺寸之外，U lead GIF 还提供了一个“优化”功能。将图片导入以后，点击红色的“优化”选项，根据需要选取下拉菜单中的选项，就可以对 GIF 进行优化。需要说明的是选择压缩后文件的数值越小，生成的 GIF 也就越小，图像就越不清晰。因此，在选取数值大小的时候，还应综合考虑。

第十章　高校篮球教学的医务卫生知识

运动性疾病在篮球运动中经常会发生，一些自身身体状况不是很好、平时又缺乏运动或者几乎没有参加过比赛的运动员更加容易引起运动性疲劳和损伤。本章主要讲解运动性损伤、疲劳以及运动性疾病的缓解方法，同时对高校篮球运动性损伤和运动性疾病的预防和处理进行详细分析。

第一节　篮球运动性疲劳的缓解

一、延缓运动性疲劳的原则与方法

（一）延缓运动性疲劳的原则

在篮球运动中，运动性疲劳出现得晚，对提高锻炼效果会有帮助，延缓运动性疲劳主要坚持以下几个原则。

（1）合理安排训练内容，避免局部负担过重而产生局部疲劳。

（2）坚持长期不懈的锻炼，努力提高身体素质。

（3）加强品质和心理锻炼，提高自身的心理素质和抗压能力，有助于提高运动员的意志力，缓解疲劳症状。

（4）合理安排饮食营养，学习科学的饮食方法，帮助身体存储更多的能量。

（5）运动项目中，项目不同，功能系统也不一样，在平时的锻炼中要培养和自身运动项目互相匹配的功能能力。每一个功能的训练方法都不同，在平时的练习中要掌握不同的训练特点，培养自身的功能系统能力，会推迟疲劳。

（二）延缓运动性疲劳的方法

延缓运动性疲劳的方法又叫作预处理。目前预处理所用的方法除了缺血预处理之外，还包括缺氧预处理、预热预处理、运动预处理、高压氧预处理、药物预处理、电刺激预处理、针灸等。

现代研究还发现，缺血预处理在经典的心肌缺血预处理之外，肾脏、小肠以及肢体等心外组织器官的短暂性缺血对自体心肌也有保护作用，也可以缩小由于长时间劳动导致的缺血引起的心肌梗死面积。

二、缓解运动性疲劳

想要缓解身体的运动性疲劳的症状就要采取正确、科学的方式和手段。缓解运动性疲劳有如下方法。

（一）按摩

按摩可以促进身体的血液循环，帮助人体排泄身体中多余的代谢产物，使得身体中的肌肉更加灵活。

按摩方法包括机器、人力、水能、气压等，这几种方法中大家主要推崇的是人工的按摩手法，这种按摩手法可以通过按摩肌肉、穴位等帮助人体达到放松、治病的功效。

1. 人工按摩的功能

按摩作用机理和人体经络息息相关。人体的经络是气血运行的途径，对身体气血运行起着重要的作用，如果经络不畅通就会使得人体阴阳失衡，造成身体的疲惫甚至引发疾病。

我国传统的中医角度认为按摩的作用主要有疏通气血经络、活血化瘀、平衡阴阳、加强气血、调和脏腑、增强人体抵抗力、强身壮骨等功能。

西医认为按摩有两方面功能。其一，人工按摩可以调节人体的内分泌，防止内分泌失调，加快肠胃的代谢速度。其二，按摩还会使得大脑神经兴奋，改善大脑皮质。

2. 按摩的基本方法

按摩也叫作推拿，在中国有着悠远的历史，按摩方法多种多样，各具特色，有成体系的规范动作和技术要领。

想要掌握稳定和熟练的按摩技巧，首先要有有力、持久、柔和、均匀、渗透的技能，下面介绍的是主要的按摩方法。

（1）推摩法。推摩法分为推法和摩法两部分。推法指的是用手掌或者肘部在身体的某一部位用力，进行直线移动，摩法指的是用手掌面或者手指面在身体穴位上，用手腕的关节以及前臂进行圆圈状的移动，这两种手法统称为推摩法。运用推摩法进行按摩时，可以双手交替按摩，在使用摩法时，指掌要保持伸直的状态，手腕部应该保持放松，肘部要保持自然弯曲，按摩手法要循序渐进，按摩频率为一分钟120次左右。

推摩法可以使胸腹部气血畅通，长期坚持推摩法可以帮助人体保养脾胃。

（2）捏法。按摩法中的捏法由三指捏和五指捏组成，三指捏通常是用手指中的前三只手指夹住身体某一部位，然后开始松紧自如地按压；五指捏一般是用五指一起夹住身体某一部位进行按压。

在做相对用力的挤压动作时，要均匀而有节律性，循序而下。捏法具有舒筋活血的功效，适用于头、颈项、背脊以及四肢等部位。

（3）揉法。按摩中的揉法通常是由掌揉法、鱼际揉法和指揉法一同组成，揉法指的是用手指在身体某一部位的穴位上做轻柔的揉动。

按摩手法中的掌揉法通常是用手掌根部按摩，手腕关节保持放松，用手腕以及手臂前臂进行揉动。

揉法中的鱼际揉法通常指的是用手掌中的大鱼际部分按压在身体的某一穴位上，进行揉动。

揉法中的指揉法通常指的是用手指中的拇指、中指、无名指按压在身体某个部位的穴位上，进行轻柔的揉动。

揉法可以帮助身体活血化瘀、消积导滞、消肿止痛、宽胸理气等，适用于全身各部位。

（4）擦法。擦法指的是用手掌中的掌根、大鱼际、小鱼际部分按压在身体某一部位，然后直线往返摩擦，直至身体产生热量。在进行往返摩擦时，动作要保持平稳有节奏，不可以中途停止或者歪斜。

擦法这种按摩方法有很多作用，能够加快人体血液循环，对养生有很好的作用。

（5）点法。点法指的是用手指的顶端或者关节点压身体某些部位，起到缓解腰腿疲劳、酸痛的功效，还能够活血化瘀，促进身体血液循环，对身体有很好的保健作用。

（6）按法。按法通常是用大拇指或者手掌根部在身体的穴位上进行按压，自由掌握力度。

按法可以用于全身的按摩，通常有指按法、掌按法和屈肘按法三大类。

指按法的按摩手法是在保健手法中最常用的手法，因为这种按摩手法按摩面积较小，强弱程度可以自由控制，经常进行这种按摩手法，可以帮助身体加快血液循环，还能起到美容保健的作用。

掌按法的按摩方法力度比较小，适合用在身体面积较大的部位，在身体的背部运用掌按法是一种常见的手法。

屈肘按法力度较大，用肘部弯曲时的鹰嘴部分对身体进行按摩修复，通常会按摩臀部等肌肉发达的地方，这种方法可以有效缓解肌肉紧张。

（7）搓法。搓法指的是用双手对身体的某一部位进行来回的揉搓，并且进行上下移动。

在操作时，两手用力要一致，快速搓动，缓慢平移。此法具有调和气血、舒松肌肉、疏通经络和消除疲劳的功效。

（8）抖法。抖法通常是握着患者的上肢或者下肢，然后进行轻微的抖动，使得身体上肢或者下肢有关节上的松动。抖法通常有上肢抖法和下肢抖法，可以疏通身体的脉络，让被按摩者感觉到身心的放松。

3. 按摩在运动性疲劳消除中的运用

篮球运动的实践证明，运动按摩对运动员克服赛前机能失调、加速体能恢复、消除赛后疲劳有非常明显的效果。

在运动中怎样运用按摩能够达到最佳的效果，可从以下几个不同阶段进行讲述。

（1）运动前按摩。通常在篮球比赛开始前对身体、肌肉、关节等进行按摩，会让身体中的关节、神经以及内脏器官动员起来，适应将要面对的身体和心理的负担，预防伤病，提高自身抵抗力。在运动前按摩能让运动员保持良好的身体状态，延缓疲劳时间。运动前按摩主要采用三种手法。

1）兴奋性手法，即重推摩、擦摩、揉捏等手法，这种手法按摩速度较快，力量较重，时间稍短，以便提高中枢神经系统的兴奋性，主要用于运动员训练赛前精神不振，兴奋性不高的情况下。

2）抑制性手法，即轻推摩、揉捏等手法，这种手法缓和，用力较轻，时间应稍延长，主要适用于训练、赛前兴奋性过高、精神过度紧张的运动员，能帮助运动员消除比赛紧张。

3）预热手法，即揉捏、扣打、抖动，以增强关节、韧带、肌肉的弹性和机能，适用于寒冷天气时的训练和比赛，可以帮助增加运动员的体温，避免由于肌肉僵硬导致的受伤。

运动前按摩可以帮助身体的肌腱、韧带、关节得到前所未有的放松，增大韧带的柔韧程度和关节的活动范围，可以使运动员在接下来的比赛有更好的运动能力。

通常来说，运动前按摩需要和比赛前的准备活动一起进行，大约在比赛或者训练前15分钟开始按摩最好，按摩时间大约为10分钟，休息5分钟后再进行比赛最好，要根据运动员的具体情况因人而异地选择合适的手法进行按摩。

（2）运动中按摩。运动中按摩时间3～5分钟即可。如果操作得好，进行运动中按摩往往能够达到缓解训练或比赛中出现的疲劳、关节无力或肌肉僵硬的效果。

（3）运动后按摩。在大型比赛或者紧张的训练后，身体会出现短暂的肌肉紧张、神经紧张或者疲劳等症状，这一般是由于身体在进行比赛后，平衡受到外界的破坏，神经、体液、呼吸等发生了很大的变化，这时候对身体进行按摩可以帮助身体恢复以往的平衡，提高自身运动的水平和身体的体力。一般有如下几种按摩方法。

1）不同部位的按摩。一般情况来讲，运动后按摩以全身按摩为主，同时结合局部重点。一般在训练、比赛结束后、浴后、休息或晚上入睡前进行，按摩部位以项背、四肢为主，胸腹、头部为辅，目的在于消除疲劳、放松肌肉，减轻运动后关节、肌肉的酸胀等疲劳感。按摩哪里通常要根据运动项目或者疲劳的位置，一般是选择负荷最大的身体部位。主要有拍打背腰部、推拿腿前侧、推印堂穴、拍打下肢、按揉胸腹、揉搓背腰、推拿腿后侧等手法。

2）踝关节扭伤后的按摩。在运动中经常会出现踝关节扭伤，可能会造成脚部的韧带部分撕裂，甚至是骨折。进行按摩前要确保踝关节的韧带没有断裂或者骨折，刚开始进行按摩时，力度要轻，按摩时间要短，不能加重损伤，否则会加剧受伤部位的瘀血。在对急性踝关节进行按摩的，最常用的有点按法、推摩揉、拔伸复位法、对合挤压法等。

3）消除精神疲劳的按摩。大强度运动训练和比赛经常会影响到运动员的精神状态，并容易引起精神等心理疾病，主要表现为注意力不集中、精神状态不佳、头疼、浑身无力等。缓解精神疲劳时通常是按摩患者头部或者头部的相关穴位，轻缓稳，按摩时候力度要轻、速度要保持缓慢，对精神疲劳的运动员进行按摩应该采用推摩与擦法结合的手法和不同力度的点法。

（二）运动疗法

运动疗法通常是以生理学和运动学为基础，通过锻炼，人体的肌肉关节得到舒展，然后达到缓解疲劳、促进身心健康的作用。运动疗法包括如下方法。

1. 积极性休息

积极性休息也就是变换身体的活动部位或者是改变自身的运动强度。在相关研究中发现，右手进行测力器工作感到疲惫时，如果换左手工作，右手便能得到更好的休息，而且恢复得更加迅速、有力，这就是积极性休息。

在积极性休息中，左手开始工作时肌肉的收缩会加重右手的神经抑制，使右手恢复得更快。

一般来说，积极性休息的时候身体内的乳酸比静止休息的时候恢复快得多，所以积极性休息在目前的市场上应用十分广泛，是缓解运动疲劳的主要方法。

2. 整理活动

整理活动通常是在训练结束后为恢复体力进行的一些比较轻松愉快的身体练习，运动后的整理活动可以缓解运动后的肌肉紧张、身体疲劳。通常来说，运动员如果在跑到终点后立即停止运动，血液就会骤然集中在下肢的血管中，血液回心量就会减少，这样的状况会导致自身血压降低，引起身体不适、头晕、短暂性脑贫血，严重的还可能出现休克。所以整理活动对于运动后的运动员来说非常重要，可以帮助运动员调节心血管系统或者呼吸系统处于一个良好的状态，还可以帮助身体排解运动产生的乳酸。

整理活动一般包括如下几个项目：慢跑、深呼吸、健身操、静力牵伸练习等。静力牵伸练习的活动有助于缓解肌肉的紧张，改善肌肉的状况，消除肌肉长时间运动造成的疲惫，放松精神，排解身体产生的乳酸等。为了保证达到整理运动最好的效果，在做整理运动时一定不要选择运动强度大的运动，应该保持轻松、舒缓的有氧运动。

（三）物理治疗

现代生物学、物理学的快速发展，让物理治疗成了临床综合治疗的非常重要的部分。

物理治疗主要应用牵引、按摩、机械设备等力学因素和水、电、光、声、磁、冷、热等其他物理因素预防和治疗伤病的非药物治疗方法，利用人体生理对物理刺激所做出的反应来达到目的。

1．物理因子

物理因子分为天然物理因子和人工物理因子，不同的物理因子在治疗过程中所起的作用也是不一样的。

天然的物理因子通常包括空气、阳光、水、矿泉、高山、大海等，利用大自然赋予我们的物理因子进行日光浴、海水浴或者大气浴，能够吸收能量，有助于免疫功能的增强以及机体功能的恢复。

人工物理因子通常有电疗法、光疗法、热疗法、冰疗法、药物疗法等。

2．物理治疗的机理

物理治疗是一种使用物理原理的医疗方法，透过非药物的治疗来影响体液、神经和经络而使身体的创伤得到康复。

物理因素作用于肌体会引起一系列反应，主要有自由基形成、温度梯度、离子迁移、pH 值变化、组织形态、生化过程酶的活化等表现。对于物理治疗的作用机理主要有以下几个方面。

（1）改善循环系统功能。长时间进行温热物理疗法，能够加快血液循环速度，可以迅速使得人体末梢血管充血，引起毛细血管的扩张，改善淋巴，促进肢体的静脉和淋巴回流，促进局部血液循环，影响机体各种生理功能，有助于消散浸润，加强再生。

（2）促进组织代谢。据研究，石蜡物理疗法可以帮助身体提高表面温度，大约升高 8～18℃，增快血液循环，刺激细胞组织再生长，缓解身体运动后的疲劳和疼痛。

温热疗法能明显影响体温、皮肤及深部组织，人体对红外线的反射和吸收后产生的温热效应，可以影响体内组织细胞的代谢以及神经系统的功能。

（3）改变兴奋性。电疗法可以兴奋神经肌肉组织。电刺激可能会引起神经肌肉的兴奋或者可以降低神经兴奋性，具有镇痛的作用，临床上用来治疗神经痛、神经炎和针刺麻醉，平滑肌痉挛、解除横纹肌及促进神经功能恢复。

（4）提高免疫功能。红外线可以增强体液免疫力和细胞的吞噬功能，促进炎症消散，改善血液循环，对慢性感染性炎症有很好的作用。

在温热疗法的影响下，可以看见周围血液中的白细胞总数增加和核左移，有时颇为显著，并能加强网状内皮系统细胞的吞噬机能，因而对化脓及炎症过程有良好的影响，并且有使血中酶的活性正常化的作用。

（四）传统康复治疗

传统的康复治疗技术主要有针灸技术、身体拔罐技术、手法按摩、中药等，这些康复治疗的方法主要是帮助身体疏通经络、增快身体血液循环、调节人体阴阳、缓解人体运动后的疲惫和紧张、增加自身抵抗力等。

传统康复治疗措施中应用最广泛的是气功，这种措施是一种自我控制、自我调节的方式，有助于缓解运动性疲劳，它的作用重点表现在以下几个方面。

（1）气功可以增强人体的抵抗力。

（2）气功练习还可使骨骼肌放松、心跳减慢、耗氧量减少。

（3）气功练习对大脑皮层起保护性抑制作用。

（4）气功练习可以帮助人体缓解肌肉的紧张程度，放松身体，加快血液循环速度，增高身体表面的温度，使得体内的红细胞和血红蛋白的数量增加。

现在的康复训练通常是采取多种类型相互结合的训练方法，因为较为复杂的问题通常是由多种问题结合形成的。对于比较简单的损伤，假若采取多种类型相结合的治疗手段进行治疗，缓解的功效更强。

（五）营养疗法

在机体进行篮球运动后，运动性疲劳恢复的关键是恢复机体的能量贮备。保持身体能量的最基础物质供应是补充自身营养。

糖对保持身体能量具有十分重要的作用，在篮球运动中也占据着能量供应的位置。

补充身体的糖类对于身体营养补充有重要的作用，在运动员感到身体疲劳时补充糖类可以恢复血糖。

在大强度的篮球运动后，身体会损耗很多能量物质，这时便需要补充能量，特别是碳水化合物，必须给予足够的补充，在通常的饮食结构中，碳水化合物只能在 72 小时后得到弥补，但是若在运动后及时补充富含碳水化合物的食品，身体将会在 24 小时内就恢复本来的水平，要想快速消除运动后带来的疲劳，还应该适当地补充一些蛋白质和脂肪。

在补充能量时，一般按蛋白质、脂肪、糖的比例进行均衡补充，通常补充比例为 1.2∶0.8∶4.5。

篮球运动对于糖的损耗较多，因此膳食中糖的含量高，三种能量通常按照 1.2∶1∶7.5 的比例补充，如果个人运动负荷量较小，这时就需要补充比普通人能量更高的糖，通常按照 1∶0.6∶3.5 的比例进行补充。

不同的运动项目，负荷量不同，所需要的能量也不同，补充能量需要根据运动项目特有的特点进行补充，只有这样补充才能够让身体更好地恢复。

人体除了要补充适量的脂肪、糖和蛋白质外、还应该补充适量的维生素，维生素的作用非常多，不仅对于维持人体的机能和代谢有帮助，还可以提高人体的运动能力。

在高强度的篮球运动后，身体消耗的碳水化合物比较多，维生素 B、C、E 的流失也比较多，身体比较疲惫，需要补充大量的维生素 B 和碳水化合物。

所以说，在篮球运动后应该及时地补充身体需要的能量来缓解运动后的疲惫，在补充能量时应该选择一些有助于肠胃消化但却有营养的食物，比如水果、蔬菜等。

（六）睡眠疗法

睡眠能够帮助人体恢复体力，消除运动后的疲惫，在睡觉过程中大脑处于休息状态，身体的新陈代谢处于最慢的状态，但是合成代谢比较快，所以能够帮助身体储藏能量。

每个人都要保证充分的睡眠时间，尤其是在参加运动训练或者比赛期间，更加应该注重睡眠时间或者是适当延长睡眠时间。

（七）水浴疗法

物理疗法中有很多治疗运动性疲劳的方法，在篮球运动后经常采用温水浴或者局部热敷的方法来消除肌肉的紧张，缓解疼痛，经常进行局部热敷或者温水浴有助于加快身体的血液循环和新陈代谢。

温水浴时，水温要控制在 40℃，热敷的温度保持在 47℃左右，温水浴的时间一般是 15 分钟左右，热敷的时间通常是 10 分钟。消除疲劳的手段还有很多，例如光疗、电疗、蒸汽浴等，这些方法都有助于促进身体的血液循环，加快身体的新陈代谢，放松紧张的肌肉，缓解身体的疲劳。

（八）心理放松疗法

心理放松疗法指的是利用心理学中的原则、方法和技巧，与病人沟通，帮助他走出情绪困境，解决他的心理难题，放松精神的一种治疗手段。

在运动员进行完训练后，心理处于紧张状态，这时候如果利用心理放松疗法进行治疗，可以缓解运动员的心理紧张，更快地调整自身机能。

心理放松疗法中应用较为广泛的方法是音乐疗法，通过音乐的声音刺激，对患者生理或者心理产生一系列连锁反应，舒缓情绪，放松紧张的神经。每种音乐的类型不一样，对人体造成的影响也不同，一般分为以下几个类型。

节奏很快并且有力的音乐可以帮助人体增强血液循环，增加人的心脏功能。

节奏鲜明有力的音乐可以帮助人体增快自己的心跳，提高神经的兴奋度。

旋律轻缓的音乐可以帮助人们疏解紧张的情绪，保持心情的愉快，排解人体工作的疲惫，还能够改善人们的记忆力，集中大脑注意力，提高人们对环境的适应力。

节奏较慢的音乐主要可以帮助抚慰人的心灵，使得人的心情得到放松。

第二节　高校篮球运动性损伤的预防与处理

一、运动性损伤的预防

（一）预防运动性损伤的意义

运动员参加训练主要目的是提高自身的身体素质，增强抵抗力，取得高水平的成绩，但是如果出现运动损伤，便会影响自己的健康甚至运动的动力，严重的还会伤害到自己的生命，反而给国家或者家庭带来损失和负担。所以，运动员不仅要掌握科学的治疗方法，更重要的是做好充分的预防，防止运动性损伤的发生。

（二）运动性损伤预防要遵循的原则

在运动中为了预防运动性损伤，一般应该遵循以下原则。

1. 科学安排训练内容

教训员应科学合理地安排运动员的运动量。

2. 加强身体素质训练

运动员要提高自身的适应能力，培养自身的身体素质，这对于防止运动性损伤有着重要的作用。

3. 加强医务监督

高校相关部门定期监督检查训练中的设备并进行维护。

4. 加强自我保护

运动员要增强自我保护意识，在运动中能够保护自己，尽可能地保护自身不受伤害，降低运动性损伤的发生率。

（三）预防运动性损伤所采取的措施

运动员在进行篮球运动时，为了更好地控制和降低自身损伤的发生概率，可以采取以下几种措施。

1. 提高身体素质水平

有良好的身体素质、较强的爆发力、协调组织能力、良好的平衡能力和心肺功能都能确保运动员取得好的成绩，这些条件可以保证运动员较少地发生损伤，所以运动员平时应该增强锻炼，保证自身有一个良好的身体条件。

运动员要根据不同运动项目的特点训练不同项目的易伤部位，提高自身身体素质，减少损伤。

2. 增强运动员的预防意识

高校可以通过各种方式增强运动员的预防意识，比如经常举行自我保护的知识讲座，积极开展急救知识讲座，宣传防护方法和措施，教会运动员自我保护的技巧，经常进行交流，互相学习，建立运动员、医生和社会指导员的制度。对运动员加强安全意识的灌输、增强运动员对运动损伤的预防技巧，保证运动员有一个良好的身体素质，最终提高自身的运动成绩，分析运动损伤的原因，得出经验，降低运动损伤的概率。

3. 要熟知身体状况

运动员在锻炼前及锻炼中应该进行严格的体格检查，特别是要检查身体有无伤病，如果身体某部位患有先天性畸形，那一定不要从事该部位负荷量大的运动。运动员在运动中要配合工作人员做专项普查，检查身体中易伤或者畸形的部位，及早发现损伤部位，与社会体育指导员配合给予及时处理。运动员也要学会自我监督，学会内脏器官的功能检查和各种多发病的自我检查。

4. 学会自我保护

一方面，运动员要有自我保护意识，在运动中需要学会自我保护，学会适当使用各种保护支持带来保护自己，在运动中如果关节、肌肉出现疼痛要学会使用保护支持带固定；另一方面，体育指导员要制造必要的保护设施来保护运动员，教会他们自我保护的技巧。

5. 创造良好的环境

各高校在锻炼和比赛中应该定时检查设备、设施的安全性，对有损坏的设备要及时进行维修，平时也要进行严格的设备设施的卫生监管，定期进行检查。

二、运动性损伤的处理

篮球运动性损伤的预防是必要的，进行及时的初步急救是重要的，损伤预防得当可以很大程度上降低损伤的发生率，损伤处理得当可以加快损伤的修复。

运动者掌握一些运动损伤的预防和治疗急救措施是非常必要的，若损伤处理不当，容易加重伤情，延长损伤治愈时间，严重的话还会留下残疾或者后遗症。

（一）擦伤

1. 症状

擦伤后表皮脱落，有一些组织液和血液从伤口处流出。

2. 原因

擦伤通常是粗糙的物体和肌体进行碰撞或者不同程度的摩擦引起的。

3. 处理方法

小面积的擦伤只需要用生理盐水或者其他辅助性的药水，冲洗伤口消菌，伤口处涂抹紫药水。大面积的伤口需要先用生理盐水冲洗伤口，涂抹上红药水，然后覆盖上消毒布，最后再包扎好。通常面积较大的伤口容易感染，这时要在伤口处用酒精或者碘酒进行消毒。

如果创面中不小心进入了沙粒等颗粒物，这时要用棉球蘸生理盐水轻轻地刷洗伤口处，然后消毒，撒上云南白药，最后包扎。如果这样包扎后伤口不发生感染，大约两周时间伤口可以愈合。身体的关节方面擦伤，在用碘酒或者酒精消毒后要用青霉素软膏进行伤口涂抹，确保不影响以后的关节活动。

（二）挫伤

1. 症状

挫伤后一般表现为皮肤肿胀、皮下出血，伴有一些疼痛感和功能障碍等问题。单纯的挫伤只是伤口处有红肿，内脏器官损伤时会有头晕脑热、脸色苍白、心情烦躁、四肢无力或者四肢发冷，严重的还会出现休克。

2. 原因

挫伤是钝性暴力直接作用在身体某部位而引起的局部肌肉的急性闭合性损伤。在篮球运动中由于运动需要，互相踢、碰撞、顶都会发生挫伤，常见的挫伤是大腿的股四头肌和小腿前部的骨膜和后部的小腿三头肌。

3. 处理方法

在肢体受伤后要对肢体进行局部冷敷，对肢体进行包扎，抬高患者的肢体，防止出现肿胀和出血。

股四头肌和小腿后群肌肉在受到严重挫伤后通常会出现一部分的肌纤维断裂，导致组织内出血形成血肿，这时需要把患者的腿部抬高，立即送往医院。

当四肢或者躯干受到挫伤，可能会导致患者暂时出现休克，需要及时注意病人的脉搏或者呼吸状况。如果出现休克要对病人做抗休克处理，让患者平躺休息，进行止血、止痛等。如果患者感到剧烈疼痛，要马上给患者的肌肉注射杜冷丁，如果发现患者有更严重的内脏损伤，应及时将患者送到医院。

（三）肌肉拉伤

1. 症状

肌肉拉伤后通常表现为局部肿胀、充血、痉挛、疼痛等，如果肌肉发生断裂，则伴有非常疼痛的撕裂感，关节能力也失去控制，而且还会在断裂处出现隆起。

2. 原因

肌肉拉伤一般是因为肌肉受到强烈的牵拉产生了肌肉部分断裂或者肌肉损伤，在篮球运动中，大腿后群肌肉拉伤和小腿后群肌肉拉伤是最常见的。

3. 处理方法

肌肉拉伤后可以先用喷雾剂让血管收缩，发挥冷敷效果，减轻淤血肿痛、肌肉酸痛，然后包扎伤口处并且把患者受伤的肢体放在使拉伤的肌肉轻松的位置。

对于轻微的拉伤，可以采用针刺疗法进行治疗，肌肉完全断裂的患者需要在局部加压下包扎好，等到把四肢固定好以后送到医院进行手术。

通常而言，拉伤48小时后可进行相应的按摩，但是要求拉伤后的按摩手法一定要柔和，否则不仅不会治疗损伤，还有可能会加重病情。

（四）腰部扭伤

1. 症状

腰部损伤后，主要表现为以下几个症状。

（1）伤后腰部立即出现剧烈、持续性疼痛，休息后症状减轻，病情严重者，受伤时有撕裂感，并有腰部折断的感觉。

(2) 喷嚏、咳嗽、用力大便时会使疼痛加剧，局部皮下瘀血，肿胀，腰不能挺直。轻者双手叉腰缓行，重者需要他人搀扶行走，起卧和翻身都不能自理。

2. 原因

腰部是脊柱运动中活动多、负重大的部位，是身体活动的枢纽，因此，腰部非常容易受伤。腰部受伤可分为扭伤和挫伤两种，扭伤比较常见。

腰部扭伤通常发生在腰椎关节等部位，大部分原因是腰部遭受了强烈的暴力打击。

(1) 在运动过程中，如果运动量负荷过大，运动员自身不能承受就会出现一定程度的损伤。例如在举重运动中，如果重量过重，会使运动员腰部负荷量过大，从而导致腰部受伤。

(2) 运动员在过湿的球场快速奔跑时，踩滑导致腰部猛烈扭闪。也有在偶尔咳嗽、突然扭转上身或泼水等动作时引起腰部扭伤。

(3) 在篮球运动中受到强烈的暴击，受到伤害，比如在篮球的传球中不小心导致运动员血脉受损、肌肉挫伤、肾脏损伤、活动受限、腰部疼痛，出现血尿等。

3. 处理方法

急性腰部扭挫伤患者要有一定的卧床休息时间，如用木板床，腰后垫小褥，减轻病理反应，使肌肉、韧带松弛，避免重复受伤。处理损伤的措施有很多，比如推拿按摩、中药、针灸、火罐、骨盆牵引等。

(1) 推拿按摩。推拿按摩有多种方法。如弯腰膝推法、掌揉指针法、揉按拔伸法、贴背颤抖法及抱膝滚腰法。

1) 弯腰膝推法。病人弯腰，术者用膝头顶住病人腰部命门穴处，并将两手放在病人腋窝下方，挟住病人前胸，用力将病人身体略向后倾，两足离地，1～2 分钟后放下。让患者直立，弯腰，两手放在膝上，自行挺起，帮助缓解腰部酸痛。

2) 掌揉指针法。病人取俯卧位，头偏向一旁，双臂自然放松，术者站到病人侧面，在腰骶部外擦舒活酒，术者先做表面抚摩，再用掌根做揉、推、按压等，手法由轻到重，然后用指针法按摩阿是穴、环跳、委中、昆仑、肾俞和腰眼等穴，最后用表面抚摩手法，一般 2～3 次，便会痊愈，每天或隔天按摩 1 次。

3) 揉按拔伸法。病人取俯卧位，术者站在患者侧面，术者用双手揉按两侧腰肌、腰骶部及两侧臀部 3～5 分钟，缓解病人肌肉紧张；然后将脊柱作拔伸；术者一手按住腰部痛处，另一手托抱病人侧大腿，向背侧斜扳或摇晃数次。

4) 贴背颤抖法。术者和病人背对背站立，术者用两手向后反抱，背起患者，使病人腰部贴着术者臀尖部，术者运用力量震颤抖动数下，病人会感到腰部立刻舒缓，起身后就能活动弯仰，腰部酸痛立即消失。

5) 抱膝滚腰法。病人取仰卧位，术者立于病人侧面，术者嘱咐病人屈膝屈髋，双手抱膝紧贴腹部，头尽量靠拢双膝，在病人能承受的情况下，幅度由小及大，动作由慢及快。

在整个推拿过程中，手法的重点位置应该是酸痛点，急性期症状严重者可每天推拿1次，轻者隔天1次。

(2) 中药治疗。在进行中药治疗时，首先要对病人的损伤情况了解清楚，损伤的初期和后期的治疗方法是不同的。

初期：治宜化瘀止痛，活血补血，方用桃红四物汤，水煎，温服，1日1剂，1日3次。外敷双柏散，或外用黄柏、赤芍、川芎、乳香、没药、白芷、泽兰、牛膝、杜仲，水调敷伤部。

后期：治宜濡养筋骨，补益气血，方用生血补髓汤，水煎，温服，1日1剂，1日3次。外用伤湿止痛膏，也可配合熏洗或热熨。

(3) 针灸疗法。重点位置是痛点，并可选取肾俞、委中、昆仑、环跳、承山等穴位做针刺。

(4) 火罐疗法。用梅花针在环跳、腰部、骶部等痛点针刺，再拔火罐，有少量瘀血渗出即可。

(5) 骨盆牵引。病人仰卧在硬板床上，用骨盆带绕腰部固定，带的左右两侧各连接1根牵引线连到床的足端，另1根骨盆带固定在肋下，并用2根牵引线固定在床的头部，然后摇动牵引床，牵引重量为10千克，共牵引10次，1天1次，牵引时间大于30分钟。

通过上述方法使腰部损伤得到缓解之后，还要做到以下几点：损伤早期应该睡硬板床休息，缓解肌肉痉挛，减轻疼痛，防止继续损伤。

待疼痛缓解后，进行腰骶肌练习：仰卧伸膝勾脚收抬腿，仰卧伸膝抬臂，握杠后伸腰腿，每个动作根据病人肌肉的力量情况循环重复若干次。

（五）关节、韧带扭伤

1. 指间关节扭伤

(1) 症状。急性损伤时关节周围红肿，局部压痛，疼痛剧烈，运动功能发生障碍。若一侧韧带断裂，则出现轻度侧弯畸形和异常的侧向运动。关节脱位时，伤指向背侧屈折成畸形。X光拍片检查，有时可见指骨基底部的撕脱性骨片。

(2) 原因。手指受到暴力作用或手指受到侧向的外力冲击使关节过伸导致，如篮球运动中常因为队员接球技术不过关或者传球技术不对导致关节受到强烈的撞击，引起关节的撕裂或者扭伤，相邻的关节也会受到牵连导致撕裂或者损伤，严重的还会造成骨折，需要马上到医院进行治疗。

(3) 处理方法。在运动中急性扭伤后要立即进行冷敷或者固定包扎，若干指关节断裂严重需要固定三周。还可用粘膏支持带将伤指与患侧邻近的健指作固定，但拇指、食指桡侧和小指尺侧韧带断裂时必须用夹板固定。

假如指关节韧带断裂严重，在冷敷固定以后没有效果就要马上送往医院治疗。

2. 肘关节内侧软组织损伤

(1) 症状。在肘关节急性损伤后，肘关节肿胀，有明显疼痛感，而且活动范围十分有限。在进行运动前的准备活动后疼痛渐渐消失，但是一旦重复受伤动作肘关节就又会出现疼痛。

(2) 原因。任何使肘关节突然外展或过伸，手腕屈肌群及前臂旋前圆肌突然收缩与过度牵扯，都可引起内侧副韧带和关节囊以及内侧屈肌及旋前圆肌的受伤。

(3) 处理方法。急性损伤后要立即进行局部冷敷，一般用冰袋进行冷敷，然后进行包扎，并且在屈肘 90°角固定好，在损伤后的 24 小时后要进行痛点注射。在肘部意外损伤后使用按摩治疗时要特别注意，因为肘部的损伤，如果按摩力度不合适将会造成更严重的外伤性骨化性肌炎，因此要小心使用按摩法。

3. 肩关节损伤

(1) 症状。肩关节在内外旋转时产生强烈的障碍，活动范围十分有限，损伤处有痛感。急性肩关节损伤、肩部疼痛一般是在肩部外侧发生，还有一些损伤是在颈部发生。

(2) 原因。肩关节进行了超出平常的活动，导致肩峰下滑囊和肩袖肌腱受到肱骨头与肩峰或喙肩韧带的摩擦。

(3) 处理方法。上臂放在外展 30°的位置，期间应该注意休息，然后进行按摩、针灸或者外敷中药等。按摩可以用推、搓、揉、滚等手法，配合选用肩髃、曲池、阿是穴等，最后活动上肢和运拉肩关节。如果有肌腱断裂的现象，应当送往医院。

4. 踝关节扭伤

(1) 症状。踝关节肿胀，有明显的疼痛感和皮下瘀血。

(2) 原因。踝关节扭伤是体育运动中十分常见的现象，通常发生在跑跳或者滑冰类的体育训练比赛中，一般是由于运动员起跳后落地姿势不准确造成的。

(3) 处理方法。踝关节扭伤后要立即用冰袋进行冷敷，然后用绷带固定好伤处，最后抬高受伤部位。在受伤后的 24 小时中不可以进行热敷或者对伤处按摩，按摩、敷药需要在 24 小时后进行。

5. 跟腱断裂

(1) 症状。跟腱断裂是非常严重的运动性损伤，足部表面没有异常的现象但是病人会感受到剧烈疼痛，而且没有足部活动能力。

(2) 原因。通常是在运动比赛中发生突然变向或者强行停止导致跟腱意外损伤。

(3) 处理方法。发生这种情况要用冰袋对损伤处进行冷敷，然后固定包扎好，抬高患体，立即送往医院。

(六) 颈部软组织损伤

颈部具有后伸、前屈、左右侧屈、左右旋转等功能，是人体活动较频繁、活动范围较大的部位，因此十分容易发生损伤。运动员在篮球运动中，经常会发生颈部软组织损伤。

1. 症状

颈部软组织损伤的症状主要表现为：多有外伤或睡眠后颈部出现疼痛的病史；伤侧有轻度肿胀，肌肉痉挛；伤后头颈部向一旁歪斜，患侧颈部肌肉强硬转侧不利；每当旋头或仰头时疼痛加剧，颈肩背部有明显压迫感，患侧肌肉处于紧张状态，肩胛内缘有压痛点；颈部扭伤多为一侧疼痛，疼痛向背部放射。

2. 原因

颈部软组织损伤大多数是因为受到外界暴力，具体表现在以下三点。

(1) 训练和比赛的准备活动不充分，动作失误，颈部突然前屈、后伸或扭转，导致颈部肌肉过度牵拉或猛烈收缩，头颈部被碰撞或打击所致。

(2) 长时间伏案学习或工作，使颈部肌肉受到牵拉所致。

(3) 日常生活中，大多数由于头颈部突然前屈、旋转或后伸而受伤，比如端盆泼水时引起头部猛烈后伸，汽车突然刹车，头部猛烈前冲，或在打闹中使颈部过度扭转，造成颈扭伤。

以上三条原因导致颈部的韧带、肌腱和筋膜撕裂，毛细血管破裂，逐渐变为颈部软组织出现肿块、条索状硬结，因强力扭错颈椎小关节出现错位和磨损，接着压迫颈神经根，导致上肢神经症状和颈部畸形。

3. 处理方法

颈部软组织损伤后，要采用相应的措施进行处理。具体采取的措施一般为针灸、中药、推拿按摩及耳穴疗法。

(1) 针灸治疗。常用针刺穴位有大椎、风池、合谷、外美等，昆仑、后溪、悬钟为备穴，用强刺激手法，刺双侧或一侧主穴，嘱咐病人做颈部活动。

(2) 中药治疗。颈部软组织损伤大致分为两种：慢性损伤和急性损伤，使用中药疗法处理颈部软组织时，应该选择适合的方法。

当病人是慢性损伤时，治疗应该活血壮筋，用壮筋养血汤，水煎，温服，1 日 3 次，1 次 1 剂，外贴活络膏。

当病人是急性损伤时，治疗应该活血通络，温寒散结，用小活络丹，每日 3 次，1 次 3 克，局部贴伤湿止痛膏。

(3) 推拿按摩。推拿按摩的治疗方法，可以根据损伤的实际情况进行选择，大致有以下几种方法。

1) 揉捏摇晃法。病人取坐位，术者站到病人身后。术者用舒活酒擦颈部，作揉捏、提弹、表面抚摩、摇晃或用端法，同时配合经穴按摩，掐风池、肩井、天宗、肩外俞等穴，拿肩三对。扭伤者在压痛点周围可加拿法，用拇指、中指、食指对握痉挛的颈肌。

2）点按端提法。病人取坐位，术者站到病人侧面或背后。术者首先点按压痛点，然后点按肩井、天宗、风池、曲池、外关、手三里、中渚、合谷等穴，每穴按5～10遍，以行气活血、疏通经络。术者一手托住病人下颌，另一手托住病人枕部，轻轻提起头部，达到舒经活络，解除疼痛的功效。

3）点压按摩法。病人取坐位，术者站到病人背后，术者左手扶住病人头部，另一手用拇指、中指两指点压痛点及风池、天柱等穴，然后在患侧颈肩背部做由上而下的按摩，做4～5次。

最后用轻揉手法施于患侧颈项部，并嘱咐病人做旋转头颈、低头等动作，病人即刻感到轻松舒适，伤者经手法治疗2～3次即可痊愈。

4）拿捏舒筋法。术者站到病人背后，用右手拇指、中指、食指沿着脊柱向两侧从上往下按捏。

5）弹拨推揉法。病人取坐位，术者站到病人侧面或背后。术者用拇指腹弹拨患侧胸锁乳突肌中段后缘及斜方肌，并从上至下理顺颈部经络，一手托其下颌，一手扶托枕部，双手逐渐把头颈向上拔伸，同时将其头颈向左、右、前、后轻缓地旋转，每次按摩1分钟。

（4）耳穴疗法。耳穴取颈神门穴，绿豆2粒，放在伤湿止痛膏中间，贴在选定的穴位上，同时按底贴好的耳穴，由轻到重，按至有疼痛感、发热为度，并嘱咐病人转动头颈，大多数病人可以缓解症状，最后取出胶布和绿豆。

（七）脑震荡

1. 症状

发生脑震荡后，病人会有瞳孔突然放大、神志不清、脉搏舒缓、肌肉松弛、神经反射减弱或者消失的现象；通常在清醒后会有头晕、恶心、精神状态不佳、记忆力减退、耳鸣、失眠、情绪不稳定甚至呕吐等。

2. 原因

脑震荡是在头部受到强烈撞击后，使得大脑相关感受器的功能失衡，大脑没有了相应的功能或者功能失调，失去了相应的能力。在篮球运动中，常会发生脑震荡，比如篮球撞头、两人头部相撞或从高处跌下时头部着地等。

3. 处理方法

轻微的脑震荡经过一段时间可以自愈，不需要住院，但是应该注意情绪稳定，减轻脑力负担，注意休息，可得到有效的缓解和痊愈。

如果脑震荡情况严重，要马上让病人身体平躺，对脑部进行冷敷；如果还是昏迷，按压病人人中、内关、合谷穴；如果还是昏迷不醒，呼吸困难，应该立刻对病人人工呼吸，如果进行上述措施病人还是昏迷不醒，出现耳、鼻、口出血，眼睛放大、不对称，就代表病人病情严重，需要马上送到医院治疗，途中让病人保持平躺。

治疗之后要及时检查病人的脑震荡情况，一般会采用如下的检查方法：单腿站立，闭目，展开两臂，如果病人保持平衡，则证明症状缓解良好。这时，可根据自身的伤情和恢复状况，进行适宜的运动锻炼，但是运动过程中，应尽可能地避免滚翻和旋转性动作，防止病情复发。

第三节　运动性疾病的预防与处理

一、运动性疾病的预防

（一）运动中腹痛

1. 症状

在慢速度和小负荷的篮球运动中，腹痛不明显，强度增加和运动负荷增加时，腹痛也加剧。腹痛部位常为病变脏器所在：左上腹痛，多是由于脾瘀血；左下腹痛，多是由于宿便引起；右上腹痛，多为肝脏瘀血、肝胆疾患；右下腹痛，大多是阑尾炎；中上腹痛，多是急性或慢性胃炎；腹中部痛，多为蛔虫病和肠痉挛。

2. 原因

运动中腹痛的原因主要有以下几点。

（1）心血管系统血液动力学障碍。参加篮球比赛时，由于运动强度大，心血管系统都不能适应运动强度，心脏承受不了负荷，搏动无力，心脏内血液循环差，影响血液回流和血液排空。这就导致下腔静脉压力上升，肝脾静脉回流受阻，血液瘀积在肝脾内，肝脾的张力增大，使其被膜上的神经受到牵扯而导致肝区或脾区疼痛。

（2）疾病史。如果运动员有肝炎、胃炎、胆囊炎、尿结石、阑尾炎等疾病，在篮球运动中血液流向四肢，内脏血管进行收缩，身体新陈代谢的加快都会导致身体不适，胆道平滑肌的痉挛性收缩、腹膜炎症等都会引起腹痛。

（3）胃肠道局部血液循环障碍。在运动员进行剧烈的运动时，身体的交感神经兴奋，血液大量分散在体表，造成胃肠道血液循环受阻，并且缺氧，肠胃上的神经也受到不同程度的影响，使得胃肠道平滑肌痉挛引起身体的不适，尤其是腹部绞痛。

（4）不合理的习惯。在餐后马上进行剧烈运动，体内血液流向四肢，腹腔缺血，身体就出现不适，腹部疼痛。

如果在运动前饮水过度、饮食过度或者空腹就进行剧烈的运动都会造成腰腹部肌肉过度收缩，引起身体不适，尤其是腹部疼痛或者绞痛。

（5）其他原因。在平时的生活中锻炼不足，运动前的准备活动不足，运动水平低下，运动中呼吸节奏掌握不好，或者腰腹部受到强烈撞击，腹部着凉等都会造成肠胃功能失调，胃肠道平滑肌发生痉挛，造成自身肠胃绞痛或者腹痛。

3. 预防

为了防止出现腹痛，在运动前一定要做好准备，调节呼吸节律，合理安排膳食，饭后不宜马上参加剧烈运动。运动前不宜过饱或过饥，也不要饮水过量。

运动中应该遵守循序渐进的原则，科学合理增加运动量，发生严重性腹痛要立刻到医院进行检查治疗，如果没有痊愈，病人应在医生指导下运动。

（二）运动性贫血

1. 症状

血液检查时，血红蛋白含量减少，男性低于120克/升，女性低于105克/升。主要症状表现有乏力、食欲差、易倦、头晕、记忆力下降。运动时症状较明显，常伴有心悸、气促等现象。主要的身体特征为心率较快，皮肤和黏膜苍白，心尖区可听到收缩期吹风样杂音等。

2. 原因

贫血不是独立的疾病，而是一种症状，引起贫血的原因主要有以下三点。

(1) 失血。运动者参加剧烈的篮球运动比赛时，如果引起胃肠道出血、痔疮、血尿、系统损伤或者女性的月经量过多都会造成失血量过多，最终导致贫血。

(2) 血红蛋白合成减少。运动者在参加剧烈的篮球比赛或训练时，体能大量损耗，对蛋白质、维生素、无机盐和铁的需求增加，而蛋白质、铁、维生素 B_{12} 和叶酸的摄入量不足。

血红蛋白减少会导致运动性血尿，女性在月经期间铁元素减少，如果在月经期间参加运动会导致贫血。

(3) 红细胞破坏增加。运动者在参加剧烈的篮球比赛时，体温升高。血酸度增加，儿茶酚胺分泌增多等，可引起红细胞的滤过性和变形性改变，使红细胞的脆性增加，红细胞易于破裂、溶血。由于剧烈运动时血流加速、挤压或牵伸造成相应部位微细血管、红细胞与血管壁之间撞击摩擦加剧易造成红细胞破裂，导致红细胞的新生和衰亡之间的平衡遭到破坏，进而导致运动性贫血。

3. 预防措施

(1) 运动前要准备合适的鞋子，防止在运动中意外摔伤或者扭伤。运动前要做准备运动。

(2) 运动员要定期进行医务检查，加强对他们的医务监督，如果运动员体内的血红蛋白低于正常人的血红蛋白标准，需要马上停止现在的训练，应该在专业的医务监督下，待血红蛋白正常时，才开始训练。

（三）运动性血尿

运动性血尿指的是一般人在剧烈运动后出现的血尿状况，经过医生检查找不到任何原因的功能性血尿，这种状况在篮球的训练和运动中经常出现。

1. 症状

浑身无力，头晕脑热，尿道有强烈的灼烧感，四肢沉重无力，小便颜色不正常，呈现红色、茶绿色或者黄褐色，也有的会呈现红色葡萄酒的颜色，肾功能检查、血液化验、腹部X线检查等均属正常。

2. 原因

（1）肾静脉压增高。运动员在参加篮球训练时，连续长时间做蹬地动作，又因为肾周围脂肪较少，导致肾脏位置下移，肾静脉和下腔静脉之间的角度变锐，在两静脉交叉处容易发生变形，引起肾静脉压增加，红细胞溢出，出现血尿。

（2）泌尿系统有器质性疾病。若运动员本身有泌尿系统方面的疾病，例如尿结石等症状，在进行篮球运动时泌尿系统受到外界刺激，容易损伤或加剧其改变而导致血尿的症状。

（3）外伤。运动员在参加激烈的篮球比赛或者运动项目训练时，肾脏器官受到意外的撞击，使得血管或者肾脏细胞受到损伤，这时就会出现血尿的情况。

（4）肾血管收缩。运动员运动时，全身血液的重新分配，去甲肾上腺素和肾上腺素分泌增多，造成大量血液流向运动系统和心肺系统，肾脏血流量减少，肾小球供血不足，造成肾小球毛细血管壁通透性增加、滤过功能受影响，导致红血球、蛋白等漏出。

肾血管进行收缩导致肾缺血，乳酸又使得红细胞进行外溢，这种情况就是血尿。

3. 预防

在进行激烈的运动或比赛训练时，要合理安排运动负荷，合理安排运动量、动作难度、运动强度，循序渐进，并在运动期间补充水分，伤后的运动和运动器官负荷量应避免足底受力，要加强医务监督。

（四）运动性蛋白尿

运动性蛋白尿属于功能性蛋白尿（或良性蛋白尿），是运动后出现的一过性蛋白尿，在篮球体育项目中属于比较常见的运动性疾病之一。

1. 症状

在篮球运动后，如果是短时间出现蛋白尿，伴有轻微血尿，通常在24小时后会自动消除；如果是严重而且持续时间长的蛋白尿情况，会逐渐出现头晕眼花、心悸气短、浮肿、疲倦乏力。单纯直立性蛋白尿则无症状。

2. 原因

（1）肾血流量减少。长期参加篮球剧烈运动时，去甲肾上腺素和肾上腺素分泌增多，机能一时性障碍，肾血流量减少，肾缺血、缺氧，血管壁的营养发生障碍，对滤过功能造成影响，血浆蛋白通过肾小球膜进入，得以较多地排出。

(2) 肾小球通透性增加。在篮球运动时，血浆蛋白增多，血浆肾素活动增加，肾小球对蛋白的渗透性增加。

(3) 外伤。在篮球运动中，泌尿系统受到外力的打击，导致泌尿系统受到损伤。

(4) 器质性疾病。尿结石类的病人易受损而导致蛋白尿。

(5) 酸性代谢物。运动员在高强度的运动后，身体的乳酸增加，这时易出现代谢酸血症。

3. 预防

(1) 因人而异，由于每个人身体状况不同，因此需要根据每个人不同的情况设置运动量。

(2) 在运动过程中加强安全监督，随时检查设备设施的安全性，避免损伤的发生。

(3) 加强医务监督，定期进行体检。

二、运动性疾病的处理

(一) 运动中腹痛

用手指抵住疼痛部位，然后弯腰跑一段距离即可缓解，减轻疼痛；加深呼吸，调整呼吸和运动节奏，减慢运动速度和降低运动强度。

以上方法如果还是没有奏效就要马上停止运动，立马服用止痛药或者点按相关穴位，同时进行热敷按摩，如果还是没有效果的话就要送病人到医院治疗。

(二) 运动性贫血

要根据患者的具体情况，适当减少运动量，必要时应停止训练。口服硫酸亚铁片剂，非常有助于治疗缺铁性贫血，恰当合理地服用维生素 C，尤其是补充富含铁和蛋白质的食物，有助于补充身体所需要的铁元素，改善营养。

(三) 运动性血尿

1. 一般处理

减少运动量，增强自身的医务监督，如果有不舒服应该停止运动，并且到医院进行检查，如果有更严重的症状应立即到医院进行手术。

2. 中医治疗

表现为赤涩热痛，小便频数，舌红苔黄，脉数，尿血等症状的下焦瘀热症，宜凉血止血，用小蓟饮子加减，温服，1 日 1 剂。

3. 西医治疗

通常使用止血药。注射 ATP、安络血等。

(四) 运动蛋白尿

1. 一般处理

发现有蛋白尿时，首先要查明原因。若运动量过大所致，要及时调整运动计划，减轻运动强度和运动量，同时，加强医务监督；若运动量后出现大量蛋白尿，则应排除器质性疾病或适应能力差的可能，严格观察。

2. 针灸治疗

取穴位肩髃、三阴交、大椎、委中、譬喻、合谷、曲池、血海、内关、阴陵泉、太冲、曲泽、足三里、肾俞等穴，针刺得气后，留针大约15分钟。

第十一章 高校篮球运动的体能训练方法

篮球运动具有对抗强、运动量大、节奏快等特点，因此，这项运动就对学生的体能水平有着较高的要求。由此可见，只有在体能方面做好充分的准备，才能拥有应对篮球比赛的必要体能，这就需要通过一般体能训练与专项体能训练等方法来实现这一目标。本章就对高校篮球运动的体能准备工作进行研究。

第一节 高校篮球运动的体能要求

篮球运动的项目特点和基本动作技术决定了学生的基本体能要求。把篮球单纯地看作技能类运动项目是不准确的，学生必须具备良好的体能素质。篮球运动是一项以投准为目的的速度力量型、高强度对抗性体能和技能类项目，这对学生的体能提出了一定的要求，也为体能训练指明了方向。

通过大负荷的运动训练使学生的各项身体素质都得到相应的提升。篮球运动的体能训练能够充分地挖掘学生的机能潜力，提升学生的运动能力并培养其顽强拼搏的意志。一般而言，学生所必备的体能要求包括灵活的速度、整体力量、运动耐力以及心理机能。

在篮球运动中，速度是篮球运动的灵魂，因此，速度也是篮球运动体能水平的最直接的反映。篮球运动的速度不仅是指奔跑的速度，更多的是起动速度、动作速度和应变速度，具有应变性、节奏性和突然性等专项特点。具体来说，学生所应具备的专项速度素质包括进攻速度、防守速度、攻防转换速度、反应速度、起动速度、动作速度等。

学生在比赛中的良好发挥依赖于其适应高强度对抗和高速度应变的体能。因此，在体能训练过程中，应以培养学生的专项速度为目标。

力量是学生进行对抗的有效保证，是专项技术和专项速度实施和完善的基础。篮球比赛进攻与防守中的反应、跑动、加速与拼抢，以及防守与攻击的有效性无不取决于力量素质。因此，学生的运动技能水平与力量素质密切相关。力量素质与学生在进行各项动作时所必需的爆发力和爆发耐力也密切相关，从一定程度上反映着攻击的威力和可靠性。

学生要具备高度发展并且全面的力量素质，身体的各个部位，包括四肢、腰腹、踝、膝、手腕、手指等部位都必须经过全面的力量强化训练，通过增强动作技术的各个环节的肌肉力量要求，保证各项技术动作的快速、准确和有效，使运动和动作技术达到最佳的效果。

学生的各项肌肉力量素质的训练必须具有系统性和计划性，这是学生力量训练的鲜明特点。有系统、有计划的力量训练能够使学生的各项肌肉力量相协调，并保持肌肉力量的鲜活。因此，力量训练贯穿年训练周期以及多年训练周期的始终。

篮球运动是一项高强度运动，在运动过程中的激烈对抗更是加强了学生的体能消耗，学生必须具备良好的耐力，这样才能使学生在长时间的运动中保持良好的发挥，尤其是在比赛中，体能消耗剧烈与否与比赛胜负息息相关。

体能训练中的运动耐力训练是指大强度、长时间从事专项活动能力的训练。学生的运动耐力水平主要取决于功能系统的机能能力、有效地利用机能潜力的能力以及在疲劳情况下的心理素质和意志品质。

心理机能和意志品质能够使学生以顽强的毅力对抗疲劳感、以良好的心理素质应对比赛中的逆境、以平稳的心绪对待整个比赛，从而使学生保持相对稳定的发挥。心理机能和意志品质训练能够使神经系统充分发挥作用，充分挖掘学生的机能潜力，从而能够使其最大限度地完成比赛和训练任务。心理机能能力和意志品质的提高既取决于运动系统机能能力的提高，同时，还取决于学生的意愿以及自我调节和自控能力。

良好的体能水平是现代“三高”（高速度、高难度、高对抗）篮球比赛中发挥和运用技战术的前提条件。篮球运动的体能训练是手段，是为提高技战术的运用与发挥服务的，是以提高攻防战术的效果为目的的。篮球体能训练必须具有鲜明的专项特点，这样才能与专项技战术有机结合，到达训练的目的。体能训练的过程同时也是完善和检验技战术的过程，在体能训练过程中，不仅使体能获得增长，也使运动技能获得提升。

具体到篮球运动的技术中，其所依赖的体能具有如下要求。

（1）移动体能要求。移动技术是由走、跑、跳、急停、转身等脚步动作组成的，它是通过快速而突然的各种脚步动作，在进攻时达到摆脱防守、接球、选择位置、牵制对手、掩护或是为了合理而迅速完成运球、传球、突破投篮等目的。这就需要学生具备良好的速度素质，才能利用移动技术争取时间和空间的主动权。

脚步动作主要是靠前脚掌内侧蹬地、碾地和腿的发力伸展，充分利用地面给予人体的反作用力，通过腰、胯、上体和两臂的协调用力与配合，克服身体的重力和惯性力，来达到起动、起跳、转身、制动等位移的目的。快速起动、起跳除了要求一定的速度素质之外还要求学生具备一定的力量素质和弹跳素质。

（2）传接球体能要求。无论是哪种传接球方式，给予球作用力的大小和时间长短都决定球的飞行速度和距离。传球的用力大小和用力方向由队员的位置和移动速度决定。在传球动作方法中，前臂的动作有伸、摆、绕等不同的用力方法。运用这些方法可以增加出球点，扩大出球面。传球应优先使用屈腕弹指和伸肘肌肉的力量，它们是能最快速发力的部位。长传球时，可以使躯干和腿部肌肉参与工作，作用时间也较长。接球时，要伸臂屈肘迎球和顺势向后引球，进一步屈肘缓冲，正是减弱来球力量至零的过程。如果球来势凶猛，则要加大迎球幅度，缓冲来球。因此，在传接球技术时，要求学生具备良好的力量素质和柔韧性素质。良好的力量素质能够很好地控制传球力度，准确传球；柔韧性素质能够在传接球完成大幅度动作时，提高动作的协调性和动作质量，更好地发挥肌肉力量，避免运动性损伤。

（3）投篮体能要求。将球投进篮圈之中必须具备正确的持球方法、瞄篮点、全身的协调用力、合理的出手角度和出手速度、规律性的旋转、适宜的飞行弧线和入篮角度等各种因素。正确地掌握持球方法，投篮时合理准确用力是投篮技术最基本、最重要的条件之一。持球时应适当增大手腕后仰角度，即持球或球出手引腕后仰时，手腕后仰角度越大，屈腕主动肌牵拉越长，则完成环节运动的条件越好，它有助于出球时均匀发力和球出手后的飞行弧线，因此就要求投篮者具备一定的柔韧性素质。在良好的柔韧性素质的基础上，还要具备力量素质，因为投篮时，在球出手的一刹那，身体各部位综合肌力给予球一定的初速度，这个初速度被称作出手速度。出手速度是投篮的关键，投篮出手速度的运用，应在提高出手角度的基础上，加快出手速度，而想要增大出手速度就必须具备一定的快速力量素质。

（4）运球体能要求。运球是持球队员在原地或行进中，用单手连续拍按由地面反弹起来的球的一类动作方法，是篮球比赛中个人进攻的重要技术，它不仅是个人摆脱、吸引、突破防守的进攻手段，也是发动、组织战术配合的重要桥梁。运球技术的关键是正确的身体姿势，手对球的控制支配能力，脚步移动的熟练程度以及手、脚、身体三者的紧密配合，上肢动作要以肩关节为轴，下肢配合协调等。而这些技术的关键就要求运动者要具备灵敏素质和速度素质。灵敏素质可以让运动者在运球过程中，迅速做出反应，灵活地、快速地、流畅地、有效地执行运球技术，如急停急起、背后运球、胯下运球等各种动作。速度素质让运动者在运球过程中，以迅雷不及掩耳之势，迅速运球至目的地，达到战术的有效配合，争取有利形势。

（5）持球突破体能要求。持球突破是持球队员运用脚步和运球技术超越对手的一项攻击性技术，它可以打乱对方的防守部署，为本方创造更多、更好的攻击机会。突破若巧妙地与投篮、传球、假动作等技术动作有机结合起来运用，将使突破技术更加灵活多变，从而显示出突破技术的攻击性。所以在持球突破技术运用时，就必须具备投篮、传球、假动作所要求的灵敏性素质、速度素质、力量素质、柔韧性素质等。此项技术是要在很短的时间内迅速完成一套组合动作，其中包括由蹬跨、转体探肩、推按球和加速，动作之间要紧密衔接。因此对运动者的灵敏素质和速度素质提出了更高的要求，以便准确快速地完成技术动作，达到进攻的目的。

（6）抢篮板球体能要求。抢篮板球是指在空中拼抢未成功投进的球的技术动作。它是一项重要技术，是比赛中攻防转化的分界点。抢篮板球技术由抢占位置、起跳动作、空中抢球动作和获球后动作组成。抢占位置时，应根据对手和投篮队员所处的位置，正确判断篮板球的反弹方向、距离，运用快速的脚步移动，配合身体动作抢占有利位置。起跳动作是抢占位置后进行的一个连续动作。空中抢球动作要根据赛场上队员所处的位置，球反弹的方向、高度以及个人的特点，利用双手、单手和点拨球等方法。因此，在抢篮板时除了具备灵敏的观察能力外，还要求具备良好的速度素质，要在对手注意力还集中在投篮时，迅速移动到有利位置抢球。

(7) 防守体能要求。防守技术是阻止对方队员进攻所运用的技术。攻击性防守要求学生必须具有勇猛、反应灵敏、果断压倒对方的气势，主动去控制对方的进攻。它是一项综合的篮球技术动作，是由手脚动作结合对手和球、篮的位置、距离等因素所构成的。脚步动作是防守时采用的移动步法，是个人防守技术的基础。防守队员运用脚步动作，抢占有利的位置与手臂动作配合干扰对方传、接球，封盖投篮和抢、打、断球，最大限度地破坏对方进攻，以达到争夺控球权的目的。

防守技术对队员的身体素质、个人防守技术等各方面提出了更高的要求。一方面，个人防守技术的好坏反映一名队员的防守能力，个人防守能力是全队防守的基础，只有成功地做好个人防守，才能更好地去进行配合防守和完成全队整体防守的任务。另一方面，防守技术是综合各种技术动作，因此要求运动者要具备良好的速度素质、力量素质、灵敏素质、柔韧素质等综合素质。

第二节　高校篮球一般体能训练方法

一、篮球一般力量素质训练

(一) 常用的训练方法

(1) 最大负荷法。主要采用大重量进行训练，即最大负荷量的 90%～100%的负荷做 1～2 次练习，学生做 8～10 组练习可很好地发展最大力量。

(2) 累加训练法。在训练过程中，使学生所负重量不断增加，直到极限，这样训练力量可快速增长。

(二) 手指、手腕、手臂肌肉群训练方法

(1) 空手用力张握，速率要快，持续时间 15～30 分钟；张开的指，快速用力下扣手腕，持续时间为 15～30 分钟。

(2) 手指和掌心向下抓住铅球并上提，在上提的过程中松手，在球下落时，由另一只手接抓铅球。

（3）两人一组，对传实心球。

（4）握哑铃，做翻腕练习。

（5）两人一组，各紧握接力棒一端，反向捻转接力棒对抗。

（三）腿部力量与弹跳力训练方法

（1）肩负最大负荷的80%左右的杠铃，做半蹲或全蹲，慢蹲快起，重复3～4次。

（2）肩负杠铃在软地或地毯上做半蹲跳，杠铃重量为最大负荷量的40%～50%，每组8～12次，做4～6组。

（3）肩负杠铃做箭步交换腿跳，杠铃重为最大负荷量的40%～50%。

（4）徒手或负重，做单腿深蹲起；双足做连续跳、多级跳。

（5）徒手或负重跳栏架、原地双脚跳起摸篮板。

（四）腰腹力量训练方法

（1）仰卧斜板起坐，即仰卧屈膝起坐、仰卧双手握住同伴的双踝做收腹举腿（同伴双手用力将练习者举起的腿推下）、俯卧“两头起”（尽量出背弓）。

（2）借助单杠，双臂悬挂，做收腹举腿成90°，并保持4～5秒。

（3）双手向头后抛掷实心球练习。

（4）宽握杠铃，做直臂直举；用40～50千克杠铃做高立抓举。

（5）肩负杠铃，做体前屈起（不准弓腰起）；肩负杠铃，做转体，脚平行开立稍宽于肩，直膝转体，脚掌不能动。

（五）综合器械训练方法

1. 上斜卧杠铃提举

从器械架上抓取杠铃，屈肘，使杠铃下降至上胸部，向上推举杠铃至手臂伸直，还原。重复上述动作。

2. 坐式夹胸器夹胸

推动活动臂在胸前夹拢闭合，然后使两活动臂向后，还原。重复上述动作。

3. 直立提踵

通过踝关节尽量跖屈使足跟抬高，坚持片刻，至小腿有拉伸感时足跟下落。重复上述动作。

4. 坐式双臂平拉

肘关节保持屈曲±10°，手握手柄尽力后拉，还原。重复上述动作。

（六）篮球力量素质训练注意事项

（1）力量训练侧重于动力性练习，要与速度、弹跳、灵敏等素质和篮球技术的练习结合进行。

（2）要注重训练的协调和全面发展，避免局部负担过重。教师应当考虑学生特点、训练程度，做到有针对性的合理安排。

（3）力量训练时器材比较重，要注重安全，避免在训练时受伤。训练时应注意力集中，加强自我保护。

（4）要注重力量训练的周期性和系统性。力量训练中要注意练习安排的顺序，速度力量练习应安排在力量耐力练习前面进行。

（5）力量训练之后会出现肌肉酸胀感，应注意安排放松练习。训练结束之后应采取积极的恢复措施，如按摩、水浴等，消除不适感。

二、篮球一般速度素质训练

学生的速度训练主要为提高学生起动、快跑以及无氧供能能力。其主要的训练方法如下。

（一）基本步法训练方法

（1）高抬腿跑训练。学生高抬腿跑时，要求脚前掌落地，抬膝时保持身体伸展。当一条腿伸直时，另一条腿的大腿要与地面保持平行。当膝盖抬到最高点时（大腿与地面平行），脚踝向后勾，脚置于膝盖的下方。此外，还应注意运用正确的手臂动作。

（2）小步跑训练。学生双膝稍弯，身体成一条直线（即肩、髋、膝和踝关节成一条直线），尽可能提踵。跑动时，前脚掌着地，尽可能蹬伸，双膝微屈，双脚交替。着地时注意用前脚掌，而不是整个脚底。当右脚蹬离地面时，左脚要划过地面。

（二）起动跑训练方法

（1）原地或移动中，根据教练员的信号突然起动快跑。

（2）5 米折回抢滑步。

（3）不同距离折回跑。

（4）起跳落地，立即起动侧身加速快跑。

（5）用各种姿势起动，全速跑 10～30 米。

（6）四步加速跑。在球场上标出四步加速跑的位置：离起跑线 66～76 厘米为第一步；第一步和第二步之间距离 92～230 厘米；第二步和第三步之间距离 117～127 厘米；第三步和第四步之间距离 142～152 厘米。学生用 1/4 的速度跑完 4 步，各步之间不要停顿。跑时要用力摆动手臂（手臂摆动力量越大，腿部的蹬地力量越大）。注意摆臂动作和膝盖上顶动作。在熟练掌握了 1/4 速度的技巧之后，再用 1/2 速度，然后 3/4 速度，最后是全速进行加速跑训练。

（三）篮球速度素质训练注意事项

（1）教练员应了解专项速度的特点，做到有针对性的训练。应了解学生自身的特点及不足。

（2）发展学生的速度素质应注意其年龄特征。速度训练时身体应处在良好的运动状态。

（3）注意以发展力量和柔韧性来促进学生速度素质，在训练过程中可增加合理的负重力量练习。

三、篮球一般耐力素质训练

耐力训练即为提高学生的摄氧、输氧及用氧能力，使其各身体器官适应长时间负荷的承受能力。

（一）有氧耐力训练方法

有氧耐力训练的主要方法有以下几种。

（1）变速跑。通常在场地上进行。快、慢跑距离和地点根据专项任务与要求制定。负荷强度由低到高，心率控制在130～150次/分钟，170～180次/分钟。练习持续时间在30分钟以上。

（2）匀速持续跑。跑的负荷量尽可能多，运动时间在1小时以上。心率控制在150次/分钟左右。要求匀速连续地跑。

（3）间歇跑。训练负荷量较小，训练中每一次练习的持续时间不长。负荷强度较大，心率达到170～180次/分钟。在身体尚未完全恢复的情况下进行下一次练习，心率在120～140次/分钟。要求整个训练的持续时间尽可能延长，至少30分钟以上。练习之间采用积极休息方式，如放松走和慢跑。

（4）水中快走或大步走。在深30～40米的浅水池中，做快速走或大步走练习，每组200～300米或100～150步，4～5组，间歇5分钟，强度为50％～55％。

（5）越野跑。在公路、树林、草地、山坡等场地进行，一般跑的距离在4000米以上，最多可达10000～20000米。跑的速度可以适当变化。心率控制在150～170次/分钟。如以时间计的话，运动时间在1.5～2小时。

（6）3分钟以上跳绳或跳绳跑。在跑道上做两臂正摇原地跳绳3分钟或跳绳跑2分钟，4～6次，间歇5分钟。强度为45％～60％。要求每次结束时，心率在140～150次/分钟，恢复至120次/分钟以下开始下一次练习。

（二）无氧耐力训练方法

无氧耐力训练的方法主要有以下几种。

（1）原地间歇高抬腿跑。要求学生原地做快速高抬腿练习。如发展非乳酸性无氧耐力，则可做每组5秒、10秒、30秒快速高抬腿练习，做6～8组，间歇2～3分钟。强度为90％～95％，要求越快越好。为发展乳酸性无氧耐力，则可做1分钟练习，或100～150次为一组，6～8组，每组间歇2～4分钟。强度为80％，要求动作规范。也可前支撑做高抬腿跑练习。

（2）原地或行进间做车轮跑，每组 50～70 次，6～8 组，组间歇 2～4 分钟。强度为 75%～80%。

（3）高抬腿跑转加速跑。行进间高抬腿跑 20 米左右转加速跑 80 米。重复 5～8 次，间歇 2～4 分钟。强度为 80%～85%。

（4）间歇后蹬跑。行进间做后蹬跑，每组 30～40 次或 60～80 米，重复 6～8 次，间歇 2～3 分钟。强度为 80%。

（5）反复起跑。蹲踞式或站立式起跑 30～60 米，每组 3～4 次，重复 3～4 组，每次间歇 1 分钟，组间歇 3 分钟。

（6）反复连续跑台阶。在每级高 20 厘米的楼梯或高 50 厘米的看台上，连续跑 30～40 步台阶，每步 2 级，重复 6 次，每次间歇 5 分钟。强度为 65%～70%。要求动作不间断，也可定时完成。

（7）反复跑。跑距为 60 米、80 米、100 米、120 米、150 米等。重复次数应根据距离的长短及学生水平而定。一般每组 3～5 次，重复 4～6 组，组间歇 3～5 分钟。强度一般的心率控制，如短于专项的距离，练习时心率应达 180 次/分钟，间歇恢复至 120 次/分钟时，就可以进行下次练习。如发展乳酸耐力，距离要长些，强度小些。

（8）计时跑。可做短于专项距离的重复计时跑或长于专项距离的计时跑。重复次数 4～8 次（根据距离而定），间歇 3～5 分钟。强度为 70%～90%，根据学生水平及跑距而定，距离短，强度大些。

（三）篮球耐力素质训练注意事项

（1）学生的个人意志决定着耐力的发展水平，自控能力强、意志坚定的学生能够承受更大的负荷，能够更好地克服自身的疲劳。因此心理方面的鼓励和训练是必不可少的，并应该予以高度的重视。

（2）通过训练增强学生有氧代谢能力，在初期应以增强心肺功能为主。对具有一定训练水平的学生，应以增强在进行篮球运动时骨骼肌利用氧的能力为主，提高肌肉自身工作的耐力。

（3）在进行耐力训练时，负荷量较大，对于体能的消耗巨大，因此在训练之后应采取积极的措施进行恢复，积极摄取和补充人体所必需的各种能量和营养物质。

（4）在进行耐力训练时，由于个人体质的差异性，可能适应大多数人的训练水平并不能满足个人的训练要求，因此，学生应充分了解自身的身体特点以及训练的承受能力，积极主动地进行训练。

四、篮球一般灵敏素质训练

（一）变向移动类训练方法

（1）绕障碍物跑。在场地上设置 6 根标杆或球，以最快速度绕杆（球）跑完全程。

（2）15 秒往返跑或 4×10 米往返跑。可采用比赛的方式进行。

（3）侧跨步。学生位于三条相隔 12～15 米的中间的一条线上，向左、右两侧线跨步，触及一条线后跨向另一条线，在 10 秒内完成。

（4）两人一组，防守队员进行堵拦，进攻队员在场内做变向动作设法摆脱防守队员的堵截，以端线为起始位置。

（二）动作转换类训练方法

（1）在规定时间内，手脚着地从端线快速爬到中线，然后站起双足跳 10 个，之后冲刺跑返回端线。

（2）教练口头或用手势示意急停、急起运球练习。

（3）立卧撑。学生迅速由站立到下蹲，两手在足前撑地，两腿向后伸直，在规定时间内完成最多的次数。

（三）篮球灵敏素质训练注意事项

（1）灵敏素质练习以其他练习为基础，在训练时应注重与其他素质训练方式相结合。

（2）在练习过程中，教练员应示以明确、快速的信号，提高学生的观察判断和反应能力。

（3）灵敏训练的时间不宜过长，次数不宜过多，进行练习时身体状况良好。

（4）在练习时适量加大移动和旋转难度，以提高身体的平衡能力和协调能力。

五、篮球一般柔韧素质训练

（一）篮球一般柔韧素质基本训练方法

（1）两手手指交叉相握，手心向前做压指、压腕动作；手臂向下、向前、向上充分伸展；身体向左或向右充分伸展。

（2）两臂做不对称大绕环转肩动作，在背后一只手从上往下，另一只手从下往上，两手在背后做拉伸练习。

（3）并腿直立，上体前屈，手摸脚或地面；或身体侧转用手摸异侧脚脚跟。

（4）两腿开立，髋关节向前送，手摸脚跟。

（5）两腿前后开立，两脚跟着地做弓箭步向下压腿。

（6）手放在脚上，连续左右弓箭步练习。

（二）篮球柔韧素质训练注意事项

（1）柔韧素质的发展要从小培养。科学实践证明，柔韧素质发展的敏感期是 5～10 岁，所以在此期间要抓紧练习，并在 10 岁以前使柔韧素质得到较好的发展。随着年龄的增长，身体各部位的柔韧性训练将会更加困难。

（2）循序渐进，持之以恒。在开始进行柔韧性练习时会有强烈的痛感，但是只有长期的坚持才能起到应有的效果，因此，学生必须具有坚定的毅力，持之以恒，使身体逐渐适应。

(3) 柔韧素质的发展要兼顾相互关联的身体各个部位。在训练时应循序渐进，使柔韧性逐步得到提高。学生的柔韧性是身体各个部位的整体的柔韧性，在练习时应该注重各个部位之间的关联性，使整体的柔韧性协调发展。

(4) 柔韧素质练习要注意外界环境。外界环境对于人体的柔韧性具有一定的影响，当温度较高和较低时，都会影响柔韧性的发展。科学实践表明，当外界温度在18°C时，人体各部位肌肉伸展状况到达最佳，最适合柔韧性的发展。

(5) 柔韧练习时要防止受伤。柔韧性训练是对人体的各肌肉和韧带的拉伸和伸展，如果训练的方法不当，可能出现拉伤事故。因此，柔韧性训练要注重训练方法的科学性，既要保证训练的效果，同时还要防止受伤。在进行柔韧性训练之前应该做适量的热身运动，在练习中避免用力过猛。

第三节　高校篮球专项体能训练方法

一、篮球专项体能基本训练方法

(一) 篮球专项体能的速度训练

(1) 小步跑、后踢腿跑、高抬腿跑、交叉步跑、后退跑或原地快速中突然改变为加速跑，以及多种脚步动作的转换练习。

(2) 5～8米往返跑或全场四点折回跑。10米、20米、30米、100米加速跑或变速跑。

(3) 根据教练员手势或信号，做传球或运球的快速起动和急停。

(4) 快速运球上篮或全场运球3～4次上篮。

(5) 两人一组站在端线外，前后相距2～3米，前面的队员快速运球上篮，后面队员干扰他的动作。

(6) 传球或运球的接力赛。

(7) 边线外前场传高吊球或地滚球，一人迅速起动加速跑，接球上篮。

(二) 篮球专项体能的爆发力训练

(1) 全场连续多级跳。

(2) 全场连续蛙跳。

(3) 中场三级跳上篮。

(4) 连续快速跳起摸高。

(5) 1打2、2打3、3打4练习。

(6) 顶挡拼抢篮板球。

(7) 负重投篮。

(三) 篮球专项体能的灵敏游戏训练

在灵敏性游戏的设计、选择、运用中，要注意把思维判断、快速反应、协调动作、节奏感等内容有机地结合起来。进行游戏时，要严格执行规则，防止投机取巧，注意安全。

1. 传球触人

游戏目的：提高快速传接球的能力和灵活性。

场地器材：篮球场地、篮球1个。

游戏方法：队员分散在场内任意跑动，指定两人传球，在不准走步、运球的情况下，传球人通过传球去追逐并及时用球去触及场上跑动的人，被触及者参加到传球人的行列，最后看谁没被触及。

游戏规则：徒手队员不准超出规定的场地线，否则算被触及；传球人只能用传球去“触及”徒手队员，否则无效。

2. 攻守投篮

游戏目的：提高灵敏性和应变能力。

场地器材：篮球场地、篮球2个。

游戏方法：将队员分为人数相等的两队，每队8人，双方各有1名队员手持球站在本方半场的端线外准备发球。游戏开始，当裁判员鸣笛后，各自发球开始比赛，两队同时在场上传球、运球、突破，力求将球投入对方篮内得分；同时又要设法阻截和防止对方将球投进本方篮内，并积极抢断对方的球，组织反攻。在规定时间内，进球多者获胜。

游戏规则：比赛中出现犯规、违例、传球出界等情况时，均判对方在犯规、违例方的半场发界外球。

3. 你抓我救

游戏目的：提高跑动速度和灵敏性，以及反应和躲闪能力。

场地器材：篮球场地。

游戏方法：制定球场的中圈为“禁区”，选出参加游戏中的5人为追逐者，其余人作为被追逐者将在场内任意跑动。追逐者把抓到的被追逐者送到“禁区”内。没有被抓到的被追逐者可设法避开守在“禁区”旁边的追逐者去营救“禁区”内的同伴。直到所有被追逐者全被抓完送进“禁区”，或“禁区”内的被追逐者全被营救完为止。另换一批追逐者和被追逐者继续游戏。

游戏规则：在“禁区”外的被追逐者用手击“禁区”内的人的手掌为营救成功；如果在“禁区”外的人在营救“禁区”内的队员时又被追逐者抓到，同样要到“禁区”内等待营救；被送到“禁区”内的人不得自行离开；追逐者只有抓住被追逐者才有效，仅仅拍到无效。

4. 追捕

游戏目的：提高移动速度和灵活性。

场地器材：篮球场地。

游戏方法：游戏者全部分散在球场上任意跑动，指定其中两人为追捕手。游戏开始，凡是被追捕手触及的人必须用一手按住被触及的部位继续跑动，避开追捕手的触及。如果第二次被触及，就用另一只手按住第二次被触及的部位继续跑动。在第三次被触及时此人就必须退出场外，等到第二个退出场外的人一起组成新的追捕手（组），再去追捕其他人。在新的追捕手上场时，被原追捕手触及的人即可“解放”，跑动时一手或双手可不再按住被触及的部位，但若被新的追捕手触及则仍需要按住被触及的部位再进行跑动。如此循环直至到规定游戏时间为止。

游戏规则：追捕手的手触及被追捕队员方算有效，不得推、抓、拍打人，否则罚其连续再追捕两人后才可替换；以球场为界，跑出球场算自动离场，按被第三次触及处理。

5. 突围

游戏目的：提高对抗力量、反应能力和灵活性。

场地器材：篮球场地。

游戏方法：把队员分为人数相等的甲、乙两队。先由甲队队员相互握手腕站成一个圆圈，把乙队全体队员围在圆圈内。游戏开始，乙队队员要设法从圈内挣脱出圈，甲队队员要设法组织防止对方从圈内向外突围，到规定时间为止，双方交换圈内外角色。一个回合后计算双方突围人数的多少，突围人数多的队获胜。

游戏规则：圈外的队员可用握住的手拦住对方，但不能松手抓对方，否则犯规；圈内的队员只能使用巧法而不是用手拉开对方握住的手腕突围，否则犯规；若圈外队员犯规，判对方突围成功；如果圈内队员犯规，则突围无效。

6. 卡位抢球

游戏目的：提高快速反应能力和拼抢卡位能力。

场地器材：篮球场地 1 块。

游戏方法：队员 2 人为 1 组，将全班分成若干组，2 人相距约 1 米间隔站立，每组之间也相距 1～2 米，每组的 2 人间前方 2 米处放 1 个篮球。开始为基本站立，然后听哨声响后同时去抢球，抢到球者获胜。

游戏规则：只准用手抢球，否则判为负；避免冲撞，如有意冲撞对方则立即判其出局。

二、篮球专项体能持球训练方法

（一）全场快攻传球训练

2 人、3 人、4 人全场往返传接球上篮。在练习时，学生全速奔跑，要求球不能触地，在无任何失误的条件下连续进行 30 个来回。该练习方法能够提高学生的专项速度及专项耐力。

（二）多球传球训练

队员①、②、③、④与⑥或⑦分别站立在⑤的两侧，并将⑤围在中间。①、②、③、④不停地传球给⑤，队员⑤传球给⑥或⑦，之后再传回前排球员，使之形成传球的循环。在练习时，可用1～5个球。传给球员⑤的速度不断加快，直到⑤出错。可用多种方式传球，前排的队员应控制好传球的节奏，并注意接底线队员传来的球。各位置队员轮转练习。该种传球练习方法能够提高学生在疲劳状态下的传接球技术，同时，还能够训练学生的体能。

（三）30秒快速投篮训练

在场地中任选A、B两点，学生尽可能快速地从A移动到B点，然后接球投篮，在30秒钟时间内投中8个2分球或6个3分球。该练习方法能够使学生提高在比赛时的速度及在疲劳状态下的投篮能力。

（四）对抗投篮训练

队员分3组，每3人，以篮筐为中心垂直于篮筐站立。将球放在地板上，①捡球投篮，如果投不中，①组的其他队员抢篮板补篮；①得分后排到队尾，②重复以上练习。当①、②、③都练习完后将球传给其他组的球员进行相应的练习。

三、篮球专项体能综合与循环训练方法

（一）篮球专项体能的综合训练

篮球专项体能的综合训练主要是指大强度投篮训练，具体方法如下。

1. 运球上篮训练

学生持球站在右侧3分线外，接到开始信号后，用右手运球上篮并抢获篮板，仍用右手运球至另一侧3分线外，然后换左手运球上篮并抢篮板，之后左手运球回到原出发点。如此反复进行训练。

2. 快速移动接球投篮训练

投篮队员站在右侧3分线外，另一名队员站在篮下抢篮板并传球；投篮队员投篮后快速跑至左侧3分线外接球投篮，然后快速跑回原地点接球投篮。如此反复进行训练。

3. 抛球—接球投篮训练

队员持球站在右侧3分线外，跳投后冲抢篮板球并将球抛向左侧3分线外，然后快速跑至左侧3分线外接球，然后进行跳投。如此反复进行练习。

4. 冲刺跑—投篮训练

队员持球站在篮下，投篮或扣篮后立即跑向罚球线并用手触摸罚球线，然后捡球投篮（在捡到球的地点），再跑向罚球线并用手触摸罚球线，捡球投篮（在捡到球的地点）。如此反复进行，速度要快。

5. 迎前防守—投篮训练

2人1组1球，一名队员站在篮下，传球给站在3分线附近的另一名队员后立即迎前

封堵；另一名投篮队员接球后面对防守进行跳投，然后冲抢篮板球并将球传给刚才防守的队员，并快速迎前封堵其投篮。如此反复进行训练。

6. 分组投篮训练

4人1组2球，两名队员持球分别站在离圈顶8米外传球，另两名队员接球投篮，传球队员只将球传给同一投篮队员，投篮队员只在球篮一侧投篮。投篮队员要用跳投和运球上篮两种方式得分，在投篮后抢获篮板球，并将其传给传球者。如此反复练习。

（二）篮球专项体能的循环训练

循环训练要求按照严格的重复次数、休息时间完成各项练习。在训练过程中，间歇和训练有周期的交替，在每项练习的基础上完成一整套的练习。

练习方法一：

（1）负重20千克杠铃增强二头肌。

（2）10千克哑铃练习，练习三角肌。

（3）负重60千克杠铃提踵练习，增强踝关节力量。

（4）55～60千克杠铃卧推。

（5）颈后负重10千克练习背肌。

（6）负重60千克杠铃半蹲起。

（7）单杠做引体向上。

（8）双手持15～20千克杠铃片双手水平左中右平伸。

（9）肩负重55千克杠铃登60厘米高度的台阶（左右腿交替）。

（10）20米高抬腿和后提腿然后各接10米冲刺跑3×20秒，休息1分钟，循环训练。

（11）在10秒内，跑45°角坡20米，休息1分钟，循环训练。

（12）单足跳20米接10米冲刺跑3×20秒，休息1分钟，循环训练（左右腿交替）。

（13）后蹬跑20米接10米冲刺跑3×20秒，休息1分钟，循环训练。

（14）20米全速跑3×5秒，休息1分钟，循环训练。

（15）收腹跳接10米冲刺跑3×18秒，休息1分钟，循环训练。

练习方法二：

（1）全场3分钟后撤步练习，强度70%；2人1组罚球2分钟。重复练习1分30秒，强度80%；消极休息45秒。

（2）全场连续端线起动至中场接后退跑至端线2分30秒，强度75%；2人1组罚球1分30秒。重复练习1分钟，强度90%；消极休息30秒。

（3）全场后滑步往返2分钟，强度80%；2人1组罚球1分钟。重复练习45秒，强度100%，消极休息2分钟。

第十二章　篮球运动心理训练的科学探索

篮球运动是同场对抗类竞技运动，具有开放性。篮球运动员要在球场上利用有限的时间熟练地控球、精准地投篮，要与队员默契地配合，与对方进行激烈的对抗，篮球运动的这些特点决定了运动员必须具备良好的心理素质。良好的心理素质也是使篮球运动员在球场上充分发挥自身技能水平的重要保障。本章主要就篮球运动心理训练进行科学探索，首先分析篮球运动员的心理素质，然后分别对篮球运动员球感的培养、动机的激发、注意力与情绪控制、意志品质的培养展开研究，最后分析篮球运动员心理训练的应用。

第一节　篮球运动员心理素质分析

一、专门化知觉

（一）球感

篮球运动员在长期训练中形成的对球的性质及运动规律的精细感知就是所谓的球感，熟练控制球、随意支配球是运动员球感的具体表现。运动员球感的形成是视觉、触觉、动觉、时空知觉及运动知觉共同参与的结果，这是一种复合感知。篮球运动员只有具备良好的球感，才能在球场上熟练运球、精确投篮。

篮球运动是集体对抗性竞技项目，篮球制胜的关键在于同伴间的默契配合。这需要运动员在球场上随时都要进行全面观察，而运动员在这个过程中要获得更多的自由与主动权，集中注意力观察场上形势和发挥技战术，就要具备良好的球感，这是优秀运动员的一个必备心理素质。

（二）时空感

运动员在球场上对时间特征（场上形势的延续性和顺序性）、空间特征（队友、对手、球篮位置、距离、高度等）的感知就是所谓的时空感。篮球运动员只有具有良好的时空感，才能对对手及同伴的行动进行准确预测和判断，从而及时争取时间，获得有利空间，掌握主动权。篮球运动员良好的时空判断能力在跳球、抢断球、抢篮板球等方面都能发挥非常重要的作用。

二、思维

思维能力是篮球运动员战术意识的核心。篮球战术有个人战术和集体配合之分，所以篮球运动员的思维也包括个人思维和集体思维两种类型。

（一）个人思维

思维是借助语言、表象或动作实现的对客观事物的概括和间接认识，是认识的高级形式。篮球运动员在比赛中面临着很多棘手的问题，如如何摆脱、切入、防守，何时投篮等，运动员面对这些问题不能有丝毫的犹豫，应果断作出决策，在这个过程中，运动员会在头脑中迅速对自己掌握的信息进行加工。运动员的思维决策过程是一个行为控制系统，这个系统的核心是信息加工。决策者、决策的环境和决策结果是这个系统的三个构成要素，它们之间密切相关。在篮球运动情境中，运动员的个人思维决策过程具有问题的空间性、过程的时间压力、结果的不确定性和即时性等特征。

（二）集体思维

篮球运动员之间在共同目标的引导下，对同一问题情境产生相同概括反应的过程就是集体思维。在篮球运动中，一切配合行动都建立在集体思维的基础上。运动员之间行动一致，默契配合，具有较强的协同性和互补性，这是集体思维的良好表现，也是思维训练的目标。篮球队高质量完成配合的基础是拥有良好的集体思想，所以对篮球运动员而言，集体思维是非常重要的心理素质。

三、意志

有意识地对行为进行支配、调节，通过努力克服困难来达到预定目的的心理过程就是意志。顽强性、坚韧性、自控力、果断性、自信心和目标清晰度是意志品质的主要内容。在激烈的对抗中为实现目标而努力克服困难，这是篮球运动员坚强意志品质的表现。篮球比赛复杂、激烈，有很多障碍都是意想不到的，比赛的胜负在很大程度上受运动员意志品质的影响。运动员只有拥有顽强的意志品质，才能在激烈的比赛对抗中敢打敢拼，信心十足，向着目标努力，否则会情绪不稳，总是出错，丧失信心。篮球运动员的各种心理能力都表现在意志行动上，可见意志品质具有非常重要的作用。

四、情绪

人对客观事物的态度及相应的行为反应就是情绪。篮球运动员最佳心理状态中，情绪稳定是最核心的内容，只有保持稳定的情绪，才能保证正常发挥运动水平。篮球运动员的情绪对其技战术的发挥有直接的影响，从而对比赛的结果也有很大的影响。因此要重视对篮球运动员情绪控制能力和调节能力的培养，使其能够对自己的情绪进行合理的调整，避免情绪过激或产生消极情绪。

五、团队凝聚力

团队凝聚在一起共同追求某一目标或对象的动态过程就是凝聚力。良好的团队凝聚力是一支篮球队伍的整体实力得以充分发挥的有力保障，增强团队的凝聚力不但能够提高运动员的比赛成绩，还能增强集体自我效能。

第二节　篮球运动员球感的培养

一、篮球球感的作用

（一）在技术运用中的作用

篮球运动技术具有复杂多变性，篮球技术与其他竞技项目的技术的最大区别在于，运动员直接用手控球，上肢与全身协调配合完成各种动作，最后通过手部的动作去控制球、支配球和争夺球，这也是篮球技术魅力的体现。篮球运动员熟练控制球和支配球的前提是要有良好的篮球球感，这也是运动员充分发挥各项技术的一个重要基础。球感良好的运动员在完成篮球技术时不容易出错。投篮是一个连贯的过程，在这个过程中，运动员要凭借自己的球感来不断控制手的动作，投篮命中率的高低直接受球感好坏的影响。球感好的运动员投篮的成功率更高一些。

（二）在战术运用中的作用

在篮球运动中，运动员良好的球感是集体战术配合得以实现的重要保证。敏锐的球感能够使运动员更好地控球，同时合理分配注意力，对同伴的行动路线、位置变化等进行观察，在此基础上进行有效的配合。良好的球感可以使运动员更加自信，更有胆量和勇气展开对抗，从而更加灵活自如地发挥自己的战术配合技能。

二、篮球球感的培养方法

（一）提高文化理论素质，改善知识结构

随着现代科学的精细划分与快速发展，运动训练领域中越来越频繁地渗入一些相关学科的先进知识和技术，这也促进了运动训练科学化水平的提高。在自然科学、社会科学及其他综合学科的影响下，篮球运动的理论与知识体系（教学训练理论、战术实践理论、竞赛组织理论等）逐渐形成并趋于完善，丰富的篮球理论与知识是篮球学科知识体系的重要组成部分，是篮球课程学习的主要内容。

运动员的文化理论素质对其运动技术的高低有重要的影响。篮球运动员是在充分掌握某些文化理论知识的基础上形成篮球球感的，知识的结构不同，其就有不同的功能。只掌握了各学科的知识还不能说是拥有良好的理论素质，还要看能否运用这些学科知识去解决现实问题，理论素养是一种基础素质，也是综合能力。理论知识具有高度概括性和重要指导意义，有助于运动员快速形成篮球球感。因此，在篮球运动员球感的培养中，应重视传

授文化理论知识，并通过训练使运动员能够在篮球实践中灵活运用所学知识。

良好的文化素质能使篮球运动员的竞技水平不断提高，并促进其篮球意识的不断强化。

（二）在技术训练中培养篮球球感

在篮球运动员篮球球感的培养过程中，要经过长期的、有计划的训练才能取得一定的成果。在一名篮球运动员的整个运动生涯中都要重视培养他的篮球球感，而培养球感的关键时期是在技术训练的最初阶段，这时对篮球运动员的感知觉能力、注意品质进行培养具有重要意义，能够促进其技术应变能力的增强和技术运用经验的丰富。

1. 培养感知觉能力

对篮球运动员的感知觉能力进行培养，首先要使其视觉、听觉、触觉和本体感觉等尽可能扩大。初级运动员要多观察教练的示范，多看精彩的教学视频，多找机会接触球，以形成良好的感觉能力。对于高水平的篮球运动员，要适当增加训练难度与要求，使其感觉能力经过严格的训练进一步增强。

在篮球运动员感知觉能力的培养中，时间知觉、空间知觉、运动知觉是较为重要的培养内容。反复训练是培养这些知觉的有效方法，在反复训练中熟悉动作，逐渐形成篮球球感。

2. 培养注意品质

注意品质对篮球运动员而言非常重要，这在传球、接球、投篮中都能体现出来。在篮球比赛中，运动员一定要优先性选择相关信息，排除没有意义的信息，这对篮球运动员来说是一种非常重要的能力，对于培养运动员的球感具有重要的意义。在篮球运动员注意品质的训练中，要先弄清楚篮球运动对运动员注意品质的要求，然后结合运动员的个体情况进行培养与训练。

（三）在战术训练中培养篮球球感

对篮球运动员的个人作战意识、战术行动能力进行培养，可促进篮球队整体协同作战能力的提升，促进运动员与运动队整体竞技水平的提高是篮球战术训练最重要的任务。而培养篮球运动员的篮球球感是发展运动员战术能力的基础。所以教练员要重视在篮球战术训练中进一步培养运动员的篮球球感。

在篮球战术训练中培养球感，要明确培养的目的，有计划地培养，以提高球感培养的科学性与实效性。在篮球战术训练中可以采用多种方法来培养球感，训练方法不同，对运动员球感的形成也有不同的作用，这就对教练员的整体意识提出了较高的要求，篮球教练员要在球感训练中着眼于运动员的整体发展，针对不同水平的运动员设计不同的、有目的性的系统训练计划，让运动员了解球感训练的重要意义，以提高其训练的自主性。

此外，在篮球战术中进行球感的培养和训练，一定要与篮球比赛因素的变化保持适应与合拍。在篮球战术训练中，为了强化篮球运动员的球感，教练员要多安排包含多种变化组合的训练内容与任务。此外，要适时举办篮球比赛，如模拟比赛，三对三比赛等，以赛代练，检验运动员的球感，了解运动员最真实的球感水平。

第三节 篮球运动员动机的培养与激发

一、动机与运动动机

动机是个体在自我调节的作用下，使自身内在要求与行为的外在诱因相协调，从而形成激发、维持行为的动力因素。由此可以概括运动动机的概念，即运动员在自我调节的作用下，使自身内在要求与行为的外在诱因相协调，从而形成激发、维持参与运动行为的动力因素。动机具有两个维度，一是“方向”，即人为什么要做某件事；二是“强度”，即人为了达到某一目标正在付出多大的努力。

在篮球运动训练中，运动动机发挥着非常重要的功能，具体表现为激发功能、导向功能、调节功能和维持功能。

二、培养与激发篮球运动员运动动机的方法

篮球运动员参加篮球训练和比赛的内部动力主要是运动动机，在内部动力的驱使下，运动员坚持参加运动训练与比赛。所以，对运动员的运动动机进行培养，并有效激发运动动机，对促进篮球运动训练效果和比赛成绩的提高具有重要意义。

培养动机的过程也是运动员从没有运动动机到运动动机逐渐形成的过程，激发动机指的是充分调动运动员已经形成的运动动机。激发的前提是培养，激发可以使已有的活动进一步加强。在培养与激发篮球运动员的运动动机时，主要策略如下。

（一）满足篮球运动员的合理需要

有效培养和激发篮球运动员运动动机的关键在于满足运动员的合理需要。一般来说，篮球运动员的需要主要包括以下几方面。

（1）从属于一个集体的需要。

（2）接受刺激、追求乐趣的需要。

（3）展示才能和实现自我价值的需要。

如果篮球训练过程与运动员渴望的情感体验相符，那么训练的过程中就能对运动员的运动动机进行培养，或激发出其运动动机。

（二）提高运动员的成就动机

成就动机是一种比较高级的社会性动机，指的是运动员积极从事自认为有价值的活

动，并力求完美、取得优异成绩的心理倾向。通过一定的手段可以提高运动员的成就动机，常见手段如下。

（1）教练员主动与运动员谈话，相互讨论，使运动员对自我行为产生“意识化”，从而提高其对篮球训练的成就动机。

（2）向运动员传授有关成就动机的运动目标、心理定向、成功标准等概念，使其理解这些观念，并在大脑中将其概念化。

（3）教练员在训练中安排一些游戏、竞赛或其他相关活动，使运动员对行为策略与成败的关系、成败对情感体验的影响有深刻的认识，从而使其对成功或失败的体验更加深刻。

（4）通过“自我参照”，让运动员关注自己练习的抱负水平，使其有信心实现个人目标。

有的运动员成就动机比较高，针对这些运动员，在训练中可提高要求和标准，使他们的潜能得到进一步的开发。教练员要多鼓励成就动机低的运动员，使其能够向往成功。

（三）合理运用强化手段

当篮球运动员形成运动动机时，教练员及时给予奖励或撤除消极刺激的过程就是强化。要从外部刺激运动员的动机，就要采用正确的强化手段。合理运用强化手段，不但能够将篮球运动员的外部动机激发出来，还能更好地培养其内部动机。如果强化手段运用不当，则可能同时将内部动机、外部动机破坏。

强化有积极强化和消极强化，前者以奖励为主，如物质奖励、精神奖励。后者是撤除消极刺激，然后给予鼓励。在篮球运动训练中，教练员对强化手段的合理运用有助于对篮球运动员的运动动机进行有效的培养与充分的激发。

（四）帮助运动员树立恰当的目标

目标在运动员的动机系统中是比较稳定、持久的组成部分。动机的方向和强度直接受目标设置合理性的影响。目标设置正确、有效，则能使运动员集中能量向目标努力。在篮球运动训练中，教练员应帮助运动员树立与实际相符的训练目标，使运动员的训练目的和任务更加明确。

设立目标包括设立长期目标和近期目标。设立长期目标，可以鞭策运动员不断努力、上进。设立近期目标，可以督促运动员立足实际，不断提高自己的技能水平，最终向长期目标努力。

教练员一定要从运动员的现有水平出发来合理制定目标，要让运动员完全接受和认同目标，而且目标是运动员经过努力可以实现的切合实际的目标。如果目标太简单，就会降低运动员的运动动机。相反，如果目标太高，就无法发挥诱因的作用，也无法激发运动员的动机。目标越明确越好，这样运动员就会有更加清晰的努力方向，并形成越发强烈的训练动机。

（五）向运动员提供积极反馈

在篮球运动训练中，让运动员及时获得反馈信息，对自己的技术水平、体能情况有清楚的了解，有利于将其参与训练与比赛的动机进一步激发出来。

篮球教练员对训练结果的积极反馈有利于使篮球运动员的运动动机进一步得到强化。积极的反馈可以增强运动员的自信心，使运动员参加训练的积极性增加，不断努力，取得更大的进步。及时的反馈也能使运动员清楚自己的问题，主动克服，完善自我。

在篮球运动训练中，客观性评价、象征性评价、社会性评价和标准性评价等都是常见的反馈形式。运用反馈原理对运动员的运动动机进行激发和强化时，要坚持从实际出发的原则，重点进行鼓励性评价，激励运动员训练的积极性。

第四节 篮球运动员的注意力与情绪控制

一、集中注意力的训练方法

（一）排除消极干扰

外来事件或内在消极想法对处于比赛期间的运动员来说是很大的干扰，这会对其临场发挥造成影响。对此，运动员应利用自我暗示的方法暂时搁置这些事件或想法，集中注意力比赛。在训练时，运动员可以先在纸上记录外在事件或消极想法，然后放到一边，结束训练后再处理，在比赛中采用这种方式可取得良好的效果。

（二）想象将“失败”转变为“成功”

篮球运动员在出现失误后往往很难再继续集中注意力去比赛，对此，应在日常训练中采用认知转变的训练方法，训练运动员将失败转变为成功。出现失误时，随即想象成功动作，不要总是记挂自己的失误，以免影响往后的动作表现，动作出现失误后，及时在脑海中想象完美动作，可以积极影响以后的动作表现。

（三）自我谈话

对篮球运动员来说，积极的自我谈话是帮助其集中注意力、保持积极心态的重要方法。积极自我谈话的步骤如下。

（1）用积极暗示语取代消极想法。内心集中注意，调整唤醒水平。

（2）将注意力集中到和任务相关的信息上。

（3）当出现了注意控制的感觉后，果断实施技术。

二、篮球情绪控制的方法

（一）篮球运动中的情绪

1. 焦虑

焦虑是一种与身体激活或唤醒相联系的消极的情绪状态，主要表现为神经紧张、担心、忧惧等。

2. 心理唤醒

心理唤醒是指个体对自己身心激活状态的一种主观体验与认知评价。

心理唤醒与焦虑的区别在于，后者主要是一种消极情绪状态，而前者既可能是消极情绪状态，也可能是积极情绪状态。心理唤醒包括两个维度：一个是强度，另一个是方向。

3. 心境

心境是一种比较微弱，但持续时间较长，且具有一定渲染力的情绪状态。

4. 流畅状态

流畅状态是一种最佳的体验状态，即运动员全身心投入一项任务中，并创造出发挥最佳运动水平的意识状态，最佳表现、最佳体验、高峰体验都是流畅状态最为常见的标签。

（二）情绪与篮球运动表现的关系

关于情绪与运动表现的关系，主要有以下几个相关理论。

1. 唤醒与运动表现理论（倒“U”形假说）

倒“U”形假说是最早用于解释唤醒与运动表现的理论，该理论的主要观点是：当个体唤醒水平较低时，其操作表现较差，随着唤醒水平的提高，其操作表现逐渐提高，直到最佳操作表现。但此时，如果唤醒水平继续升高，那么其操作表现则是不升反降，随着唤醒水平的继续升高，其操作表现则会变得更差，直到最差表现。

唤醒水平不宜过高，过高的唤醒水平会导致运动员生理性激活过于强烈，生理性激活过高可能会影响运动员的注意力、肌肉紧张度以及动作控制；唤醒水平也不宜过低，过低表明运动员缺乏让自己发挥最好的生理与心理能量，也就是我们常说的“不兴奋”，这些问题均与运动表现密切相关。

此外，最佳唤醒水平并不是静态过程，而是随着篮球竞赛过程的变化而变化，比赛开始初期、中期、后期等不同阶段，最佳的唤醒水平都不一样。篮球运动员在做身体对抗、发动快攻、传球、抢篮板、突破、投篮以及罚篮时，都会面临不同水平的唤醒要求，这需要依据场上形势不断调整。

尽管倒“U”形假说认为，只有中等的唤醒水平最有利于运动表现。但是，后期研究者们陆续发现每个运动员的最佳唤醒水平并不一样，因此篮球运动员要选择适应自己风格的唤醒水平。

2. 突变理论

有研究者对情绪与运动表现关系提出了一个较为复杂的模型——突变模型，也有研究者称为突变理论。运动员在比赛的关键时刻，由于压力的增加所发生的运动表现失常，这对于运动员而言是一种灾难。突变理论用一个较为复杂的模型解释了认知焦虑与生理唤醒对运动表现的影响，其中，认知焦虑对运动表现的影响是决定性的。具体观点为，当认知焦虑水平较低时，运动表现与生理唤醒的关系类似于倒“U”形曲线；当认知焦虑逐渐升高并达到一定水平时，生理唤醒与运动表现的关系变得极为复杂，且难以预测，运动表现会出现陡然下降。

（三）篮球运动员控制情绪的方法

1. 放松训练

篮球运动员参加大赛时出现紧张、焦虑情绪是正常的，关键是要学会放松。

放松训练是以一定的暗示语使注意力集中，调节呼吸，使肌肉得到放松，并产生一系列生理性变化，从而使自己内心达到宁静状态的方法。放松训练的方法有很多种，例如，呼吸放松、渐进放松训练、自我引导放松、自生放松训练、音乐放松等。无论选择哪种放松训练法，都需要遵循环境安静舒适，积极主动参与，保持专注等要求。

2. 认知控制技术

(1) 关注可控因素。通常情况下，运动员更多地关注比赛的不可控因素，不可控性越高，运动员产生焦虑的可能性就越大。教练员可以引导运动员列出影响篮球竞赛表现的主要因素，并要求运动员对每种因素的可控程度进行评分。通过对影响因素的可控性进行评价，运动员可以找出哪些是可控的因素，哪些是不可控的因素。教练员要引导运动员将注意力集中在可控性因素上。

(2) 正确看待成败。归因理论区分了两类情绪：结果依赖情绪与归因依赖情绪。结果依赖情绪是与结果本身相联系的情绪，它是对成就情景的一种自然反应，如胜利后的喜悦，失败后的沮丧；归因依赖情绪则与认知到的结果的原因相联系。因此，在篮球运动心理训练中，教练员可以通过合理的归因方式来对篮球运动员的情绪进行调控。

3. 培养自信

目标设置是帮助运动员建立成就经验的一种有效方法。首先，教练员用言语鼓励运动员，运动员也可以自己给自己言语暗示，即进行自我谈话。言语是教练员执教艺术的体现形式，不同执教风格的教练员在言语上存在较大差异。然而，无论何种执教风格的教练员都不能忽视对运动员的言语鼓励。

第五节　篮球运动员意志品质的培养

一、意志品质对篮球运动的影响

现代篮球运动的对抗性日趋激烈，运动员不但要有良好的体能素质和技战术水平，更需要有良好的意志品质，以便在复杂、困难的情况下与对手顽强抗争。篮球比赛中每个技术和战术的完成都是意志品质、身体素质、技战术的综合体现。意志品质的作用还表现在比赛中暂时失利或被动情况下遇强而不惧，失分而不馁。一支球队只有技战术是不行的，要有良好的意志品质做保证，才能战胜实力相当或更强的对手。

二、篮球运动员意志品质的培养方法

（一）胜利鼓励法

胜利鼓励法是通过一系列手段让运动员不断取得比赛的胜利，并得到他人的认可，以使运动员获得自信，坚定信念的一种方法。

在篮球训练中，一些运动员因各种原因而自卑、畏缩，害怕挫折，缺乏信心，因而无法尝试胜利的喜悦，形成恶性循环，最后产生严重的心理问题。教练员应采用胜利鼓励法对这样的运动员进行正确的引导．帮助运动员树立信心，摆脱不良心理。

（二）挫折挑战法

挫折挑战法就是让运动员在其心理能够承受的前提下，经受一些挫折和失败，从而增强他们抗挫折能力和心理调节平衡能力的一种方法。现在的运动员受环境的影响，难免自负、自以为是，有些经不起失败。教练员对这些运动员要采用挫折挑战法来培养他们的意志品质，使他们充分认识到万事都不是一帆风顺的，要摆正自己的位置，尊重他人，虚心学习，弥补不足。

（三）自我强化法

意志的磨炼需要运动员的自我努力。在日常篮球运动训练中，教练员要引导运动员使用自我鼓励、自我监督、自我说服、自我评价等方法，发挥自己的主观能动性，逐渐完善自己的意志品质。

在篮球训练中，要从实际出发培养运动员的意志品质，对胆小的运动员重点培养顽强性，对有依赖性运动员侧重培养自主性，对优柔寡断的运动员重点培养果断性，对冲动的运动员重点培养自制性，帮助运动员摆脱心理缺陷，完善意志品质。

第六节　篮球运动员心理训练的应用分析

一、表象训练在投篮中的教学过程

（一）建立正确的投篮动作表象

上课时由教师讲解示范投篮动作，并以挂图、幻灯、录像等多媒体手段帮助初学者建立正确的动作表象，在模拟和练习该技术动作的基础上，要求初学者用自己的语言描述投篮动作。

（二）建立“表象—动作”的映射关系

练习中要求初学者在大脑中再现正确的投篮动作图像，并对照自己的这一技术动作，找出差异和不足，使自己的动作逐步逼近“表象”，产生正确的动作定型。

（三）建立“表象—动作—思维”的训练程序

表象训练法要求初学者在训练中从实战角度建立适应自己身体特点的训练程序，融表象、动作和思维于一体。其要点是：连贯想象动作的全过程，力求完整、准确、细致；注意体验投篮时与这一动作相伴随的内心图像以及相关的生理反应；运用思维的能动性去协调心理活动与投篮技术动作之间的关系，调动尽可能多的心理和技术能量去提高投篮成绩，即投篮命中率。

二、罚篮的心理训练

（一）罚篮前的心理训练

1. 罚篮前的心理特点

运动员准备执行罚篮但是未做投篮动作时，可能会心率加快、呼吸过快及头脑清醒度下降，罚球慌乱、轻率，特别是在以罚球得分决定胜负的关键时刻更是紧张，从而导致命中率下降。

2. 罚篮前的心理训练

（1）运用表象放松法有目的地做“深呼—深吸”，同时进行冥思训练，回忆投篮的规范动作，依靠呼吸的频率和冥思练习来使心率放慢，注意力集中，使自己的情绪稳定下来，主动调整心理状态。训练方法如抢后场篮板球，然后迅速运球至前场罚球区，要求原地拍球 3 次，再做 2 次深呼吸并冥思投篮动作，最后罚篮等。

（2）在运动员罚篮时，教练采用诱导训练法提醒运动员依次放松身体各个肌肉群，同时增强呼吸，使全身肌肉放松。

（二）罚篮时的心理训练

1. 罚篮时期的心理特点

运动员从罚篮的准备姿势到球出手期间，兴奋性和积极主动性受到抑制，精神不集中、懈怠、紧张、焦虑甚至恐惧。

2. 罚篮时的心理训练

(1) 运动员采用自我暗示放松法来增强自身情绪的稳定性，在罚篮时边默念动作要领转移紧张情绪边做动作，便于动作形成习惯化——动力定型，即在默念“抬大臂，展小臂，手指手腕齐用力”的同时肌肉随之活动；或默念“我一定能罚中”“要沉着”“不要慌”“我能行”等短语，充满信心地进行罚球。

(2) 教练员采用模拟训练法，在运动员进行罚球时，其他队员站在底线处，手持信号旗进行干扰，同时用功率较大的录音机播放嘈杂的声音，或者通过其他队员的喊叫进行语音干扰，借以提高运动员对环境的适应能力，为参赛做好心理准备。

(三) 罚篮后的心理训练

运动员完成第一次罚篮到准备第二次罚篮的期间，由于没有将球投进，往往会产生自责感，心理压力大，导致情绪下降；或者他们无法以“平常心”对待失误，自信心不足，最后导致失误。罚篮结束后的心理实际上是反馈的过程，运动员往往会因为前一球的罚中与否而产生心理波动。在训练中，让运动员在罚完一个球后闭上眼，采用念动训练法回想上一个罚篮的动作，思索刚才动作的不足，提醒自己去克服。在训练中要培养运动员自我激励的能力，使其调整身心为第二次罚篮做好准备。

三、防守的心理技能训练

(一) 个人防守的心理训练

1. 表象训练

运用表象训练能更好地预测对手突破或投篮时可能要做出的动作。我们可以先了解对手的习惯动作，如防守的对手常在投篮之前做假动作，可以表象不被假动作所蒙骗，举起手以阻止他投篮的过程。如果不是很了解防守的队员，仍可用表象来训练一对一防守所必需的步法和手上动作，还可通过表象破坏对手移动的节奏。比如防守一名左撇子投手，他可能用肩膀向左做假动作，然后从右边过人急停跳投。可以表象自己不被假动作所骗，注意右路的防守，在他投篮时跳起把手放在他的面前。表象训练至少将帮助你进入正确的心理框架，为成功防守做好准备。

2. 自我暗示

教练应帮助运动员选定适当的提示语，在进行防守的身体或心理训练时，可默念这些提示语。如在比赛或训练时由于几次抢断失败而信心不足时，可默念“准确出击”使自己集中注意力。自我暗示这一心理技能可以帮助运动员把注意力集中在适当的地方，防守时不会产生消极情绪，教练员需不断提醒运动员进行这方面的练习。

3. 控制注意力自我训练

在防守方面要想成为“防守专家”，首先要在短时间内把注意力集中在一个目标上，这是控制注意力自我训练的目的，要实现这个目的，首先，必须充分发挥有意注意的作用，把当时活动所必需的心理过程有序地组织起来，以使注意的对象有目的地转移；其次，心理上的关键是在防守时能将注意集中在适当的范围内。注意力集中的准则是“狭窄外部集中”。

（二）集体防守的心理训练

1. 表象训练

许多球员都想过在比赛最后的关键时刻，自己或球队以强悍的防守赢得比赛胜利的情景，表象训练是练习这种场景最有效的方法。从心理上练习防守时的移动、站位等，有助于提高球员协助队友进行全队防守所需的技术水平。全队防守意味着场上的每一名队员都必须积极参与，一旦了解全队的防守计划后，球员必须积极主动地练习防守技战术，并在头脑中反复强化自己的防守职责。如可以表象球正在场上移动，你“看见”自己移动到正确的位置，接着抢断了一个传球，随后加速运球、上篮得分，进球后你感到很兴奋，并迅速回到防守位置。运用表象可练习在多种情况下的防守，只需在脑子里反复“播放录像”就可以了。

2. 自我暗示训练

积极的自我暗示对增强自信心，消除紧张情绪是非常有效的。通常采用的暗示套语如“我能控制自己的情绪，对方比我还紧张，主动权在我手里”“观众在为我加油，他们期待我打得更好”“放松稳住，胜利属于我们”。

3. 注意力和情绪训练

在防守训练或比赛时，把注意力集中在与比赛有关且有利于全队防守的事情上是很重要的。集中注意力于对手和球，能使运动员更好地预测对方的移动并做出适当的反应。在进行全队防守练习时，使用提示语是维持注意力集中在全队防守时的关键点。心理技能训练对培养篮球运动员在训练和比赛中防守能力的稳定性有着重要意义。将注意力全部关注于一个确定的目标，力求不为其他内外干扰而分心。具体的训练方法很多，如秒表练习等。

4. 意志品质训练

篮球运动员的意志品质具体表现为以情感为动力，用智力来判断，有意识地对自己的行动进行自我调节和控制的心理过程。根据篮球运动防守的特点和训练、比赛的实际需要，篮球运动员的意志品质应具备实现训练、比赛既定目标的坚定性，执行训练、比赛任务的自觉性，完成训练、比赛任务的主动性，比赛中激烈对抗的顽强性，比赛中瞬间完成抢断动作的果敢性等。

参考文献

[1] 洪晓彬. 篮球运动心理学研究与应用 [M]. 广州：世界图书出版公司，2015.

[2] 王峰. 篮球运动规律与技术原理分析 [M]. 北京：科学出版社，2015.

[3] 杨照亮. 基于体育强国背景下现代篮球运动的教学与训练研究 [M]. 长春：东北师范大学出版社，2018.

[4] 张小刚，周秉政. 篮球运动教学训练的理论与实践 [M]. 天津：天津社会科学院出版社，2021.

[5] 余丁友. 现代篮球运动教学与训练研究 [M]. 北京：冶金工业出版社，2019.

[6] 闫萌萌，张戈. 当代高校篮球教学与训练实践研究 [M]. 太原：山西经济出版社，2021.

[7] 刘强. 基于多维视角的高校篮球教学研究 [M]. 北京：人民日报出版社，2017.

[8] 王翠，周元. 高校篮球课程教学优化与探究 [M]. 北京：中国水利水电出版社，2019.

[9] 战迅，王新青. 现代高校篮球运动教学的内容设置与研究 [M]. 北京：科学出版社，2018.

[10] 张海利，张海军. 现代高校篮球教学理论与方法研究 [M]. 北京：新华出版社，2015.

[11] 高峰. 现代高校篮球运动及其教学实践分析 [M]. 北京：中国纺织出版社，2018.

[12] 丛向辉. 高校篮球运动开展研究与教学创新 [M]. 北京：中国纺织出版社，2019.

[13] 于洋. 高校篮球教学创新模式研究 [M]. 北京：新华出版社，2020.

[14] 刘青松，段笑林，宋正华. 高校篮球运动教程 [M]. 北京：中国水利水电出版社，2015.

[15] 纪德林. 高校篮球运动教学与训练的指导及优化 [M]. 北京：北京工业大学出版社，2020.

[16] 朱明江. 高校篮球运动教学开展的理论与实践 [M]. 北京：中国水利水电出版社，2017.

[17] 王建永. 学校篮球运动理论与发展体系研究 [M]. 北京：中国书籍出版社，2019.

[18] 王新. 高校篮球训练研究 [M]. 长春：东北师范大学出版社，2019.

[19] 张艳秋. 高校篮球教练员素养研究 [M]. 北京：光明日报出版社，2021.

[20] 唐进松，陈芳芳，薛良磊. 现代体育运动训练理论与方法探索 [M]. 北京：中国商务出版社，2019.

[21] 胡永. 篮球运动教学与训练体系的优化及实践探索 [M]. 北京：中国水利水电出版社，2019.

[22] 朱超. 高职篮球运动教学理论分析与科学设计 [M]. 北京：中国水利水电出版社，2018.

[23] 杨继华. 多媒体技术在高校体育教学中的应用研究 [J]. 当代体育科技，2015 (13)：96.

[24] 黄俊玉. 慕课在高校体育教学中的应用研究 [J]. 中山大学研究所学刊，2015 (3)：7.

[25] 伯劳尔·佩耶 (Burrall Paye). 青少年篮球实战训练：提升攻防能力的针对性练习与方案 [M]. 北京：人民邮电出版社，2021.

[26] Aimin Li. Research on the Inquiry Teaching Model of Men's Basketball Teaching in College Physical Education based on Network Information Technology [J]. International Journal of Smart Home, 2015 (10): 169-178.

[27] Kefei Wang. Development and Application of Information Technology in University Basketball Network Courses [J]. Advanced Materials Research, 2014 (1078): 345-348.

[28] Thomas J. Cross. A Comparison of the Whole Method, the Minor Game Method, and the Whole Part Method of Teaching Basketball to Ninth-Grade Boys [J]. Research Quarterly. American Physical Education Association, 2013 (4): 49-54.

[29] Quan He. Research on Basketball Teaching Method Based on the Dynamic Access Control Model of SOA [J]. Advanced Materials Research, 2013 (791): 1445-1449.

[30] Robert T. Kretchmar. Teaching College Basketball [J]. Journal of the American Association for Health, Physical Education, and Recreation, 2013 (10): 14-24.